新时代
〈营销〉
新理念

售前之道

销售工程师手册
（第4版）

［美］约翰·凯尔（John Care） 著
赵成栋 译

MASTERING
TECHNICAL SALES
THE SALES ENGINEER'S HANDBOOK
FOURTH EDITION

清华大学出版社
北京

内 容 简 介

在当今竞争激烈的商业环境中，售前工程师已经成为 B2B 企业业务拓展的关键角色。本书是被誉为"全球售前职业圣经"的《售前之道：销售工程师手册》（*Mastering Technical Sales*）第四版的中文版，是全球售前领域的扛鼎之作，作为售前人员从业和售前团队管理的职业百科全书，被很多世界知名公司如 Google、Salesforce、微软、思科、甲骨文、惠普、RedHat 等公司列为售前团队和销售团队入职必读书。

本书具有实战化、系统化、规范化、模块化等特点，深入浅出地介绍了售前工程师在销售过程各个阶段的职责，提供了方法指导、技巧提示和案例分析。本书还为售前人员提供了职业发展全生命周期的最佳实践和方法指导，帮助他们在职业生涯的各个阶段都能取得成功。

本书面向 B2B 企业的以下人员：售前从业人员（解决方案顾问、销售工程师等）、售前管理人员、销售管理人员、销售人员和业务拓展人员、公司高管、产品经理、参与售前活动的专业技术人员、海外业务管理人员等。

北京市版权局著作权合同登记号　图字：01-2025-1764

First published in English under the title Mastering technical sales -the sales engineer's handbook fourth edition by Artech House. ISBN 13: 978-1-63081-872-2
Copyright © 2022 by John Care

This edition has been translated and published under licence from Artech House.

此版本仅限中华人民共和国境内（不包括中国香港、澳门特别行政区和台湾地区）销售。未经出版者预先书面许可，不得以任何方式复制或抄袭本书的任何部分。

本书封面贴有清华大学出版社防伪标签，无标签者不得销售。

版权所有，侵权必究。举报：010-62782989，**beiqinquan@tup.tsinghua.edu.cn**。

图书在版编目（ＣＩＰ）数据

售前之道：销售工程师手册：第 4 版 /(美) 约翰·凯尔 (John Care) 著；赵成栋译.
北京：清华大学出版社，2025.4（2025.8重印）. -- (新时代·营销新理念).
ISBN 978-7-302-68975-1
Ⅰ. F713.50
中国国家版本馆 CIP 数据核字第 20252NB927 号

责任编辑：刘　洋
封面设计：方加青
版式设计：张　姿
责任校对：王荣静
责任印制：丛怀宇

出版发行：清华大学出版社
　　　　网　　址：https://www.tup.com.cn，https://www.wqxuetang.com
　　　　地　　址：北京清华大学学研大厦 A 座　　邮　编：100084
　　　　社 总 机：010-83470000　　邮　购：010-62786544
　　　　投稿与读者服务：010-62776969，c-service@tup.tsinghua.edu.cn
　　　　质 量 反 馈：010-62772015，zhiliang@tup.tsinghua.edu.cn
印 装 者：大厂回族自治县彩虹印刷有限公司
经　　销：全国新华书店
开　　本：187mm×235mm　　印　张：21.75　　字　数：406 千字
版　　次：2025 年 6 月第 1 版　　印　次：2025 年 8 月第 2 次印刷
定　　价：99.00 元

产品编号：105309-01

推荐序一

在数字化与智能化浪潮汹涌的今天,科技创新已成为企业开拓新价值、重塑生产关系、增强竞争力的核心战略。技术的迅猛发展,尤其是生成式 AI 大模型的兴起,为企业家和管理者带来了前所未有的挑战与机遇。

在这样的背景下,销售工程师(售前)作为企业价值创造的关键角色,成为客户管理与技术价值创造之间的重要桥梁,其作用不可小觑。在中国,传统依赖客户关系的销售模式已无法满足客户高质量发展的需求,高质量的售前销售工程师的角色变得愈发重要。中国企业正积极拥抱科技创新,致力于开发新产品、服务和商业模式,以提升竞争力,实现新质生产力的飞跃。高水平的售前、技术型销售能够深入挖掘客户的业务痛点,利用技术或专业知识与客户建立互信和有效沟通,共同构建解决方案,实现有针对性的价值展示和双赢。

在 IBM 的营销体系中,技术工程师与售前技术工程师是销售团队的核心。从企业架构师到部门、产品 / 业务线的专家、架构师、咨询顾问、产品经理等角色,专业的售前技术力量是 IBM 拓展企业业务的基石。IBM 能够成为历史悠久的高科技企业,离不开"规范的销售"这一不可逾越的红线。售前规范与合规、专业的销售能力是赢得客户信任、构建企业销售核心竞争力的关键。

全球市场的客户既有共性也有差异。作为一家全球化科技企业,IBM 利用不断优化的现代化销售体系和方法培养销售人员,确保销售团队达到世界一流水平,并能有效融入不同市场。所以,许多在 IBM 中国表现出色的销售工程师,在承担跨国或跨行业任务时,能够成为卓越的销售人才,甚至晋升为驾驭多元文化的企业管理者。

世界正在经历新的全球化浪潮，中国企业不仅参与全球供应链的重塑，还积极出海开拓新市场，建立品牌，发展全球化战略。正确认识目标市场的商业潜力，了解市场及商业文化，有效展示产品价值，赢得品牌口碑，销售工程师在此过程中扮演着至关重要的角色。作者在中文版序中特别强调了融合东西方文化的重要性，并分享了成功的销售经验。

作者在中文版序中还特别提到了对本书译者 CD 的认可，并介绍了 CD 推动的"售前青云荟"与 Mastering Technical Sales 合作的背景及期望。这不仅是一本关于销售工程师的书，更代表了提升销售工程师能力的合作，希望能使所有人受益。

本书旨在为成千上万的销售工程师提供价值。它不仅是一份指南，更是行动的工具和蓝图。在 AI 时代，敏捷开发已成为企业的核心竞争力。书中详细阐述了售前各环节的能力，如业务问题发现、概念验证（Proof of Concept，POC）、商业价值评估等，这些能力不仅有助于销售工程师的售前工作，更能直接助力企业快速试错迭代与敏捷交付成功。

成功的销售工程师需要不断提升新的能力。作者以清晰易读的方式介绍了销售工程师的各种能力，并在每章末尾提供了培养这些能力的小结。优秀的销售工程师可以利用本书的知识，快速组合赢得竞争的能力。作者以语重心长的笔触，不仅释放了销售工程师工作的热情，也探讨了生活与工作的平衡，鼓励读者不仅要成为销售领域的赢家，更要成为人生的赢家。

让我们一同好好享受这本书，它不仅是销售工程师的指南，也是每一位希望在职场和生活中取得成功的人的宝贵财富。

钱大群（DC）
IBM 前大中华区董事长

推荐序二

尊敬的读者：

作为一名拥有自动化控制专业背景的理工男，一名在国企、外企和民企都工作过并在技术和销售和管理岗位都历练过的职场老兵，特别是在惠普和思科等科技巨头工作期间、在民企软件公司任CEO期间，我深刻体会到售前工程师在重大项目中的核心作用。他们不仅是技术与市场之间的桥梁，更是确保项目成功的关键因素。基于这些经验，我想为你推荐《售前之道：销售工程师手册》（第4版）这本书。

首先，让我简单介绍一下我的背景。作为一名拥有扎实理工科背景的专业人士，我在自动化控制领域深耕多年，积累了丰富的技术经验和项目管理知识。1995年我转为从事大客户销售工作，在惠普和思科这样的国际知名企业工作期间，有幸与一群杰出的售前工程师紧密合作，共同攻克了一个又一个技术难题，制定行业、客户解决方案，赢得了众多重大项目。我自己也一路晋升，先后担任事业部总经理、区域业务总经理、企业副总裁。

在这些合作中，我亲眼见证了售前工程师如何通过深入理解客户需求、精准把握市场动态以及高效整合技术资源，为客户提供量身定制的解决方案。这些经历让我深刻认识到，售前工程师在项目成功中扮演的角色无可替代。

本书以其系统化的知识和实战化的技能，为售前工程师的职业发展提供了宝贵的指导。书中不仅详细介绍了售前工程师的职责和工作流程，还提供了大量的实用技巧和案例分析，这些都是我在实际工作中不断探索和实践的。书中的内容与我在惠普和思科工作期间的体会不谋而合，特别是在如何与售前工程师有效配合、如何通过技术交流赢得客户信任等方面，给了我极大的启发。

书中特别强调了业务价值发现（Business Value Discovery，BVD）的重要性，这是售前工作中的一个核心环节。在我的职业生涯中，我深刻体会到了理解客户需求、发现客户痛苦和期望的重要性。这与我在惠普和思科工作期间与售前工程师紧密合作取得的一系列成就密不可分。这些成就的背后，是我们对客户需求的深刻理解和对解决方案的精准制定。

《售前之道：销售工程师手册》（第4版）还提到了售前工程师需要具备的多种技能，包括技术知识、沟通能力、业务理解等。我在多年的工作中，也在不断强化这些技能。例如，在与售前工程师的合作中，我不仅提升了自己的技术能力，还加强了对商业运作的深入理解。这些知识和技能的积累，让我在面对复杂多变的商业环境时，能够更加从容不迫。

书中还提到了售前工程师在销售过程中的作用，这与我在实际工作中的体验相吻合。无论是在惠普和思科的重大项目中，还是在与售前工程师的紧密合作中，我都深刻体会到了售前工程师在构建客户信任、传递业务价值方面的关键作用。这些经验与书中提到的售前工程师的角色和职责不谋而合。所以我们有时说：在知识领先、技术精湛、影响力强的售前工程师面前，有些销售成为售前工程师的"拎包人"。

此外，书中对于售前工程师的职业发展和个人品牌建设也提供了宝贵的指导。我在职业生涯中，也一直在探索如何建立和提升个人品牌。作为《大客户销售心法》作者和《关键客户管理》的作者之一，我深知个人品牌对于职业发展的重要性。书中提供的策略和建议，对于任何希望在售前领域建立影响力的工程师来说，都是极具价值的。

在阅读《售前之道：销售工程师手册》（第4版）这本书的过程中，我不断地回想起自己职业生涯中的点点滴滴，书中的许多观点和建议都与我的实际经验相契合。我相信，无论是初入职场的售前新人，还是像我这样拥有多年经验的资深人员，都能从这本书中获得宝贵的知识和启发。

这本书不仅提供了系统化的知识体系，还提供了实战化的技巧和策略，能够帮助售前工程师在职业生涯中不断进步，成为企业业务发展的关键力量。

让我们携手踏上这段学习与成长之旅，共同探索售前领域的无限可能。

张坚
中国惠普政府事业部原总经理
思科中国原副总裁
《大客户销售心法》作者

作者中文版序

尊敬的中文版读者：

您好！我是约翰·凯尔，作为《售前之道：销售工程师手册》（第4版）（*Mastering Technical Sales*）一书的作者，能通过这本书与您交流，我感到非常荣幸。这本书凝聚了我多年的售前经验，也是我与全球知名企业的众多售前工程师智慧碰撞的成果。在撰写这本书的过程中，我一直在思考如何将我的经验和知识传递给全球的销售工程师，尤其是充满潜力和活力的中国同行。如今，在CD（注：赵成栋，本书译者）的不懈努力下，这本书的中文版终于问世，我为此感到十分欣喜。我知道中国的读者们对于知识和技能有着极高的追求，我相信这本书将为你们打开新的视野，引领你们在售前的职业和管理领域达到新的高度。

本书不仅汇集了我作为售前工程师、管理者以及甲方采购的丰富经验，还融合了来自世界各地的客户（如微软、Google、Salesforce等世界500强公司）与学员的实践技巧与真实案例。自2001年首次出版以来，本书已成为美国、欧洲等主要市场的售前从业者和管理者的必读书目，我们也因此成立了MTS，开发了众多在线课程和线下培训项目，MTS已经成为全球领先的售前赋能机构。

本书中文版的诞生，是我们坚持、勇气和创新精神的结晶，这些品质正是世界一流售前工程师的必备素质。在此，我要向CD致以最诚挚的敬意和感谢，因为没有他的坚持和努力，本书的中文版可能无法出版。回想起在2022年春天，CD便通过LinkedIn向我表达了将本书引进中国的愿望。彼时恰逢本书第四版即将出版，我对他的专业背景和从业经历印象深刻。他在多家全球领先的公司积累了卓越的售前相关经验，我们还有曾经同在惠普公司工作的缘分。我所寻求的，不仅仅是精通语言的翻译者，还是真正拥有丰富售前专业经验的领域专家。CD 的专业素养和对售前领域的深刻洞察，使他成为将本书介绍给中国读者的最佳人选。他的翻译工作不仅提升了本书中文版的品质，还将其塑造为对中国企业高管、售前团队和销售团队具有深远影响的宝贵资源。

围绕本书出版的合作，正如我们在售前工作中开拓跟进新客户一样，虽然起步顺利，但随后的过程却充满了巨大的挑战。据我所知，在过去的两年多时间里，CD 一直在为促成本书中文版的出版四处奔走，协调沟通，针对涉及版权版税、出版资质、合作模式等的多个权益实体的复杂诉求，他设计了完善的解决方案，最终达成了合作协议。在这个过程中，我深刻感受到 CD 基于多年售前职业训练出的宝贵品质，以及他致力于"提升中国售前从业人员职业技能水平"的坚定信念。他所提出的"4S 专业售前法"中的 4 个售前成功原则（注：见本书附件），对于全球任何国家或地区的售前人员都具有极大的参考价值，让我印象深刻。

基于双方在愿景和专业能力方面的认同，我们还开启了更深入的合作，CD 创办的"售前青云荟（PresalesChina）"成为 MTS 在大中华地区的唯一合作伙伴，为本区域的大型企业和售前从业者提供世界一流的课程和赋能服务。作为世界领先的售前赋能机构，MTS 对合作伙伴的选择标准极高，我们注重合作伙伴是否具有崇高的愿景、自我驱动力、丰富的实践经验、深入的专业洞察、追求完美的执行力以及以客户成功为导向的价值观。本书的出版就是双方互信与合作的里程碑之一。

在销售工程（Sales Engineering）领域，东西方商业和文化的交流与学习极为宝贵，它推动了创新解决方案的发展，并促进了更牢固的全球伙伴关系。东方文化强调人际关系、尊重和耐心，通常把建立信任和长期承诺放在首位，这些品质可以显著增强销售中的客户关系。西方文化则强调效率、个人成就和直接沟通，这可能会导致更直接的销售流程和以结果为导向的方法。通过融合这些做法，销售工程师可以深入了解不同的客户期望、谈判风格和决策过程，有效地调整战略，满足不同客户的需求，适应不同的市场，促进更成功和可持续的业务关系。

我还清晰记得我多次访问中国的美好经历。2011 年，我第一次来到中国，为某知名公司提供售前培训。在北京的一周，我与学员们深入交流，探讨他们的工作、文化和市场战略。这对我来说，是一次深刻的探索和学习过程。培训结束后，当地 SE 团队的负责人问我："约翰，我们本地的 SE 和你在我们公司遇到的其他 SE 相比，有什么明显的不同？"我顿了顿，回答道："他们会倾听。我观察到，他们提问的语气和结构都不一样，但是一旦他们提出问题，他们就会安静倾听。这就是积极倾听，也是建立人际关系的最佳方式之一。每个人都希望被倾听,没有人喜欢被打断。这是世界上每个 SE(和销售人员)都应该学习的技能。"

我注意到,众多中国企业正以迅猛的势头扩张,积极地向国际市场迈进。对于这些致力于 B2B 技术服务的公司而言,本书旨在成为进入其他国家和地区市场的一盏指路明灯。书中的内容汲取了全球主要市场的实践经验和文化精髓,旨在助力出自中国本土的市场拓展人员和业务管理人员规避不必要的错误和弯路。它将指导您如何在目标市场树立起正规且值得信赖的科技企业形象;如何通过售前团队的专业沟通技巧,构建与客户之间的坚实信任关系,从而成功赢得项目合同,并推动业务的稳健增长。此外,用中国《孙子兵法》中的话说:"知己知彼,百战不殆。"通过本书的内容,更多更深入地了解其他全球和当地竞争对手打单的方法,才能更准确地做好应对策略,运筹帷幄,才能决胜千里之外。在全球化的浪潮中,这些知识和策略将为中国企业解锁新的机遇,加速其国际化的步伐。

最后,让我们一起开启这段学习与成长之旅,共同探索售前工作的艺术和科学吧!
祝您阅读愉快!

约翰·凯尔
于美国佛罗里达州

译者序

在这个日新月异、创新与变革从不间断的商业世界里,售前工程师的角色愈发凸显其重要性。麦肯锡公司在《哈佛商业评论》上发布的调查数据表明:"在与全球领先公司的合作中,我们发现:售前能力强的公司在新业务方面的胜率(win rate)始终保持在40%～50%,在业务续约率方面始终保持在80%～90%,远远高于平均水平。"即使在中国,由售前工程师主导项目输赢,甚至反败为胜的例子也越来越多。

回顾我长达20多年的职业生涯,其中有十八载是在IBM、惠普、思科等世界顶级科技公司度过的,我或作为专职的售前和售前管理者,或作为经常承担售前任务的咨询顾问、项目经理等,对售前工作的挑战与魅力有着深刻的理解。如果有人要问我:你的职业生涯有什么遗憾?我现在可能会回答:很遗憾的是,在我职业生涯的早期,没有读到John Care所著的《售前之道:销售工程师手册》(第4版)(Mastering Technical Sales)这本书。若是早些与之邂逅,或许我的售前之路会更加宽广,更加顺畅!然而转念一想,也许即使我早年遇到这本书,也可能舍不得买,毕竟从第一版,到现在的第四版,它的英文版售价从未低于90美元,是的,美元。现在得益于我创办的中国专业售前社区"售前青云荟"和我的母校清华大学的出版社携手合作,这本在全球享有盛誉的图书的中文版得以以极其亲民的价格与中文读者见面。

自2002年首次出版以来,这本书已经成为全球售前人员必读经典。据书中所述,自2014年以来,至少有25 000名售前工程师——包括来自Google、Salesforce.com、微软、思科、甲骨文、惠普、Juniper Networks、Veeam、Ruckus、RedHat、Palo Alto Networks等公司的数千名销售工程师——都学习过本书的内容,参加过基于本书的培训课程;在很多世界知名科技公司,本书已经成为售前人员的官方入职必读教材。我们希望这本书同样能够给中国数百万售前从业者带来职业生涯的宝贵指引，为中国 ToB 企业的管理者带来系统化的、基于全球最佳实践的、行之有效的售前管理体系，并显著提升赢单率。

在此，我们有必要对"售前"进行一个清晰的定义。本书英文版使用了"Technical Sales"（销售工程师）来称呼这个职位（或角色）。在全球范围内，这个岗位有着多种差异极大的称谓，本书作者说：即使去掉云、价值和成功等字眼的修饰，也有超过 50 种不同的售前职位名称，包括最流行的销售工程师、解决方案工程师、解决方案顾问、解决方案架构师、系统工程师、客户工程师和技术客户经理等。我曾经与很多 ToB 企业的高管交流，我发现很多人误以为自己的公司没有售前岗位，但实际上只是用了不同的称谓而已。因此，需要用一个统一的名称来指代这种岗位和角色，必须进行清晰的定义。

"售前青云荟"对于"售前"的定义是：售前是一类工作岗位和角色的总称，是指直接参与销售过程，支持销售人员的技术人员或专业人员。比如你的职位也许是产品研发总监、交付团队项目经理、产品经理等，当你去支持某个处于售前阶段的客户项目机会，就产品服务与客户进行专业沟通时，此时此刻，你就是一个售前（角色），你就需要具备售前的专业技能，客户不会因为你不是一个专职的售前，就接受你不专业的技术沟通表现，并授予你们公司项目合同。

对于售前这一职业，本书作者 John Care 认为："售前是世界上最好的工作……现在是成为一名销售工程师的好时候。在阴影中生活了几十年之后，这个职业终于得到了一些尊重、资金和一些非常严肃的投资。"我们也欣喜地看到：在中国，售前职业正在迎来跨越式发展的飞速成长期。这主要得益于以下三点原因。

（1）深度数智化正在带来几倍于过去的售前工作机会。过去售前岗位主要集中在信息技术公司，但如今随着数智化技术的应用，几乎所有行业都深度嵌入了复杂的技术，从新能源到智能医疗，从智慧厨房到无人便利店，从民用航天到航空物流……技术复杂度的急剧增加，都不得不依赖售前这种专业人员来支持销售过程，从而给售前从业者带来了极其广阔的职业机遇。在售前招聘的专业要求方面，也不仅仅限于计算机相关专业，而是面向几乎各个专业，从医疗临床到电子电气，从农林畜牧到物流仓储……

（2）市场环境的透明化给售前带来更大的价值展示空间。经过多年的治理，中国的商业环境发生了很大的变化，在 ToB 销售领域最大的变化就是单靠客户关系获得项目已经非常困难了，客户已经把解决方案的业务价值和技术能力放在采购决策的核心位置，这些内容的沟通只能更加依靠售前工程师来进行。售前终于有机会充分展示自己对于赢取项目的关键价值，甚至可能主导输赢，而不是只能充当价值低微、换谁都行的投标工具人。当然有机会并不代表你一定能抓住，必须修炼售前高价值技能，才能真正抓住职业发展的机会。

（3）中国企业技术红利爆发和出海运营创造了更大的职业发展空间。依靠中国的人才红利和市场红利，很多企业都已经打造了世界级的产品和服务能力，正在开拓世界各个市场的业务机会，努力成为全球范围的解决方案提供商，这为售前从业者提供了更宏大的职业擢升空间，包括领导售前和解决方案的跨国地区副总裁、全球高级副总裁等职业机会。

事实上，现阶段已经有越来越多的售前抓住了职业赛道的历史机遇，通过不懈努力，不断推动自己的职业收入和职位达到新的高度。根据"售前青云荟"2023年对社区成员的薪酬调查报告，参与调研的社区成员2022年的年平均收入为64万元，中位数为49万元；其中有20%的成员收入超过100万元，这部分人群的收入中位数为157万元。收入是最直观反映职业价值的关键指标之一，由此可见，售前工程师的职业前景确实非常广阔。

一个合格的售前，对一个销售机会的贡献，除去支持投标的程序性工作，应该超过30%；一位本领域的售前专家，在一些重大项目中，贡献度有可能达到60%～70%！请问您公司的售前，对销售机会的贡献度有多少呢？

你可能会发现，目前在中国，售前在企业业务拓展中展示的价值，还远远没有达到预期应有的价值目标！这其中有很多原因，有中国市场环境的原因，有企业管理层不重视、不了解售前价值的原因，有销售团队销售方法的原因，当然，更重要的也有售前自身能力和培训培养不足的原因。在大部分中国企业里，售前团队还没有建立规范、系统、完整的管理流程和职业发展体系，售前缺乏系统化、专业化、实战化的培训、指导和训练。没有人教授技巧，没有人现场示范，没有人事后总结复盘，没有人点拨启发，大部分售前只能依靠自己领悟。这不仅仅是售前个体的事情，也是影响企业业务发展的重要事项。

我知道中国有数百万售前从业者，以及更广大的利益相关者，比如公司管理层、销售团队，甚至是我们的客户，都希望有一个专门针对售前的职业发展的体系和平台。因此我就萌生了创建一个专业售前社区和平台的想法。这就是"售前青云荟"（具体情况介绍参见同名微信公众号）的来历。"售前青云荟"的愿景是：**支持售前成为企业业务发展的关键性力量；让售前成为令人尊敬的高薪职业！**以此为目标，一方面，我们精选全球售前相关的职业理念、思维框架、方法体系、技术技巧、实战案例，开阔中国售前人的眼界和视野，用他山之石来攻玉；另一方面，我们也汇集和梳理中国市场被实践验证过的售前方法、技巧和案例，邀请各行各业的专家、售前大咖和甲方代表分享和交流，丰富售前人的实战工具箱，实现天下武功为我所用。

本书就是在这个愿景驱动下,我们从全球过去多年里出版的售前相关图书中精选出来,并不惜重金引入中国的版权专著之一。

经过对大量 ToB 项目机会销售过程的研究,我们发现:真正的赢单心法就是——**销售做"对"每一步,售前做"好"每一步**!售前的工作在于细节,而不是宏大的方法论。售前要做的是把技术沟通的每一个任务,都能做好。而本书恰好就是售前"琐碎"技巧的整合。

我们遗憾地发现,中国的售前从业者绝大部分都没有读过真正专业的售前职业技能的书籍,没有参加过专业售前的技能培训。和其他职业一样,职业技巧的学习,要学就学专业的,不然效果不彰。也不知道到底是学习的技巧不正确、不专业,还是自己能力不够的原因,这就像游泳,对于大部分人来说,比起自己的"狗刨",还是向专业教练学习后游得才更快、更安全!对比其他全球售前领域的众多书籍,本书在售前领域具有很高的权威性和专业性,其独特之处在于以下三点。

(1)系统化。本书全面、系统地覆盖了售前职业生活的各个方面,为售前工程师提供了一站式的指导,是目前全球范围内已经出版的相关图书中最全面、最系统的。

(2)实战化。和其他同领域的书籍相比,它不是提供一套看起来高大上、实际上难以落地操作的售前方法论,而是传授售前各种工作任务的"小技巧",读后立即可以上手应用。

(3)经过时间检验。自 2002 年首版以来,这本书历经四版更新,即使定价高达上百美元,也一直是售前领域的畅销书,并且成为全球著名科技公司的指定工作读本,的确是经过广泛认可的职业经典。

此外,随着越来越多的中国 ToB 企业出海,在国外拓展业务,在销售执行层面也面临着如何提升赢单率的问题。国外更加规范的市场环境,迫使企业更需要通过售前人员向客户传递业务价值,才能不断地赢得合同和市场美誉度,实现海外业务的有机增长。通过本书,可以深入地了解国外客户的采购行为和决策特点,系统地了解国外销售过程的最佳实践,了解海外竞争对手的打法,学习规范专业的售前工作方法,然后最终落地企业出海的战略,甚至复制中国企业在手机、新能源汽车等领域在海外市场的成功。

为了帮助大家更好地学习本书的售前技巧,"售前青云荟"还精心梳理、制作了本书各个章节知识点的思维导图,在"售前青云荟"微信公众号内供读者免费下载。此外还准备了其他补充学习材料,供读者进一步提升。

当然售前工作的本质是实战性的,仅仅靠阅读本书是难以达到提升售前效率和赢单率目标的。售前职业技巧的习得和内化,都必须通过实战强化训练才能真正掌握。"售前青云荟"首创了"直接以学员正在跟进的真实项目为背景进行实战演练"的团队实训模式，摒弃了传统的"虚拟案例"和"沙盘模拟"教学方法，这种模式已在多家大中型ToB企业中成功提升了售前的实战能力和赢单率，效果显著。

作为一本经典的售前职业指导图书和实践手册，本书适合以下广泛的读者群体。

- 售前从业者：售前新手可以系统地学习真正专业的体系化售前技巧，更快地成长为专业售前人员，避免走弯路，少掉坑；经验丰富的售前可以对照本书，全面发现自己技巧的欠缺之处，将售前技巧融会贯通，提升职业规范化程度，让职业更上一个台阶，成为售前专家和大师，或者赢得转向售前管理岗位的机会；
- 售前管理人员：利用本书作为辅导售前团队成员的基础材料，提升对售前团队的领导力，制定更加有效的薪酬激励体系，提升售前团队的业务价值；
- 销售管理人员：包括公司首席运营官、销售副总裁、区域总经理等，可以参照本书提供的国际售前管理最佳实践，深入了解售前团队应有的价值，系统了解规范化售前团队的构建和优化，使用组织架构、政策策略、管理流程、培训培养等管理工具，改变传统售前团队的"野路子"，打造赢单堡垒的"正规军"，持续提升赢单率和订单利润率；
- 销售人员：了解售前人员的职业特点、职业价值边界和工作方法，能够在与售前合作过程中，更加有效地利用售前资源和能力，提升自己项目的赢单率；
- 产品经理：提升自己的售前能力，加速产品推向市场的速度，特别是加快新产品从0到1获得灯塔客户的速度，并为售前团队准备更加有效的产品营销材料；
- 经常参与售前活动的专业技术人员：提升自己对于售前过程的贡献，避免由于缺乏售前技巧，把项目机会"弄巧成拙"，成为"背锅侠"；
- ToB企业出海工作人员：系统了解国外市场的运作特点，了解海外竞争对手跟进项目机会的策略和方法，从而制定更好的渠道策略和直销策略，领导团队在当地市场不断提升品牌美誉度和客户满意度，实现落地并有机生长；
- 计划转行做售前的人员：深入了解售前的职业生活，判断售前岗位是否符合自己的兴趣与职业方向，快速职业转型，加速作为售前的职业成长。

本书的出版，是众多支持和帮助汇聚的成果。在此，我首先要特别感谢本书的原作者John Care先生，他对我在售前领域的专业能力给予了极高的认可。在我初次与他联系并介绍了我的专业经历、发表的文章以及工作成果后，John便毫不犹豫地授权我翻译本书的中文版。本书是我们"售前青云荟"与John创办的全球著名售前培训机构MTS深度合作的里程碑之一，作为John创办的MTS在大中华区的独家合作伙伴，我们致力于将中国客户的售前培训咨询需求与MTS的课程及服务无缝对接，并提供本地化交付与服务支持。

其次，衷心感谢清华大学出版社的刘洋、刘畅、宋亚敏等，感谢他们为本书的引进和出版所提供的支持与帮助。同时，我要向刘旭锋、范晓雁等同仁表示深深的谢意，他们在本书的引进和翻译过程中提供了宝贵的帮助。

我还要特别感谢那些业内领袖，他们不仅给予了本书真诚的推荐，还为本书增添了更多的洞察。

最后，我要感谢我的太太和儿子茂茂，他们不仅全力支持我引进本书的决定，还为我提供了一个安静且专注的环境，使我能够全心投入到翻译和修订工作中。

我深知，由于本人的学识和语言能力有限，书中难免存在一些不足之处，甚至错误，我诚挚地请求读者们的理解和指正。

我期待本书能够启发读者的思考，助力他们在售前领域和业务拓展上取得更大的成就。让我们携手踏上这段充满学习和成长的旅程吧！

赵成栋

4S 专业售前法® 创始人

"售前青云荟"售前专业社区创始人

作者致谢

我必须感谢对本书的思想和理念做出贡献的每一个人。自2014年以来，至少有2.5万名销售工程师（Sales Engineer：SE）[1,2] 参加了我们提供的"精通售前"培训课程。感谢 Google、RedHat、Palo Alto Networks、Salesforce.com、Juniper Networks、Veeam、Ruckus、思科、惠普、微软、甲骨文等公司的数千名销售工程师。感谢那些曾经在培训和研讨会期间在走廊上拦住我、通过领英或电子邮件联系我们、在课堂上提出绝妙想法（无论用什么语言），或者对我说"你应该写一写……"的专业人士，我希望你能在本书的某个地方找到你的贡献。售前工程师是群居动物，我们喜欢分享我们的想法，所以非常感谢你们！你要知道这对我来说意味着整个世界。

首先，感谢 Artech House 出版社的 David Michelson 和 Natalie McGregor 的编辑团队。其次，要感谢我们多年建立起来的伟大的支持团队——那就是 Chris Daly、Angelo Rodriguez、Art Fromm、Jonathan Whiteman、Martin Gregory、JJ Song、Brian Conway、Jim Wagstaff 博士、Rafique Ahmed、Masaru Someya、David Zhu 和 CJ Ng。研讨会上源源不断的内容修改和建设性的反馈，使我们的书稿内容更加完善、更加多样化。这是个令人谦卑的经历。我还必须感谢的人包括 Susan Tan 和 Jaslyn Soh——我们公司在新加坡的运营和财务团队。

本书是基于我作为一名售前工程师的个人经历和经验积累。大部分内容

---

1 译者注：为了方便读者对于一些关键英文词汇进行原文对照阅读，学习售前相关的专业英语词汇，本书将中文对应部分使用下划线标记，后面括号中为英语原文以及缩写。

2 译者注：在本书中，出现的销售工程师、售前、解决方案架构师等职位名称都是相同的意思，不做区分。

是由 Sybase、甲骨文、Business Objects、Vantive、CA、惠普和 Clarify 的售前团队和我的同事们奠定的。我知道我从客户那里学到的东西远远多于他们从我这里学到的东西，所以要感谢 Lynn Gates、Chris Bridge、Ashley Hall、Dan Hodge、Michael Cooper、Bobby Hyam、Marco Guidobaldi、Megan Tomko、Kakali Bhattacharjee、Lys Arya、Romain Vivier、Richard Jackson。我还必须提到一些销售和售前团队的领导者，他们与我一样，都认为售前确实是世界上最好的工作。他们是：Andrew Hobby、Amber Johansen、Jon Parkes、Matt Kestian、Marjorie Abdelkrime、Sean Wedige、Marc Hadler、Lara Meadows、Greg Cooper、Manuel Partida、Orcun Terzel、Michael Kelley、Paul Pinkney、Chris Runge、Vinod Chandramouli、Ken Wilson、Dan Bognar、Matt Maccaux、Marc Schnabolk、Sid Amster、Christine Washington 和 Chris Harris。

以下这些专家直接为本书提供了素材，或者审阅了其中的一些章节。对于 Andy Spencer、Sean O'Shaughnessey、Peter Cohan、Don Carmichael、Jose Mendoza、Tony Matos、Matt Darrow、Garin Hess、Freddy Mangum，以及之前提到的 Jim Wagstaff 博士、Art Fromm 和 Chris Daly，我只能表达我真诚的谢意。当然，任何错误、蹩脚的笑话或糟糕的语法都是我一个人的责任。

感谢 Up2Speed 公司令人惊叹的团队。Tom King、Nick Dorney 和 Michael Beruldsen，以及 Gene Whitlock 在图形制作方面的协助，帮助我创建的<u>精通技术销售公司</u>（Mastering Technical Sales：MTS）走向全球，使我们的客户数量增加了两倍。

最后，感谢我的家人！这要完全归功于我的父亲，他向我灌输了创业精神；还有我的母亲，她教导我永远要看到生活光明的一面。感谢我的孩子 Amanda、Matt，还有 Katie，以及我的孙子 Morgan 和 Ryle，他们告诉我被叫作"老爹"是世界上最好的工作。最后，但绝不是最不重要的，是我的贤妻，Allison，我孩子的母亲，我思想的牧人，以及整个培训工作运作背后的智囊。你们不知道你们坚定不移的支持的力量对于我来说有多大！

导　言

取得进步的第一步是你不打算留在原地。

——约翰·皮尔波特·摩根
（John Pierpoint Morgan）

1849年，法国作家让·巴蒂斯特·阿尔方斯·卡尔（Jean-Baptiste Alphonse Karr）写道："plus ça change, plus c'est la même chose（法语：变化越多，不变的东西就越多）。"自从本书第三版于2014年面世以来，已经发生了很多变化。一切都是服务（Everything as a service，EaaS），无处不在，而云化——迁移应用程序、数据存储和计算需求以利用云计算的优势——现在是主流技术。此外，大多数技术公司直接以月度订阅模式来衡量其收入，而不是以季度为单位作为计费周期。因此，客户采用和取消这些服务的技术障碍变得很低。

然而，我们售前在销售过程中所使用的基本专业技能仍然还是一样的：我们提出问题；我们倾听；我们回答问题；我们寻找痛点，评估收益，建立关系，并试图将我们的产品组合定位为唯一有资格解决我们与客户或合作伙伴共同确定的业务问题的有效解决方案。值得庆幸的是，我们更加强调客户购买过程（而不是销售过程），当然也更加关注销售工程师（售前）能够为客户带来的价值。

改变的是围绕这些专业技能的技术。虽然售前仍然需要进行产品演示，制作技术交流幻灯片文稿，使用白板进行有针对性的交流，或者进行技术测试和概念验证，但现在有多种专门的工具可以让售前的工作更轻松——很多公司正在以极快的速度将自动化和人工智能（AI）引入售前工程师的工作场景。虚拟现实已经司空见惯；机器人无处不在；预计在本书下一版问世之前，我们就会有人工智能助手听取销售与客户的会议或者电话录音,并就如何改进你的演讲、措辞和推销方法提供建议。

这些变化意味着我写了六个新的章节,删除了上个版本(第三版)中的五个章节,将两个章节一分为二,并对书中其他每一个章节都进行了大幅修改或重写。

你,本书的读者

如果你正在阅读这本书,毫无疑问,你承担着在一个复杂的技术销售环境中发挥导航能力的责任。显然本书中我写的这些技巧与你工作中沟通和销售的内容明显无关。不管是硬件、软件还是服务;不管是物理数据中心还是虚拟云;不管是网络、安全、存储、金融服务、医疗设备,还是太阳能设备,这些都不重要。重要的是,你与你的销售伙伴合作,向最终客户销售你们的产品组合。销售环境的复杂性意味着有两种买家:业务买家和技术/领域专家把关人。因此,相应地,有两种卖家:一种专注于业务和商务方面(也就是销售),另一种专注于将技术方面与业务需求连接起来——销售工程师就是这个桥梁的构建者。

在谷歌上搜索"销售方法",你可以得到超过 5 000 万条的搜索结果。亚马逊在其销售类别中显示有超过 10 万本书籍。那么,为什么我们还需要这本书呢?不幸的是,那些销售教材中有 99.9% 是侧重于老派的销售方式[1],并且只针对承担销售任务(quota)的销售人员。这本书是专门为售前工程师而写的——那些在销售和采购过程中从事技术支持工作的人,他们通常是深入了解技术工作原理的人[2]。在我最近看到的一些复杂的项目机会中,从多个团队派出人员组成的 20~30 人的庞大客户团队,他们每个人都只是技术或业务特定领域的专家,许多人拥有系统架构或类似领域的高级学位。

使用本书

这本书是模块化的,所以你可以挑选与你目前最相关的主题来阅读。对于刚入行的售前来说,建议你按照章节顺序来阅读,因为这些章节是相互关联的,并遵循一定的逻辑顺序。有经验的售前可以通读目录,选择感兴趣的章节——你不需要按照章节顺序来阅读这本书,这不是一本谋杀悬疑小说,所以你可以根据自己的意愿跳过一些章节。每一章都很短,你可以在 10~15 分钟内读完,第二天就可以应用书中教授这些的技巧。在阅读这些材料时,你应该把每个技巧都进行个性化处理,以适合真正的、真实的你。你还需要考虑针对具体国家和文化进行修改。在美国行之有效的策略并不总是适用于欧洲和亚太

---

1 比如ABC(Always Be Closing总是成功赢单)之类。
2 唐・卡迈克尔(Don Carmichael),售前界的思想领袖之一,他曾经提出过一个职位名称,叫作"客户真正想要交谈的人"。

地区，反之亦然。

每一章的格式都很简单，旨在帮助你更好地理解和利用里面的内容。首先，通读一下每章开头的目标清单，然后将这些目标（通常是三个）作为一个框架，将内容内化。接下来，阅读该章全文，并标出那些让你眼前一亮的、有价值的内容。无论是阅读纸质版还是电子版，我都希望在阅读中留下注释、标注和笔记。最后，阅读该章末尾的技能培养建议表，并利用内容总结将所有的概念整合在一起，创建一个行动任务清单。技能表有两个部分，分别针对新售前、有经验的售前和售前经理。最后，建立一个实施计划去发展这些技能。

许多"精通售前"培训课程的客户都组建了读书会。他们将不同的章节分配给结对的售前，要求他们对相应章节的内容要点进行 5～10 分钟的简短总结。这通常会引发热烈的讨论，会形成进一步的行动计划，以及对他们当前系统和文档进行修改。如果销售人员或业务发展代表加入进来，那就更有趣了，因为这有助于促进大家对不同角色更深入的理解。

本书除正文外，你将看到两个其他的特色内容。第一个是技巧提示，这些是我从学生那里收集的售前技巧具体应用的例子。第二个是一些更广泛的案例研究，这些是来自我个人或客户的故事，进一步展示了本章文本中的一些要点。

本书目标

在过去的 20 年里，有超过 4 万名销售工程师和其他技术人员参加了我们的研讨会。我们用 8 种不同的语言在至少 35 个不同的国家举办这些讲习班。我知道，如果你运用本书中的技巧，你将获得更高的项目机会胜率，体验更高的客户满意度，达成业绩目标，并感受到更高的工作满意度。本书旨在帮助你实现以下目标：

（1）赚取足够的、让你满意的薪水；

（2）提高你的售前技能；

（3）保持你的理智和冷静。

享受本书的阅读过程和内容吧！

目 录

1 什么是销售工程师？ … 001
什么是销售工程师？……………… 001
    角色#1：技术工程师 ………002
    角色#2：销售人员 ………002
    角色#3：值得信赖的顾问和咨询师 ………003
    角色#4：万物的解释者（讲故事的人）………003
其他所需技能………………… 004
总结………………………… 005

2 销售过程概述 ……… 006
定义目标市场……………… 007
营销活动…………………… 007
线索的资格审查…………… 008
征求建议书………………… 009
需求发现和首次客户沟通…… 009
演讲、演示和方案建议…… 010
概念验证POC ……………… 011
谈判：赢单或输单………… 011
售后支持和客户管理……… 012

总结………………………… 012
技能培养建议……………… 013

3 线索资格审查 ……… 014
线索开发…………………… 015
线索初步资格审查………… 015
线索质量…………………… 016
监测出现的线索…………… 016
总结………………………… 017
技能培养建议……………… 018

4 RFP流程 …………… 019
RFP的创建………………… 020
三个RFP神话背后的真相…… 021
决定继续跟进还是停止跟进… 023
应标团队…………………… 025
给RFP打分 ………………… 025
RFP规避策略……………… 026
替代方案回应……………… 027
完成RFP应答……………… 028
提交投标书………………… 029

21

总结 ········· 029
技能培养建议 ········· 030

5 技术发现 ········· 031

初步研究——在接触客户之前 ········· 032
前奏——发现的三宗罪 ········· 033
  告知 ·········034
  接受 ·········034
  猜测 ·········035
基本方法 ········· 036
  输入 ·········037
  中间层/流程 ·········037
  输出 ·········038
  可视化 ·········038
  魔杖问题（可选） ·········038
总结 ········· 039
技能培养建议 ········· 039

6 业务价值发现1：痛苦与收益 ········· 040

销售工程师的"痛苦"概念 ········· 041
  潜在的痛苦 ·········041
  当前的痛苦 ·········042
  愿景的痛苦 ·········042
如何不谈及你的技术 ········· 043
过程的核心 ········· 045
  收集一份完整的清单 ·········046
  确认清单是否完整 ·········047
  请求允许添加你自己的问题 ·········047

确定问题的优先次序 ········· 048
总结 ········· 049
技能培养建议 ········· 050

7 业务价值发现2：时间、金钱和人员 ········· 051

BVD四象限 ········· 052
关于问题的问题 ········· 052
  封闭式问题 ·········053
  开放式问题 ·········053
  无疑问问题 ·········054
关于答案的答案 ········· 055
  "3WM+M"方法 ·········056
  基于时间、金钱和人员的方法 ·········057
你可以成为专家 ········· 059
初步的财务检查点：成本/影响的比较 ········· 059
总结 ········· 060
技能培养建议 ········· 060

8 使用FAB方法 ········· 062

基本定义 ········· 062
销售工程师的问题 ········· 063
  一个经典的非技术性例子 ·········063
  一个更实用的例子 ·········064
  收益的模糊性 ·········065
在零发现环境中的FAB ········· 065
回到FAB ········· 066
总结 ········· 066
技能培养建议 ········· 066

9 成功的客户互动 067
技术客户计划 068
　在组织架构图中找到人 068
　在产品部署图中找到机会点 ... 068
　在行动计划中找到项目 069
　从技术采用图定位产品和
　客户 069
第一次接触 070
重点在哪里？ 070
寻找教练 071
接下来做什么？ 072
总结 073
技能培养建议 073

10 完美的演讲：结构 ... 074
关注注意力曲线 075
设计一个聚焦信息 077
　从结构开始：成功=RM+
　3KP 078
　对解决方案和证明材料进行深度
　展开 079
　把想法组织在一起 079
　聚焦在关键点 080
把材料纳入交流文档中 080
总结 082
技能培养建议 082

11 完美的演讲：执行 ... 083
非语言表达技巧 084
　外表 084
　姿势 085
　眼神接触 085
　手势 086
　动作 087
　面部表情 087
口头表达技巧 088
　语速 088
　音高 089
　音调 089
　音量 089
　清晰度 090
从一个光明而美好的开端
　开始 091
以一个奇妙的结尾结束 091
利用紧张带来的能量 092
做大型演讲 093
总结 093
技能培养建议 094

12 冲向演示 095
为什么会出现"急于
　演示"？ 096
不做计划就是计划失败 097
会议日程 098
在会议马上开始之前 099
做好准备 099
吸引听众 101
再次讨论急匆匆的演示 102
查理检查站 103
总结 104
技能培养建议 104

⑬ 构建演示路线图 ······ 105
演示之痛（客户视角）······· 105
引入演示GPS路线图 ······· 106
建立演示GPS路线图 ······· 107
使用演示GPS路线图 ······· 108
总结 ····················· 109
技能培养建议················ 110

⑭ 远程演讲和演示 ········111
基本前提···················· 112
优势和劣势·················· 112
了解你的客户················ 113
了解你的工具················ 115
了解你的产品，了解你的
　演示······················ 117
总结 ······················· 118
技能培养建议················ 118

⑮ 白板和视觉销售 ······ 119
白板的力量·················· 119
白板的缺点·················· 120
在销售过程中使用白板······ 121
入门························ 122
　整体内容·················· 122
　视觉展示·················· 122
白板技法101················ 122
　姿态······················ 123
　时间和块·················· 123
　韵律和节奏················ 124
　速度和书写················ 125
　艺术能力和图标化·········· 125
　色彩的影响················ 126
　售前同行分享的技巧········ 127
使用白板作为结案工具······· 128
总结 ······················· 129
技能培养建议················ 129

⑯ 讲故事 ················ 130
故事销售法的优缺点········· 131
什么是好故事——结构和
　句法······················ 132
微调故事——语法和数字····· 134
一个特殊的案例——对话式客户
　案例故事·················· 136
总结 ······················· 137
技能培养建议················ 138

⑰ 技术评估策略 ········· 139
工作量范围（我们是如何走到
　这一步的？）·············· 139
创建项目计划················ 141
　你如何定义成功？·········· 142
　如何取胜：确定成功标准···· 142
　评估成功标准·············· 143
　用智慧完成交易············ 144
执行POC···················· 144
　第一阶段：确定成功标准···· 145
　第二阶段：小范围发现······ 145
　第三阶段：开发POC方案···· 145
　第四阶段：测试············ 146
　第五阶段：部署············ 146
　第六阶段：演示和验证······147

第七阶段：成果展示 ………… 147
不要忘记培训和文档 ………… 147
不要忘记竞争！ ……………… 148
不要忘记了"人" ……………… 148
技术上的胜利 …………………… 149
总结 ……………………………… 150
技能培养建议 …………………… 151

18 回答问题 …………… 152
倾听、接受、澄清和执行——
　　LACE战略 ………………… 153
　　倾听客户 …………………… 154
　　接受问题 …………………… 155
　　澄清一切 …………………… 155
　　执行回答 …………………… 158
对问题进行分类 ………………… 159
　　标准问题 …………………… 161
　　教练的问题 ………………… 161
　　竞争性问题 ………………… 161
　　顾问的问题 ………………… 161
　　西摩的问题 ………………… 162
　　敌意的问题 ………………… 162
总结 ……………………………… 163
技能培养建议 …………………… 163

19 被信赖的售前顾问 …… 164
信任的量化收益 ………………… 164
定义：什么是被信赖的顾问 … 165
信任方程简介 …………………… 167
　　可信度（C） ……………… 167
　　可靠度（R） ……………… 168

亲密度（I） ………………… 168
自我导向（S） ……………… 168
积极度（P） ………………… 168
销售工程师的自动信任优势 … 169
创建自己的信任量表 ………… 169
　　计算信任分数 ……………… 170
在采购过程中使用信任 ……… 171
一些售前的具体情况 ………… 172
总结 ……………………………… 173
技能培养建议 …………………… 173

20 与高管建立关系 ……… 175
高管的定义 ……………………… 175
高管们想从你这里得到
　什么？ ………………………… 176
计划会议 ………………………… 177
　　会前准备 …………………… 177
　　跟着钱走 …………………… 179
　　设定会议的目标 …………… 180
　　你是专家 …………………… 180
执行会议 ………………………… 181
　　展示观点 …………………… 181
　　回答问题 …………………… 183
会议结束后的跟进 ……………… 183
非正式的高管联系 ……………… 184
总结 ……………………………… 184
技能培养建议 …………………… 185

21 计算和证明商业价值 … 186
证明价值 ………………………… 187
客户如何评估价值？ …………… 188

典型的评估方法 ………… 188
时间对于价值的重要性 …… 189
计算价值 ………………………… 190
客户需要投资 …………………… 192
客户如何制定预算？ …………… 193
价值工程和FinOps ……………… 194
云财务运营 ………………… 195
情感投资的回报 ………………… 197
总结 ……………………………… 198
技能培养建议 …………………… 199

22 新售前：如何入门/入职 …………… 200
爬坡过程 ………………………… 200
与你的经理一起制定目标 …… 201
了解成功要素 ……………… 202
参加新售前训练营 ………… 203
制订一个30/90/180天的计划 … 203
30-90-180天的整体结构 … 204
最初的六个月 …………………… 205
找一个导师 ………………… 205
阅读手册 …………………… 205
观看视频 …………………… 206
加入售前社区 ……………… 206
掌握产品 …………………… 206
在"工厂"工作 …………… 206
练习，练习，练习 ………… 207
了解你的客户故事 ………… 207
使用你的产品（如果你可以的话） ………………… 207
从每个人那里获得反馈 …… 207

总结 ……………………………… 208
技能培养建议 …………………… 208

23 创建你的个人品牌 …… 209
定义个人品牌 …………………… 210
建立品牌基础 …………………… 210
创建品牌宣言 …………………… 212
使用和践行品牌 ………………… 213
售前的诚信与道德 ……………… 214
总结 ……………………………… 215
技能培养建议 …………………… 216

24 与合作伙伴合作 …… 217
伙伴关系的不同形式 …………… 217
与合作伙伴互动 ………………… 219
定义客户所有权 …………… 219
互动规则 …………………… 220
对合作伙伴进行分类 …………… 221
为合作伙伴赋能 ………………… 222
合作伙伴售前的特殊职责 ……… 224
总结 ……………………………… 225
技能培养建议 …………………… 225

25 竞争策略 …………… 227
竞争格局 ………………………… 227
你的头号竞争对手 ………… 228
识别你的竞争对手 ………… 229
了解你的敌人 ……………… 230
售前的五种竞争战略 …………… 231
正面战略 …………………… 231
侧翼战略 …………………… 232

目录

   碎片化战略 ·············· 233
   防御战略 ·············· 233
   发展战略 ·············· 234
  客户与竞争·············· 234
   洗清污垢 ·············· 235
  总结 ·············· 236
  技能培养建议 ·············· 236

26 使用CRM系统 ·········· 237
  为什么CRM是你最好的朋友 ··· 238
  时间和人员管理·············· 239
  可重复性之美·············· 240
  使用CRM功能挖掘组织知识 ··· 240
  CRM的个人收益 ·············· 242
   利用CRM数据参与年度绩效
    评估 ·············· 242
  总结 ·············· 243
  技能培养建议 ·············· 244

27 薪酬体系与设计方法 ··· 245
  薪酬的基本组成部分·············· 245
   固定（基本）工资 ·············· 246
   浮动工资 ·············· 246
   MBO和总体业绩 ·············· 248
   股票期权和股权 ·············· 249
   其他部分 ·············· 251
  利用薪酬方案·············· 251
   爬坡期薪酬 ·············· 252
   还有谁关心？ ·············· 252
   协商薪酬 ·············· 253
   注意目标的定义 ·············· 253

  建立第一个薪酬方案·············· 254
  总结 ·············· 255
  技能培养建议 ·············· 256

28 转行当销售 ·········· 257
  你想做什么职业？ ·············· 257
  为转行做准备·············· 259
   我的机会有多大？ ·············· 260
   你应该期待什么？ ·············· 261
  售前转行做销售的优势·············· 263
  总结 ·············· 264
  技能培养建议 ·············· 264

29 职业发展 ·········· 265
  典型的售前组织结构·············· 266
  行为能力·············· 267
  岗位能力·············· 269
  通往伟大售前的职业路径····· 272
  总结 ·············· 273
  技能培养建议 ·············· 273

30 成为领域专家/专家
　　售前 ·············· 274
  售前专业化的驱动力·············· 275
  成为SME ·············· 276
   各种类型的SME团队和职位 ···276
  技术团队协作销售：为什么很难
   推行 ·············· 278
  技术团队协作销售：有效的
   SME ·············· 279

27

团队销售的七宗罪 ················ 280
总结 ························· 281
技能培养建议 ··················· 281

31 售前的招聘和面试流程 ············· 283

招聘过程：售前招聘经理的视角 ············ 283
职位描述 ····················· 284
真正的职位描述 ················· 285
在所有通常的和不寻常的地方寻找 ········ 286
面试：经理方面 ················· 287
招聘过程：应聘者视角 ········ 288
筛选电话 ····················· 288
招聘经理面试 ··················· 289
售前领导层（总监/副总裁）面试 ········· 290
销售人员面试 ··················· 290
完成招聘：从招募到吸引的转变 ············· 291
总结 ························· 291
技能培养建议 ··················· 292

32 销售工程师的时间管理 ············· 293

时光飞逝 ····················· 294
分心、目标和收益（DOG）框架 ··········· 295
应用DOG ····················· 296

创建一个战术性的时间系统 ··· 297
开始一天的工作 ················· 298
忙碌的一天 ··················· 299
一天结束 ····················· 300
总结 ························· 301
技能培养建议 ··················· 302

33 用指标管理自己 ······· 303

指标管理基础 ··················· 303
入门 ························· 304
学习与成长类指标 ··············· 305
流程类指标 ··················· 306
客户类指标 ··················· 306
财务类指标 ··················· 307
利用指标最大化个人收益 ····· 307
这里有恶龙（要避免的陷阱）··· 308
总结 ························· 309
技能培养建议 ··················· 310

34 最后的话 ············· 311

展示你的激情 ··················· 312
寻找工作与生活的平衡 ········· 312
展示你的价值实现时间 ········ 313
建立关系 ····················· 313
挑战自己和他人 ················· 314

附录1：作者简介 ················ 315
附录2：译者简介 ················ 316
附录3：4S专业售前法简介 ··· 317

CHAPTER 1

本章目标

- 解释什么是销售工程师，工作内容有哪些。
- 销售工程师的关键特质是什么？

什么是销售工程师？

你选择的东西，它也选择了你。
——卡曼德·科朱里（Kamand Kojouri）

什么是销售工程师（售前/SE）？他们是做什么的？这个问题让我想起了鸡尾酒会上大家经常会被问到的问题。你在聚会上遇到一个人，他问你是做什么工作的。你自豪地回答："我是一名销售工程师！"不幸的是，他们茫然地看着你。这就是我们售前这个工作的根本性问题。如果你回答说你是一名护士、一名律师、一名教师、一名建筑师，甚至是（喘口气再说）一名销售人员，你会得到理解的点头。但是你说你是销售工程师呢？那你就需要多说几句来解释。你希望你的新朋友不会对你失去兴趣，而是决定和你多喝几杯，多聊一会儿。

什么是销售工程师？

销售工程师是四种截然不同的技能组合或性格的独特结合体。这些性格不可能完美地混合在一起，但销售工程师必须具备每一种特质，并且能在它们的任何组合之间迅速转变。这些技能组合的差异性表现在这个职业的多种职位名称上。过去通用的称谓是售前工程师（presales engineer），这可以追溯到销售完成前的活动和销售结束后的支持/安装活动之间的明确划分。对于售前岗位，现在有超过50种不同的职位名称，包括最流行的销售工程师、解决方案工程师、解决方案顾问、解决方案架构师、系统工程师、客户工程师和技术客户经理等。再加上带有云、价值和成功等字眼的其他变种，那就更多、更混乱了。最后一个复杂的问题是，"工程师"和"架构师"在一些国家是受保护的头衔，所以即使在一家公司内部都几乎不可能对售前的称谓达成一致，更不用说整个行业了。

回到这四种技能组合，它们通常和技术专家、销售人员、可信赖的顾问和讲故事的人/解释者这些角色联系在一起。接下来让我们更详细地研究一下这些技能。

角色 #1：技术工程师

有一种误解，认为售前需要有技术背景，能够用多种计算机语言编写程序，必须知道产品组合中的每一个产品特性。事实并非如此。一些最优秀的售前是有英国文学、哲学、古罗马历史或新闻学教育背景的，就像许多售前从业者有信息技术、科学、工程或数学的学位一样。作为一名售前招聘经理，我曾招聘过各种各样的人，包括出版过研究莎士比亚的专业书籍的学者、来自NASA的火箭科学家等。对于这个岗位来说，更重要的是对技术领域的学习能力，使他听起来知识渊博。这本身就是一项重要的技能，导致许多售前工程师认为自己有"一英里宽，一英寸深"。

另外，售前必须将这些知识翻译成其他人都能理解的语言。最常见的情况是：与技术人员进行技术交流，向经理层解释业务成果，并与高层团队探讨战略和战术选项。销售工程师这个头衔中的工程师部分意味着我们对自己的技术知识感到自豪。我们的技术信誉成为我们与周围的人建立信任和关系的关键之一。

角色 #2：销售人员

毫无疑问，你有义务销售你们公司的产品和服务。大多数情况下，当与直接承担销售任务的销售人员合作时，售前更间接地扮演销售人员的角色。这让一些以技术背景为主的人感到不适，因为他们对销售人员有一种反感，认为他们是肮脏的、谎话连篇的。一种乐观的观点是：你是激发客户和你的公司之间关系的催化剂。在你每次与客户互动时，你是在推销你自己、你的产品和你的公司，只不过方式更柔和、更亲切。

对于一个希望未来成为售前的人或售前新手来说，基本原则就是**只做无害的事情**

（do no harm）。你要了解销售和采购过程，清晰理解角色和职责，并与你的销售伙伴进行开放性的沟通，你就做得很好了。如果你能学习相关的销售技巧，你就能迅速吸收足够的关于销售的艺术和科学，成为一个高度称职的售前。正如你在本书后面所看到的那样，有一部分售前工程师转到了销售岗位上，并且做得非常好，因为许多技能是可以转移的。

角色 #3：值得信赖的顾问和咨询师

全面发展的售前会寻求了解他们的客户，无论是个人层面，还是专业层面。顾问要学习事情的运作方式，理解当前和预期的一系列问题，并建立解决问题和获得商业成果的美好前景。这一切都要靠耐心、纪律、好奇心以及技术特性和商业驱动力之间的紧密联系来完成。

仅仅提供建议是不够的。客户必须信任你的建议。你的客户必须倾听，然后（我们希望）接受并采纳你的建议。你是顾问、教师、心理学家和咨询师的融合体，并撒上一些财务专业知识作为调味品。这是另一个说明售前在整个客户生命周期中需要扮演多种角色的例子。

售前要对工作中的这部分内容给予更多的关注，就可以软化售前其实也进行销售工作的形象。大多数售前自然而然地倾向于这种技能组合，因为它符合我们的期望，即融合技术与商务，通过展示对客户的吸引力来赢得合同，而不是通过硬性销售获得合同。

角色 #4：万物的解释者（讲故事的人）

如果没有有效的沟通技巧，前面的三种角色特征都会被严重削弱。如果你不能向别人很好地解释这些解决方案（并随后将其出售），那么理解客户的业务、设计创新的解决方案都是没有用的。完美的售前需要掌握多种语言，并能在技术、业务和高管沟通中流畅切换。想象一下向这三种不同类型的客户解释一个网络数据包嗅探器的情况吧！除非你有很高的技术水平，并且是和其他十几个技术人员在一个房间里进行技术交流，否则深入探讨速率、接口和功能等内容，是不会带来销售机会的。你的任务是准确地阐明你的产品组合将如何帮助你的听众赚钱、省钱或减少风险，就像是我们承诺每天晚上会准时回家一样简单明了。

最有效的沟通方法之一是讲故事。除了活跃会议气氛外，一个精心构思的故事会使你令人难忘、有趣和令人信服。这对任何销售场景的任何售前来说都是一个美妙的定位。所以，售前要成为所有事情的解释者，而不是仅限于所有技术性问题的解释者。当你的客户说"我明白你的意思了"时,你会感觉这真是太棒了!

其他所需技能

我喜欢把售前团队看作维持公司销售引擎运转的润滑剂。事实上,我们售前是整个公司的润滑剂。作为售前,你有机会与其他所有部门互动,你会接触到销售、技术支持、企业营销、产品营销、产品管理、研发工程、培训、专业服务,甚至财务、法务和人力资源等部门。公司越小,你的影响力就越大。在公司内部,除了行政部门之外,没有其他职位能像售前团队那样投下如此巨大的影子。在现实世界中,你每天都会在内部与潜在客户打交道时使用你所有的技能。

解决方案经理罗曼·维维耶(Romain Vivier)在招聘过程中使用了下图(图1.1)来说明售前的形象。在他的公司里,售前被称为销售顾问。将所有这些品质与积极的态度、坚持不懈、好奇心以及对胜利的渴望结合起来,你就可能成为一个世界级的售前。我特别喜欢这个图,因为它强调了倾听这个重要的技能。太多的售前工程师爱听自己说话,然而高超的售前工程师知道如何提出正确的问题,然后安静倾听。

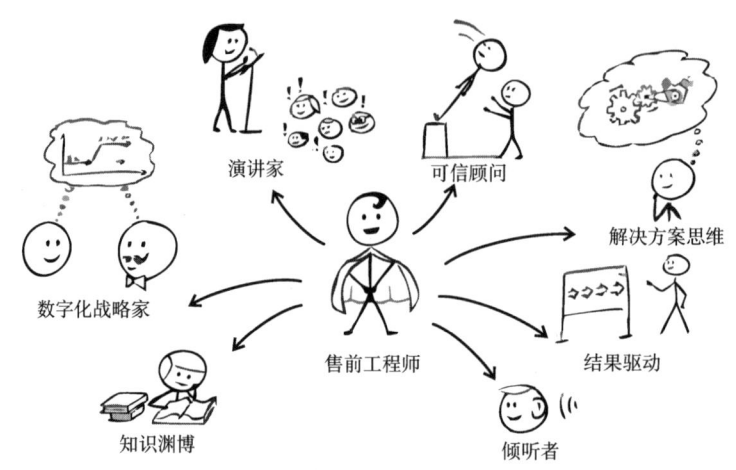

图1.1 一个销售工程师的图示(经作者许可转载)

在内心深处,我们售前工程师是问题解决者和取悦他人者。我们喜欢让人高兴,我们想解决问题。如果这些结果都不能激励你,那么售前这个工作可能不适合你。同样,如果你要求每天都有例行的、可预测的工作,希望你的日程安排具有确定性,并准确地知道你在星期四会做什么,那么你也应该去看看其他职位。

> **案例研究：家庭故事**
>
> 以我个人举例，当我的女儿（工程师）和我决定修复一些东西或开始一个项目时，我的妻子（教师/心理学家）和儿子（律师）知道，最好的办法就是给我们让路。工程师们总是通过蛮力、愚蠢和偶尔闪现的聪明才智的结合而获得最后的胜利。它并不总是漂亮或优雅的，但我们的努力解决了一个问题。当然，家里的其他人会说，我们并不总是能很好地听取意见或解决正确的问题，但这是另一本书的故事。

总结

当我让售前招聘经理们用一个词来描述他们在面试过程中所看重的特质时，最普遍的回答是**态度**。然而，当我问到第二个词来描述入职后的完美售前时，得到的回答是**适应能力强**。这种灵活性概括了售前的基本职责——你必须随时从技术方面转换到业务方面；你必须与你每年遇到的成百上千的人建立关系，并且要有魅力和风度。在完成这一切的同时，你必须明白大多数人其实不知道你在做什么，也不知道你是怎么做的，而且对售前这个职位的含义一无所知。

CHAPTER 2

本章目标

- 理解销售过程的各个阶段。
- 为特定销售阶段匹配角色和职责。
- 概述售前被期望做出的重要贡献。
- 区分客户购买过程与你的销售过程。

销售过程概述

> 如果你想知道如何卖得更多，那么你最好知道客户为什么购买。
>
> ——**史蒂夫·费兰特**（Steve Ferrante）

关于销售过程和方法的书籍有数百本之多。每一本都旨在为销售工作带来独特的认知和方法，但对售前的指导却微乎其微。一个新售前通常是坐在房间的后面，参加针对销售人员的销售培训，才第一次接触销售过程的。这种培训很枯燥，而且内容大多和售前不相关。本章简要探讨了引入新产品、通过销售体系（包括市场团队、销售团队、售前团队等）向市场推销，以及被客户购买所涉及的主要阶段。对于销售周期中的每个阶段，本书的后续章节（第 3 ~ 15 章）会提供更多的细节。实际的销售过程及其变化通常比本章所介绍的要复杂得多，因为每个公司甚至每个产品都是不同的。读者可以利用这一节的概述来确定那些你接触最少或经验最少的领域，并考虑从相应的章节开始学习。

定义目标市场

在销售人员开始销售产品之前,营销经理或高级管理人员(在许多小公司,也就是创始人)提出了一个新产品或新服务的想法。理论上,这个人已经与潜在的受众进行了互动,并研究了相应的市场,才确定一个可行的产品。理想情况下,你的客户在寻找产品,而不是产品在寻找客户。在实践中,情况并非总是如此,你可能面临的是技术在寻找它能解决的商业问题。市场部应该有一个或多个<u>目标客户群体</u>(target customer profile)或<u>角色</u>(persona)定义,他们希望这些群体或角色能够为销售人员确定最初的一些客户。在这个阶段,应该有一套标准的用例来解决潜在客户所面临的共同问题和挑战。

营销活动

你们公司内部会有人负责发现市场需求。他们会开展营销活动来接触你们产品的潜在购买者(基于这些目标客户资料),使其了解你们所提供的产品。营销团队可能会使用各种渠道和方法来接触这些客户。接下来将讨论五种常见方法,以及它们如何影响你的产品在销售周期中的定位和成功推进。

1. **电子邮件列表和电话外呼**。目前电子邮件列表是早期阶段产生销售线索的最有效渠道[1]。公司市场等部门的人会向潜在客户发送一封电子邮件,其中包含一些关于你们公司产品简短而诱人的细节,希望能引起足够的好奇心来推动客户后续的行动,可能是点击进入一个网站,填写一个表格,直接回复电子邮件,甚至是接听一个呼入的销售电话。通常情况下,他们的回应会触发公司销售中心给潜在的感兴趣的客户打一个电话,从而开始一个不确定时间长度和沟通深度的销售周期。这些线索通常是很难产生和鉴别的,但它们可能会转化成真正的销售机会。他们可能发现潜在的周期性的好线索,值得你花一点时间对电话销售团队进行培训,提升他们判断机会线索是否合格的能力。

2. **客户活动**。在国际、地区或本地客户活动中推介新产品。比如苹果公司的年度开发者大会。这些活动可能是一个简短的早餐会,也可能是一个完整的多天的外部活动。参与客户活动,你可以收到来自已有客户和潜在客户对你的价值主张效用的直接反馈。请注意,这种反馈受限于抽样误差,因为你现有客户的观点可能与潜在客户的期望完全不同。这是一个微妙的平衡。尽管如此,这些活动可以成为售前与新老客户结识,为产品营销

---

[1] 约53%的营销人员表示:电子邮件是早期营销的最有效渠道。出自《HubSpot需求生成报告》,2021年。见www.hubspot.com/resources。

甚至开发团队收集反馈的绝佳机会。

3. **合作伙伴**。合作伙伴（如系统集成商、分销商或增值经销商）可以将你的销售团队带入项目机会中。这些类型的合作有内在的优势和劣势。优点是项目机会通常是合格的，否则，合作伙伴不太可能让你们介入。缺点是你可能无法直接接触到最终客户（合作伙伴是中间的缓冲者），这可能会给客户控制带来问题。请注意，有些公司只通过渠道进行销售，而这也是主要的销售线索来源之一。

4. **展览会和研讨会**。你的公司可能会在展览会上租用一个展位（实体的或虚拟的）。其结果可能是收集了成百上千个质量不佳到中等质量的机会线索。市场营销部门可能不同意我的观点，但经验表明，这些线索中只有不到5%能够进入销售管道中。参加展览会，根据地点的不同，要么被认为是一个助理售前的成年仪式，要么被认为是对一个表现出色的售前的奖励。展览会有助于新产品的介绍或营销，以测试不同信息传递的有效性。对于售前来说，这是一个你练习如何简洁沟通和应对复杂场面的好机会，同时也为你提供了一些对市场和竞争进行研究的机会。

5. **基于网站的在线试用**。现在，技术供应商提供产品免费试用的做法很普遍。它可能是一个免费的有限使用版本，或整个产品14～28天的完整试用版。在云中启动一个标准配置的财务成本增量（即边际成本）很小。销售团队的实际成本在于试用开始后所需的监控和跟进。除非一个小的试用发展成一个重要的销售机会，售前团队通常不参与这些初级工作。

线索的资格审查

对销售线索（initial qualification）的初步判别有两个主要步骤。首先是由你的电话销售人员进行初步资格审查。这个步骤验证基本的业务要求，并尝试了解整个采购审批过程。在实践中可能会碰到各种用来进行资格审查的方法缩略语，最常见的两个方法是：① BANT：预算（Budget）、权力（Authority）、需求（Needs）和时间（Time）；② MEDDIC：指标（Metrics）、经济买家（Economic buyer：EB）、决策过程（Decision process）、决策标准（Decision criteria）、识别痛点（Identify pain）和支持者（Champion）（缩写为 MEDDIC）。如果线索通过了这道关，并且金额足够大，它就会传递给你的销售伙伴。然后，销售代表必须准备一个客户销售计划来推进这个机会。

> **技巧提示：记住 MEDDIC**
>
> 许多公司将 MEDDIC 作为其正式销售流程的一部分，而不仅仅限于对销售线索的

> 判断。因此，它是一个方便的记忆法，作为背景提示问题，以确保在某个机会上投入大量时间和精力之前完成所有的销售准备工作。

第二阶段的资格评估由你和销售代表负责。这一步涉及更详细地审查线索的资格信息。售前负责对客户的要求进行技术验证。销售、售前或者两个人一起负责确认商务标准和业务问题（即"痛点"）。假设该项目有足够的预算、业务需求和可行的技术环境，你将进入下一个销售周期阶段。

征求建议书

较大的客户或那些在监管环境下运作的客户[1]可能会提交一份正式的请求，要求提供关于你的公司、产品、建议的解决方案和其他关键决策标准的细节。这种请求可能采取请求提供信息（Request for Information：RFI）或请求提供方案建议书（Request for Proposal：RFP）的形式。RFI 是获取一般信息的初步请求，而 RFP 则更为详细，可能从简短的十几页到几百页和几千个问题不等。

在你是客户的关键供应商的情况下，你可以避免整个 RFP 过程。这个决定是由对采购过程的了解和你与客户之间的整体信任水平所决定的。此外，大多数公司对何时发布招标书（有些公司从不发布招标书，有些公司则对任何超过设定金额的采购 100% 发布招标书）、发给哪些供应商以及招标书发布后的沟通程序都有严格的规定。

如果你的公司是市场上的主要参与者，或者被诸如 Gartner 的研究机构在其魔力象限中标记为向上发展的企业，你会收到不请自来的 RFP 请求。这很可能意味着竞争对手或系统集成商已经将解决方案的概念卖给了潜在客户。潜在客户现在正试图确保他们评估市场上的所有产品。这是一个存在大量问题的事情，因为大量的售前时间可能被花费在响应这种随机的 RFP 上，而这些 RFP 转化为合同的可能性很小。

幸运的是，根据国家和领域的不同，只有一小部分项目是通过 RFP 启动的。

需求发现和首次客户沟通

可能是你收到了客户的 RFP，或者营销活动中找到的销售线索，一旦你与客户接触，

---

1 这包括大多数政府机构。

你就会进入<u>需求发现</u>（discovery）或需求分析阶段。这个阶段是销售周期中最关键的阶段，因为你现在有机会充分了解你的客户，为他们构建一个个性化的解决方案。这也是你第一次真正有机会与潜在客户互动，并开始建立销售关系。你是否有能力建立起这种关系，并发现客户的痛点和收益，以便你能用一个令人信服的解决方案建议来回应，这是衡量你作为售前技能水平的一个真正标准。我认为，在整个销售周期中，问题发现既是最具挑战性的，也是最有智慧的部分。毫无疑问，在这个领域，真正有技能的售前愿意多花几个小时，因为他们知道这将在以后获得丰厚的回报。

有人说，在进入下一阶段的展示、演示和建议之前，你并不总是有时间进行问题发现。如果你的公司采用高度<u>交易模式</u>（transactional model），或者是一个单一产品的公司，那么你将经常被置于一个零发现就被要求做演示的处境中。本书后续章节会有更多关于这个问题的说明。

演讲、演示和方案建议

我们现在进入销售周期的"外向型"部分。从现在开始，你和客户的沟通更多了。当你问问题，然后极力倾听时，对客户的发现更多的是一个"对内"的过程。尽管发现永远不会真正结束（因为你应该一直在了解你的客户），我们现在可以专注于一些工作，如使用幻灯片或白板进行演讲交流、产品演示，并提供总体解决方案的建议。

1. 演讲（Presentation）。一旦你完成了你的发现过程（包括技术和业务部分），你必须展示你的发现。演讲应该根据你的客户、环境和需求的具体情况来调整。这个时候也是在销售周期中介绍竞争优势和其他选项、替代方案的绝佳时机。同样，由于职责要求和知识优势，售前经常比销售人员更有能力做到这一点。

2. 演示（Demonstration/demo）。如果你是售前新手，你可能认为（甚至可能被告知），演示是售前工作中最关键和最具挑战性的部分。即使你很幸运地接手一个普通的产品组合，情况也不是这样的。你的发现质量越高，销售周期的后期阶段就越容易。做一个演示很容易；而设计一个高质量的演示，展示出你的解决方案有意义、有价值就困难多了。许多售前总是简单地用"这个、那个"的方式列举功能特性，从来没有跳出这种模式。归根结底，是你选择正确的信息和解决方案组成部分的能力决定了是你还是你的竞争者获得了这笔生意。

3. 方案建议书（Proposal）。一些潜在客户可能会更进一步，从他们的流程中剔除过多的供应商，最后留两到三个供应商，要全面提供方案建议书。建议书应该反映你根据与潜在客户的沟通而推荐的配置/材料清单（Bill of Materials，BOM）。建议书还将包括报价和描述贵公司业务方式的法律术语。这些文字几乎总是基于客户的法律文件框架而不是你公司的，被称为条款和条件（Terms and Conditions，T&C）。你通常必须把所有的材料整理成一份文档，描述你所推荐的产品和服务，并详细说明与客户之间的沟通方法以及前提条件等。这方面的例子可能是存储、处理器、电源或发布级别的要求。你可能还需要提供满足客户其他要求的文件，如安全（渗透测试、ISO流程的遵守）或数据处理（如HIPAA或GDPR）。

尽管许多有经验的售前会比大多数销售人员和销售经理更了解定价模型的复杂性，但大多数售前团队都远离报价活动。通常情况下，你需要确认一个技术架构，以确保所有需要的组件都被纳入合同的报价中。实际上，你是销售队伍的技术守门人，需要确保没有任何东西被遗漏。

概念验证POC

即使你的公司可能被确定为这次项目的最佳选择——在业界被称为技术胜利（technical win）——许多客户仍然要求另一个深度接触的步骤——概念验证（Proof of Concept，POC），它使潜在客户能够在他们的环境中或在一个孤立的沙盒中试用你们的产品。这个步骤有各种不同的名称，如试点（pilot）、价值证明（proof of value）、试用（trial）或评估（evaluation）。许多公司都有先进的、自我管理的试点工具包——现在由人工智能机器人跟踪，以确保一切按计划进行，只有当它们看到一个潜在的问题时才通知售前。

大多数复杂的POC都需要售前一定程度的客户沟通，主要涉及多个客户系统、数据的导入/导出、硬件的安装，或者大量处于风险状态的收入。就像售前领域的大多数事情一样，围绕POC过程的可重复性和纪律性越强，并制定出客户成功标准，你获得成功的可能性就越大。

谈判：赢单或输单

你作为售前的工作（几乎）已经完成了，现在要靠你的销售管理团队来完成交易。尽管技术销售的工作已经完成，但你可能会在最后一刻被要求澄清技术要点。这个阶段并不意味着你完全脱离了交易。恰恰相反，你应该在传统的"不伤害"医学原则下保持你与客户的关系，因为你被客户信任，你可能获得销售团队无法获得的客户信息，这也使下一步工作的方向变得更加清晰。

售后支持和客户管理

你赢得了这个项目合同，并不意味着你可以放手，离开客户。现在，许多合同是按月付费，而不是像以前一样有一大笔预付款。这意味着，持续的客户满意度是至关重要的。虽然这一重任有相当一部分应该由你公司的其他职能部门承担，如服务支持部门、客户采用部门和客户成功部门，但你保持和客户的关系仍然很重要。除了最小型的一次性客户外，其他客户总是有更多的项目机会在酝酿发展中。

总结

本章概述了一个典型的企业业务的销售周期。在你的销售过程中，有些阶段可能被完全省略，但有些阶段可能被进一步细分。你会注意到，尽管你的大部分活动发生在周期的中间阶段（见表2.1），但你必须在整个销售周期内保持参与。在过去的几十年里，售前的参与范围逐渐向后扩展到商业价值的发现，又向前扩展到客户接触、建立与客户高管的联系，这是一个趋势。根据你花费时间最多、影响最大的销售周期阶段，确定你阅读本书相关章节的优先次序。

表2.1　销售阶段和售前的关键任务

阶段		描述	售前的关键任务
1		定义市场	放松。即使是一个新增加的产品模块，你目前的客户也可能会提供建议和反馈的
2		市场营销活动	放松。适当的时候参与
	a	电子邮件列表	放松
	b	客户活动	如果有用就参加。建立联系
	c	合作伙伴	积极主动地建立关系。理解双方的期望
	d	展览会/研讨会	放松。如果有用就参加
	e	在线试用	了解试用部署环境和过程
3		线索资格审查	验证技术环境
4		RFP	繁重的工作开始了。准备好回答数以百计的问题
5		需求发现并初步接触客户	繁重的活动。把这一点做好，使销售周期的其余部分运行得更顺畅。商业价值的发现也可能是你的责任
6		演讲、演示和建议	大量的活动。利用在发现过程中获得的信息，积极构建你的建议，使其具有解决客户问题的独特资格
	a	演讲	通常是准备幻灯片。整理"我们从你那里听到的东西"，并与你的产品组合进行匹配

续表

阶段	描述	售前的关键任务
b	演示	做到你的营销材料所宣传的你们能做到的
c	方案建议书	一份正式的书面文件，可能是财务投资整体计划的一部分
7	POC/试用	工作量很大，客户正在评估他们环境中你的产品
8	谈判/完成交易	放松。深吸一口气。维护你的关系，不做对交易有害的事情
9	售后支持	通常情况下活动较少
a	服务支持	专注于维护关系，让相关部门的同事做好他们的工作
b	销售其他产品模块	保持联系可能会发现更多的线索和机会
10	重新开始	你在一个销售周期中所学到的东西都会被输入到下一个销售周期中

技能培养建议

对于新售前：

- 集中精力研究你们公司内部的销售流程如何运作，以便更好地平衡你在多个销售机会上的精力投入。
- 找出正式的书面程序与现实运作中的不同之处！
- 观察和学习有经验的售前是如何分配他们的时间的。
- 认识你的销售伙伴。
- 拜访支持你的同事。如果可能的话，请他们一起吃午餐。

对于有经验的售前来说：

- 加深对销售过程的了解，价值很大。
- 记录和跟踪你一个典型月份的工作内容和花费时间，看看是否与你的期望相符。
- 如果你想转行做销售，在早期的线索挖掘和后期的谈判阶段跟随销售人员。你会学到一些东西——即使只是发现销售工作到底有多难。

对于售前经理来说：

- 了解销售周期，以便你能在整个团队中有效地分配工作。
- 发现支持团队没有按照预期要求交付的领域。
- 认识你的合作伙伴。
- 认识其他跨职能领域（服务支持、服务交付等）的同事。
- 为问题升级做好准备——无论是来自客户还是来自销售人员。

CHAPTER 3

本章目标

- 了解线索资格审查过程中的不同角色和动机。
- 理解线索质量的概念。
- 认识到售前工作的一个非正式部分是产生和审查资格线索。

线索资格审查

> 销售中没有简单的按钮。勘探客户是艰苦的、耗费感情的工作，而这是你为赚取高收入而必须付出的代价。
>
> ——杰布·布朗特（Jeb Blount）

把线索想象成与你的业务有接触的个人或实体。他们可能有也可能没有向你购买东西并最终成为你的客户的意向。线索是销售过程中的第一步。线索至关重要，因为它们占据了销售漏斗（sales funnel）或销售管道（sales pipeline）的前端，一旦认定其合格，就可能转化为具有相应机会的潜在客户。因此，线索资格审查是一个至关重要的步骤，因为它本质上是一个筛选过滤器，以剔除那些不太可能成为客户的个人和企业。

传统上，人们认为线索的产生和对线索进行初步定性属于销售人员的职责范畴。然而，这是一个危险的假设，因为销售工程师也能够对销售线索的产生做出贡献，并且毫无疑问应该了解销售线索的判别过程。

线索开发

上一章介绍了一些销售和市场部门可以产生销售线索的方法。然而，售前一个不成文的职责是为他们的销售同事创造线索。这就是销售工程师称谓中的"销售"的意义，这并不意味着要打陌生电话（Cold Call）[1]，发电子邮件，以及在社交媒体上开展宣传。然而，它确实意味着需要在你目前的客户群中寻找，并利用你的关系来询问："还有没有什么人我们应该与他聊聊？"偶尔为你的销售同事提供线索是赢得朋友和影响他人的绝佳方式。在寻求晋升或加薪时，这也是一个很好的加分项。

线索初步资格审查

在大多数公司，一般由内部销售/电话销售团队进行最初的线索资格审查。他们被称为<u>业务发展代表</u>（Business Development Representative，BDR），他们通过一系列脚本化的问题来对线索进行分类，并对其是否值得继续跟进作出初步判断。此外，大多数销售方法论都有一套门槛问题和相应的缩略语来指导最初的线索审查。例如，我将使用一个最简单的方法：预算、权力、需求、时机（BANT）。我们的目标是在这些问题中获得积极的答案，以推进和审查线索。

1. **预算**。基本问题是："这个项目/倡议是否已经被批准？是否有预算/资金分配？"虽然"是"是最好的答案，但"不"也不会使这个线索就此被放弃。如果已经分配了预算，接下来一系列的问题是：预算有多少钱？谁拥有这个预算？整个采购流程是怎样的？你要尽力确定这是否是表面情况，还是背后有其他的意图。我们很难拿到一个精确的预算数字，所以即使只是了解一个大致范围（例如"在一百万元和两百万元之间"）也足够了。

2. **权力**。掌握预算的人是否有权力作出决定并推进项目？答案通常是否定的，因为这个人正处于收集信息的状态，并遵循其管理层的指示。后续问题涉及客户组织的层级结构，谁会参与采购过程、承担的角色（通常表示为批准者、推荐者、影响者、把关者、用户等等）。

3. **需求**。准备一组初步的问题，以确定推动项目的高级业务问题。他们想要做什么？为什么要现在做？需求也可能涉及技术要求和意外情况。例如，你的产品可能需要一个特定的数据库、开发环境或云供应商来运行，因此，任何兼容性问题都需要在销售过程的早期被发现，才能更好地审查线索的有效性。

4. **时机**。是否有一个采购或投入运营的时间范围？是什么在推动这个时间表？销售人

---

[1] 给完全陌生的客户人员打电话以获得见面沟通的机会。

员经常将其称为推动整个销售过程的不可抗拒事件（compelling event）。它有很多形式，如法律和合规要求，新产品的推出，预算年终执行等等。

你的销售部门应该有一套标准的评估问卷。你应该熟悉这些问题，有两个原因：第一，你可能不得不自己使用它们，因为并非每条线索都是通过电话销售团队获得的，有些可能是通过合作伙伴产生或直接来自现有客户；第二，在一个线索被认为是合格的并传递给主要销售人员之前，你要对他们进行了哪些方面的调查了解心里有数。

你还会发现：许多潜在客户并不愿意提供这些信息。他们的观点是：他们与供应商分享的信息越多，这些信息就越有可能在销售的后期阶段被用来对付他们。他们也可能创造性地夸大他们的立场或需求，以引起供应商的注意。这些行为发生的频率比销售人员愿意承认的要高，尤其是当有人坚定地表示他们就是最终批准者或推荐者，而事实往往并非如此。

> **技巧提示：了解资格审查过程**
>
> 你可能认为销售线索资格审查是一项明显超出销售工程师职责范畴的活动。然而，我可以保证，在你的职业生涯中，总有一天你会发现这个技能的价值。花点时间学习基本步骤，并观察那些有天赋的销售是如何做的。记住前一章中的 MEDDIC。

线索质量

并非所有的线索都是平等的，所以根据对资格审查问题的回答，加上其他因素，如公司规模和所在行业，线索将被排序，并标记为"合格"或"不合格"。除非特殊情况，售前不应该介入该工作，甚至不应该看到一个不合格的线索。售前应该把时间用在更有价值的活动上。线索排名试图量化该线索对你公司的潜在价值。不同的销售组织使用不同的衡量标准，所以你可能会看到线索被归类为 A/B/C 或 30/90/180 天，甚至是 L/U/N（代表：Likely—可能 /Unlikely—不可能 /Never—从未）。

监测出现的线索

当新的线索到达并进入到你的销售团队自动化（Sales Force Automation，SFA）系统中时，你应该检查它们，并将线索质量设置为评估的结果。许多电话销售团队信奉"如果有疑问，就发送出去"的哲学，对这样的线索来说会过于乐观。当然这样做其实很好，因为销售人员拿工资就是用来推动机会的，在销售周期中晚一点把交易取消，总比在早期不追踪一个好的线索要好。围绕技术匹配度，对一些机会收紧资格审查问题。这听起来像是一个管理问题，但如果你是一位该领域的专家或在远离总部的地区/国家工作，你比其他人更了解当地的情况。提前问一两个额外的问题，可以排除大量不合格的线索，它们只会耗费销售的时间，但永远不会取得成功。

假设你是一个内部售前（你的所有业务工作都是远程进行的），并支持一组内部销售人员。在这种情况下，初始评估和进一步审查之间的界限可能是模糊的。一次通话可以在60分钟内迅速从资格审查到发现再到演示中转变。这种进展使得潜在客户的资格审查更加重要，以避免对不合格的潜在客户进行演示。就行业水平而言，内部售前与销售人员的标准比例约为11∶1，因此时间是一种宝贵的商品。

> **案例研究：设计对的问题！**
>
> 来自欧洲的销售主管弗兰克（Franck）提出了一个很有说服力的观点，即潜在客户标准的定义应该进行本地化调整。他说："我们向中小型企业（Small to Medium Sized Business，SMB）市场发布了一个全新的硬件产品。它有令人难以置信的性价比，我们的合作伙伴和直销团队对销售新的硬件非常兴奋。然而，它有一个设计上的硬性限制，即最多支持64个用户。我们还有一个法律上的授权限制，使我们无法在某些国家直接销售它，如英国和爱尔兰。我们美国总部的市场部设计了客户资格审查脚本，我们在本地化这些审查问题方面总是遇到很大的问题。例如，在一些较小的国家，64个用户的系统是企业级的硬件，而不是中小企业，而在欧洲，我们必须找出最终用户和数据中心的位置。我们不得不在10周的时间里对每一个传递给我们的线索进行客户规模和属地的重新确认。这是一种巨大的时间浪费。"

总结

本章比较简短，因为所讨论的大部分过程都是在你接触这个机会之前发生的。现在合格的线索传递给了你和你的销售伙伴。有些组织认为这就是很好的项目机会（opportunity）了，而其他组织仍然要求客户销售人员将它转化为正式项目机会之前（再次）确认这个线索。现在有很多工作要做，我们将在处理技术和业务价值发现的章节中介绍。现在，这个线索已经为销售工程师的参与和发挥他们的魔力做好了准备。

技能培养建议

对于新售前：

- 了解内部销售 / BDR 团队使用的线索资格审查标准。
- 始终寻找机会来扩大客户群体，与新的客户联系。
- 练习使用 BANT、MEDDIC 或类似的方法进行线索判断，以备不时之需。

对于有经验的售前或售前经理：

- 监测外部输入的线索的质量。
- 对问题脚本进行完善和改进。
- 与内部团队进行午餐学习会。

CHAPTER 4

本章目标

- 了解典型的客户RFP流程。
- 了解如何制作一份令人难忘的招标书答复。
- 了解如何创建一个量化的RFP评分标准。

RFP 流程

> 最甜蜜的欢乐、最痛楚的悲伤都是源于爱。这个世界需要的是更多的爱,而不是准备文档。
> ——皮埃尔·贝雷(Pearl Bailey)

全球售前界的一个笑话是:RFP是真正快速的文档工作(Really Fast Paperwork)的缩写,而不是征求方案建议书(Request for Proposal)的缩写。你实际上能多快地读完一份文档,并创造性地对每一个问题回答"是(或满足)"?RFP既是积极的,也是消极的。它有可能是赢得一个业务的机会;也可能是浪费你的时间,使你无法完成其他更有价值的任务。我公开声明我的偏见:我坚信大多数RFP完全是对时间和金钱的浪费[1]。

本章从客户的角度解释了RFP的创建过程,揭露了一些常见的RFP误区,描述了如何将一些科学的方法应用到继续跟进还是停止跟进(go/no go)的决定中,提供了避免客户发布RFP的策略,最后还提供了如果不得不经历这个过程时,应该如何完成和展示最终产出的最佳实践。

---

[1] 技术供应商平均每年回应150份招标书(数据来源:Loopio调查2021年,https://loopio.com/blog/rfp-statistics-win-rates)。

RFP的创建

如第 2 章所述，一些机构必须为每一个超过特定财务限额的重大技术采购发出招标书。这个过程在受管制的行业（如公用事业）和大多数国家、州、县和地方政府中相当普遍。他们别无选择，必须遵循严格的、规定的程序与每个供应商互动，以保护自己不受任何偏袒的指控。

通过 RFP，买方可以描述其需求，并期望一个或多个供应商能够满足这些要求。这些要求通常夹杂在投资计划、经济和财务数据、技术和业务背景介绍之中，再加上大量的法律术语和采购标准。RFP 可以有很多不同的形式，大部分是沿着技术内容轴（关注什么和如何做）而不是业务内容（关注最终结果是什么，有多少）来定义。业务与技术的比率（Business-to-Technical Ratio, BTR，以业务内容的页数或问题数量除以技术内容的相应数量来衡量）可以暗示客户组织中的哪个部门投入最多，并推动了 RFP。BTR 越低，就越有可能是由 IT 部门创建了 RFP，而且是一份高度技术性的文件（BTR<<1），由此带来的一个副产品就是，对售前的参与要求会高得多，工作也会多得多。一个高 BTR 得分的 RFP 意味着业务结果优先于技术需求，因此意味着销售人员要比售前做更多工作。

> **案例研究：程序员生产力软件RFP（第一部分）**
>
> 在我担任 IT 部门主管的时候，我曾管理过一个开发团队。开发工程师创造了一套产品，我们通过公司的销售体系将其出售给最终用户。这当然是一个新颖的组织设置。不幸的是，我们的开发团队中遇到了令人震惊的生产力和质量问题，以至于我们发起了一个购买程序员生产力软件的计划。我们的 CFO 要求我们发布一个招标书，所以我们在一周内就制定了一个招标 RFP，并发给了这个领域排名前五的供应商。我们还设定了一个十天的答复期限。我曾当过乙方，觉得这不合理，但现在采购团队完全参与进来，觉得这没什么问题。
>
> 我们还被要求举行一次供应商会议来回答任何额外的问题，以便为所有相关人员提供一个公平、公正的竞争环境。我坚持让每个供应商与我的团队一起花时间，进行他们的需求发现。我向首席财务官和首席运营官解释说，我们需要奖励那些愿意投入更多时间并提出更深刻和战略性问题的供应商。领导层批准了这个建议。然后……只有一个供应商接受了我的提议，她的团队花了更多的时间与我们的开发经理在一起沟通。
>
> 所有 5 家供应商都在截止日期前完成了任务，并对我们的招标书提供了相当专业的回复。供应商之间的差别几乎为零。因此，我们冒着风险，邀请他们五家公司在接下

来的一周到总部介绍他们的建议方案，并给我们做演示。事情开始变得有趣起来。（这个故事在第 7 章继续讲）

三个RFP神话背后的真相

关于 RFP，业界有许多长期以来普遍认同的说法或规则，其中有些并不完全准确。如果你相信其中三个最重要的神话，你就会浪费大量的时间和金钱。它们已经在行业中流传了至少 30 年，并且继续存在，因为它们很少受到质疑。让我们来仔细看看。

神话 #1：90% 的招标书是被操纵的，并且偏向于某个供应商。

没有一个销售团队喜欢承认他们在一个不可能赢的机会上被竞争对手高价赢单或浪费了时间——这总是别人的错！你会听到他们说"这显然是被操纵的，内容更有利于我们的竞争对手"，或者"他们在招标书发出之前就已经决定了"。这里有一个类比，三十多年来一直对我很有用。我曾训练一支青年足球队，是该地区最好的球队之一。我们参加了一个极具竞争力的联赛，并赢得了大部分的比赛。有时我们也会输。当我们输掉比赛时，家长们要么责怪裁判作出错误的决定，偏袒另一队；要么责怪教练作出错误的战术决定[1]。然而，有时球员会犯错，打得不好（他们是 12 岁以下的孩子，这是很正常的！）。有时我们会输给一支实力较差的球队，对方恰恰这次做对了一切，并击败了我们；有时我们只是被一支更好的球队击败了。然而，在父母的眼中，这总是别人的错，而不是他们的孩子。

这种态度恰恰是销售团队在丢掉单子时采取的相同观点。当我与许多现在或过去担任 CIO 的朋友谈论 RFP 流程时，他们的看法与我的一致：

> 约翰[2]，我们从来不在 RFP 上偏向某个供应商，或内定供应商。在今天的商业环境中，如果这种情况发生并被发现，我们无法承担后果。我们会丢掉我们的工作，危及相关人员的职业生涯。其实有更微妙的方法来影响最终的决定。

当然也有一些 RFP，里面确实包含了客户对某些解决方案有个人偏向（或反对）的内容。人是有偏见的；RFP 却很少有偏见。在过去的 15 年中，我们积累的数据显示，RFP 中包含对某一特定供应商的个人偏向的比例接近 40%。这本身并不足以决定谁会胜出，但它肯定是有帮助的。这种偏向可以通过几种方式表现出来。华尔街的一位资深董事总经理曾

---

[1] 如果你想知道为什么人们甚至自愿做这件事，那是因为孩子们真正喜欢这项运动，他们的笑容和快乐对教练志愿者来说是值得的。

[2] 译者注：对方称呼本书作者的名字。

经这样告诉我：

> 如果我们真的需要改变一个分数，我们会这么做：我们在1（低）到5（高）的范围内对每个因素进行打分，然后赋予一个权重。决定给1、2或5分的标准是相当明确的。但比3分好点和比4分差点之间的区别是不明确的，那是一个见仁见智的问题。为你最认可的供应商把几个3分提升到4分，在进入短名单的选择过程中会有完全不同的效果。

神话#2：只有你写了RFP初稿，你才能赢得RFP。

退一步讲，问问自己：今年你为客户写了多少份RFP？20年前，大多数供应商都有一个RFP模板，他们会提供给他们的内部教练作为最终文件的基础。今天，你能做的最好的事情是在最初的拜访或发现过程中建议一些特性或功能[1]，它们可能会被纳入最终的RFP文件中。

让我们从客户的角度来考虑整个过程。对客户内部，RFP的主要目的是通过一个或多个客户部门的合作，来启动一个项目。它既是一种政治和心理行为，也是一种展示采购意向的行为。它可能是业务分析师第一次有机会记录从用户、中层管理人员和高管那里收集到的需求。现在有多个网站提供令人难以置信的专业RFP标准模板，所以项目组甚至不需要担心这个问题。一旦文件被创建出来，它就是一套通用的要求，每个人都可以用它来衡量潜在供应商的能力。这是一个具体的工作，让法务、财务、采购、IT、业务用户和其他所有人都保持一致。向供应商发布RFP是项目计划中一个可衡量的里程碑，有助于满足他们的目标管理（Management by Objectives，MBO）要求。

回到几十年前，RFP过程往往是一个漫长的过程。分析师们的任务是调查市场并确定谁可能最终应标。他们不得不依赖供应商提供的资料，他们会收到邮寄来的这些资料，然后向Aberdeen或Gartner等研究机构咨询，了解他们对这些供应商的看法。当招标书最终发布时，客户对现有技术的了解往往仍然是非常有限的，他们期望从每个响应的供应商那里得到相关的资料。

这与今天形成鲜明对比。客户受教育程度大大提高，信息触手可及。他们往往知识渊博到危险的程度。为什么危险？这就像一天早晨你醒来时，感觉一只眼睛后面部位头痛。你在网络上搜索有这种症状的疾病，你会觉得你快死了！但实际上，你的头痛用两片阿司匹林就能解决。

对你来说，影响RFP的最佳方式是通过社交媒体，利用Twitter、LinkedIn、Facebook，

---

[1] 这意味着你应该有六七个问题，如果客户要的话，就可以提供给他们。

甚至 Instagram 来宣传相关的内容和你自己，让你成为一个有影响力的人。现在，这对售前个人或小型的售前团队来说很有价值。你仍然是在说服、影响、定位和教育，但以一种更微妙和间接的方式。当你发现 RFP 中的内容都是直接从你的网站或博客上摘取下来的，这就是一个巨大的胜利。

神话 #3：你必须回复你收到的每一份 RFP。

不幸的是，这是销售人员的立场，他们很少需要在这个过程中投入大量的时间。多年来，我们询问过全球各地的售前领导者：在他们收到和回应的 RFP 中，他们知道自己永远不会赢的比例是多少。自本书 2001 年第一版出版以来，这一比例一直徘徊在 30%～35% 之间。这是一种令人难以置信的时间浪费，也会影响整个售前团队和销售团队的士气。

我最喜欢的一个领导者经验或者说是教训，就是：通过说"不"，我可以完成所有的"是"。这种方法当然也适用于 RFP 的答复。销售团队正在逐渐吸取这个教训。最近的数据[1]显示：科技公司认为，他们现在只对收到的 69% 的 RFP 做出了回应。这就和之前提到的"对于 30% 我们完成的 RFP，我们知道我们永远不会赢"的说法大相径庭。

决定继续跟进还是停止跟进

每当一份 RFP 送达时，现在通常是进入销售或营销人员的收件箱，销售团队需要决定他们是否应该回应并争取机会，或者拒绝："我们不参与这个项目，谢谢"。有许多因素需要考虑，例如：

- 这是不请自来的还是我们正在等待的 RFP？
- 我们的产品整体上是否适合？
- 有哪些竞争对手（包括客户最后没有采购任何厂商的产品服务的选项，下文用"客户没有采购"代指）。
- 要求的时间框架。
- 预算和审批流程。
- 是否让合作伙伴、系统集成商和其他第三方参与进来？
- 现有可以回复 RFP 的人手是过剩还是不足？
- 是否有一个专门的内部 RFP 响应团队？
- 高管的压力。

---

[1] 2021年显示的比率为65%，而2020年为69%（Loopio调查数据）。

- 是否是战略客户？
- 我们需要获胜还是只需要由此进入下一轮？
- 我们的自动 RFP 应答软件能否处理这个问题？

由于专业的 RFP 响应会消耗很多资源，所以是否继续跟进的决定很重要，不应该由情绪决定，而应该由数据驱动。这就是为什么对 RFP 的获胜概率进行打分的做法如此重要，我们将在本章后面研究这个问题。但是，首先，我们应该研究这个机会的经济性和整个 RFP 的胜率。

> **案例研究：一堂经济学课**
>
> 我们的一个客户是一家网络安全供应商，由于业绩自然增长和多次收购而迅速扩张。因此，全球售前团队被 RFP 压得喘不过气来，而且节奏越来越快。在 12 个月内，售前运营总监估计他们在全球范围内完成了 185 份 RFP，其中 28 份获胜，77 份失败，其余 80 份客户没有决定。撇开 15% 的低中标率不谈，这些招标书带来了 690 万美元的年化收益率（货币转换后）。这听起来是一个很好的回报，但是当他们计算售前时间的机会成本（将其他人员成本折算为零）时，他们发现机会成本是 2 000 万美元。因此，RFP 每年给公司带来 1 300 万美元的损失，这实际使每股收益降低了几分钱。在实施了一个正式的 RFP 评分系统后，数据明显改善，减少了未中标和客户可能没有进行采购的情况。第二年，他们赢得了 123 份 RFP 中的 32 份（26% 的中标率），并且是以更高的价格赢得了合同，丢了 33 个，其余的是客户没有采购的。现在他们正在努力消除更多的"客户没有采购"的情况。

销售或售前团队的运营部门很少将 RFP 的回复率与总体赢率联系起来。对于首席营收官或销售的区域副总裁来说，这不是一个轻易可以获得的数字。我们一个硬件客户的销售机会的总体赢得率为 53%，但他们对主动邀约的 RFP 的赢率（经过调研！）为 6%，对期待接收到的 RFP 赢得率为 19%。一家网络安全机构报告说：在对数百份 RFP 的情况进行统计后，赢率为 22%。一家印度咨询服务公司的中标率为 8.8%。从这些数字来看，销售过程中的其他活动（如演示、介绍、概念证明）的中标率都明显要高。为什么那家硬件公司要把时间和人员投入到一个只有 19% 胜算的招标中，而不是另一个有 53% 胜算的项目机会中呢？他们只有在以下情况下才会这样做：

a. 有可用的资源。
b. 他们相信，赢率的可能性明显高于 19%。
c. 他们被迫参与，以维持与客户或第三方的关系。
d. 或者他们不知道更好的办法。

应标团队

我们约有 1/3 的客户有专门的应标经理或来源更广泛的应标团队。这通常是由他们所处的垂直行业或公司的整体规模决定的。RFP 的应答无疑已经成为售前工作中越来越自动化的低端部分之一[1]。这是一个积极的趋势，因为这意味着与五年前相比，售前现在花在应答 RFP 上的时间减少了。现在售前把时间花费在审查人工智能 RFP 回复软件的输出，而不是创建响应文件了。如果你的公司仍然依赖手动输入过程和模板，你就错过了一个简单的利用自动化技术的机会，浪费了宝贵的售前精力。当然代价就是，需要有人给机器"喂食"，保持数据和算法的新鲜。

在与内部应标团队的合作中，我也看到越来越多的公司让客户经理成为 RFP 的总体项目经理。这个职责保证了销售作出更积极的承诺，他现在是应标过程的利益相关者了，而不仅仅是只关心结果。此外，这种<u>让其入局</u>（skin in the game）[2]的方法可以确保销售对 RFP 的回应采取更客观的态度，因为这也会耗费他们的一些时间。让他们负责撰写或审查<u>内容摘要</u>（Executive Summary）会强化这种情形。

给RFP打分

过去十年的一个显著变化是：大多数公司对 RFP 进行打分，以决定是否值得跟进。在 2014 年，只有不到 10% 的公司为 RFP 打分；现在，超过 70% 的公司这样做。打分的目的是提供一个可量化的评估系统，以评估收到的每份招标书。我们（目前）还没有达到对于给定的 RFP 判断有 34.5% 的胜算的程度。但我们可以说，通过在 0～100 的范围内打分，一个相对分数为 72 分的 RFP 比另一个分数为 44 分的 RFP 更"靠谱"。这意味着优先考虑应答一个 RFP 而不是另外一个，并有可能决定对得分很低的 RFP 作出"不投标"的决定。

一旦你建立了一个评分系统，你就可以监测它对整个机会最终结果的预测能力，即赢、输、没有采购决定。你还应该将过去 6～12 个月的招标书纳入分析，并根据这些数

---

[1] 译者注：在很多国家，客户对RFP的定位与我们国家的情况不同，书中提到的这些国家，在事先几乎没有与供应商进行技术沟通的情况下，向大量相关的潜在供应商主动发出RFP邀请，然后从大量供应商投标书中筛选出少数几家供应商进入短名单，然后再进行深入技术交流、POC 和谈判；而我们国家则是在已经和很多供应商进行了充分交流以后，发布RFP，直接选出最终供应商。所以在这些国家里，RFP 的应答价值不高，被认为是比较低端的工作内容。

[2] 这是一个来自赛马的令人愉快的短语，意思是为达到某种结果而承担个人风险。马主对结果的影响最大。

据进行微调。当正确校准后，使用 0～100 的尺度，三个区间将变得明显，如表 4.1 所示。

表 4.1　RFP 得分与获胜概率的相关性

区间	大致范围	最终结果
低	0～40	成功的概率几乎为零
中	40～70	你赢得的 20% 的 RFP 将来自这个区间
高	70～100	你赢得的 80% 的 RFP 将来自这个区间

理想情况下，评分表应该是一个与你的客户关系管理（CRM）系统集成的手填表或电子表单。一旦他们读完了整个招标书，售前和客户经理应该作为一个团队完成这个表格。这种团队合作避免了用有偏见的答案来博弈的过程，因为底层的评分系统是透明的。给 RFP 的每个评估问题打分，可以是正分、负分。例如，来自现有客户的 RFP 可能是 +5 分，如果他们是我们的样板客户，那么 +8 分，而一个新客户可能是 0 分，如果这个客户在你的竞争对手的网站上被突出显示，那就是 -4 分。根据机会的技术、业务和销售方面，创建一系列的标准问题。请注意，你不可能在评分表中涵盖所有可能发生的情况，所以要以标准案例为基准，并应用 80/20 规则。你可以在我们网站的资源部分找到一份单页评分表样本[1]。

RFP规避策略

在你完全参与 RFP 并开始回应之前，有两个技术性的规避技巧供整个客户团队考虑。请记住，你的竞争对手可能也在考虑使用这些技巧。这两种最普遍的技术是**参考案例销售法和试用/验证成交法**。这两种技巧可能需要售前团队和潜在客户做额外的工作，但在较大的或战略性的机会中效果更好。作为对这些工作的回报，你将更好地控制销售进程，并可能使你的竞争对手的日子更难过。

当你确信你的产品与潜在客户的需求有 95% 以上的匹配度时，特别是当你有相关的独特能力或者是市场上的主要参与者，你可以采用参考案例型方法成交。你可以这么说："我们有许多客户都有和你一样的问题。如果我们能向你展示我们是如何解决这些问题的，是否有办法缩短这个采购过程呢？"这是情感性的诉求，然后是理性的陈述："我们能够把你们的项目实施提前六个月，可以为你们每月节省八千美元的运营成本。"最坏的情况是，潜在客户说"不"，但至少你已经在某些客户主管的脑海中种下了一颗种子，以

1　见 www.masteringtechnicalsales.com/resources。

后可能会发芽。最好的情况是，如果你得到同意，就可以安排一些样板客户的参观访问，并在你的竞争对手知道发生了什么之前迅速推进销售周期。

试用/验证成交法需要售前团队更多的工作，所以它应该留给更重要的项目来用。这种方法就是让潜在客户在他们的环境中或（最好）通过定制的云环境进行有限的试用（或POC），但之前要协商确定测试成功的标准是什么。第17章"技术评估策略"更详细地讨论了这些评估策略。这种评估通常比实际完成RFP要花费更多的精力，但这个方法：(a)可以将竞争对手排除这个项目之外；(b)让你实际或虚拟地进入客户内部；(c)消耗客户的宝贵时间，使得这些时间不能用于研究其他竞争对手。即使有竞争对手设法复制了这个策略，你也减少了竞争对手，提高了你的胜算。

替代方案回应

有时你会收到不适合你的招标书。对它们的评估打分很低，因为它们要么不在你的核心竞争力范围内，要么来自那些发出招标书但从未给你任何业务的公司。你不必总是"不投标"，你还可以采取更具破坏性的方法。正如你将看到的，这对客户来说是一种好的破坏，对竞争者来说是一种坏的破坏。

如果你不能满足招标书的要求，但可以提供相同或相当的最终结果，那么替代性方案的答复就很有帮助。例如，你礼貌而有技巧地回答："就你要求的解决方式而言，我们的解决方案并不适合。然而，如果你考虑用我们建议的这种方式，也可以实现这些相同的结果（就像我们在客户A和B处实施的那样），这里是我们满足你业务需求的方法。"然后，你提供你建议解决方案架构的简要描述和展示效果，以表明你有一个良好的替代计划，并提交答复，然后耐心等待客户的反馈。

尽管你可以保证这种回复会在客户的RFP团队中引发一场严肃的讨论，客户可能会有多种反应。最终客户的反馈可能是礼貌性的"谢谢，但不用了"，也可能是客户撤回招标书，然后你就有机会解释你的替代建议方案了。

> **案例研究：替代方案回复的真实故事**
>
> 西欧的一位售前主管夏洛特（Charlotte）说明了替代方案回复的力量。"我们收到了一份关于建立一个大规模数据仓库的招标书。这个项目涉及传输和转换大量的数据，并对数据进行极其复杂的分析。我们认为这是一个徒劳的工作，对我们的客户来说绝对是一个不正确的架构。转移和转换是很复杂的任务。在可扩展性和用户管理方面，它

> 也很不适合我们的产品。我们没有回应招标书，也没有输给其他三个竞争对手——我们提出了另一种解决问题的方法。客户希望解决的问题是向业务部门提供当天的数据，而不是等待一周或更长时间。我们提供了一种方法，利用主要数据源的实时云端副本在原地进行分析。我们的解决方案只需要60%的成本和50%的工作量就能够完成。收到我们的回复后，客户暂停了采购流程。整个IT和业务主管团队召集我们开了一个高层会议。我们聘请了一个合作伙伴，介绍了我们的解决方案，并最终获得了这项业务。设计这个响应方案的售前也赢得了全球季度售前奖。这听起来像一个童话故事。"

我还看到有销售团队对于一个可能的战略性客户的处理案例，这个客户喜欢用招标方式进行采购，而且不断地发布招标文件，但从未将业务授予这家公司。他们就使用了这种替代方案回复策略。使用这种策略来重新设定和定义"战略/合作伙伴"关系的真正含义。显然，这是由客户经理和他们的管理层推动的，而不是售前团队。但你可以通过拥有你所掌握的指标数据集来支持这种方法。

完成RFP应答

幸运的是，RFP应答[1]在过去几年里已经显著自动化了。大多数组织已经从一个模板和标准应答库过渡到自动化应答软件。你仍然要确保机器的回复是正确的、令人难忘的、有趣的和有说服力的。如果你是项目经理，你也要承担分配任务和跟进时间表的职责。

> **技巧提示：使用流程管理 RFP 应答**
>
> 确保 RFP 被输入到你的 CRM 系统中，并且在系统中对任务进行跟踪。依靠销售流程和时间表来完成工作，要比不断地发电子邮件、在线沟通、发短信和打电话要容易得多。你还可以获得跟踪该 RFP 活动的好处。

当准备你的投标书中的应答时，考虑到在接收方也可能有一些自动化的措施。这意味着只要你能以"是""否"或一些对你有利的数字开始你的答复，你就应该这样做。这也让客户的工作更轻松！另外，考虑最大限度地使用表格、图表和列表，而不是长篇大论的文字描述。你的技术文件不必包括大量的细节（例如，"是的，我们的产品中最近的两个版本中已经支持这项功能了。参见：系统指南 12.6i 版，第 266 页，www.mycompany.com"）。

---

[1] 译者注：这种RFP应答在我国通常被称为"投标点对点应答"。

你可能希望补充自动答复结果的一个地方是增加并强调竞争优势。你可以在回复答案中强调你的优势，或竞争对手的弱点。

提交投标书

投标方案的开篇致辞（Cover Letter）和内容摘要与具体内容一样关键。它们也更有可能在客户中被阅读和传播。你的工作可能不是对 RFP 进行点对点响应，然而，这并不意味着你应该忽视它们。总结摘要应与技术建议书保持一致，并强调你在答复中提到的所有主要优势。同样地，售前通常比销售人员更有能力发现这些竞争优势。

在最终提交后不久，还应该与客户举行一次评审会议。这个会议允许供应商展示他们的解决方案，并收集实时反馈——包括口头和非口头的。如果客户是新客户，你可以利用这次会议发展与客户的关系。提交投标文件后，请与客户保持持续的联系（在不违反采购规定的情况下），并后续提供源源不断的文章、新闻稿、技术参考资料等。如果你有幸与企业主或高管建立了联系，要格外努力地保持这种关系——不要把它交给你公司的其他人（见第 9 章"客户互动"和第 19 章"值得信任的顾问"）。你有责任与客户建立一定的关系，而不是仅仅坐在后面等待销售人员的指示。

> **技巧提示：说"谢谢你"**
>
> 应答 RFP 并不是大家梦寐以求的工作，也不是很多人主要工作职责的一部分，特别是如果他们并不从事销售相关的工作。因此，一旦完成 RFP 应答，你一定要感谢参与这一过程的任何人，并让他们了解进展情况。对于市场部、产品部或研发部来说，没有什么比为招标书提供材料，然后听到震耳欲聋的沉默更令人愤怒的了。所以要对他们说"谢谢你！"。这将给你带来难以置信的回报！

总结

最好的 RFP 是你永远不需要应答，因为客户足够信任你，并给你业务机会。可惜的是，我们并不总是处于这种地位，所以 RFP 是生活中一个不幸的现实。你越是能够创建一个可重复的流程，并利用自动化来完成大部分的基础工作，你就越能专注于工作的高价值方面。在 RFP 过程中应用一些逻辑思考和衡量指标，消除最终决定中的情感因素。如果客户是"战略性的",或者一个销售人员接手了一个新的区域,那么你会看到这种情绪在起作用。

寻找机会,通过提供技术参考案例、受控的试点或替代性方案的回应,来缩短采购程序的时间[1]。一旦你参与这个工作,要使用你的内部系统来跟踪RFP的任务、责任和投入时间。最后,在提交投标书后,一定要寻求与客户见面的机会,当面澄清任何问题的答案,并开始建立友好关系。

技能培养建议

对于新售前:
- 评估(但不要质疑)基本的交易资格。
- 与你的经理确定时间和资源的优先次序。
- 熟悉相关自动化工具和内部投标响应团队。
- 不要忘记文书工作完成后的客户关系。

对于有经验的售前或售前经理:
- 创建一个你可以用来要求延长应答时间的沟通脚本。
- 试着写一份内容摘要,并与最终提交的文件进行比较。这也是对业务价值发现的初步输入。
- 寻求销售人员对RFP应答进行项目管理。(你只能希望他们会愿意。)
- 寻求与客户的技术、业务和高管人员建立关系。

---

[1] 这确实是假设你有一个较高的中标率,而且你的目标是尽量减少RFP应答的时间。

CHAPTER 5

本章目标

- 理解技术和业务价值发现之间的相互关系。
- 了解如何避免发现的"三宗罪"。
- 建立你自己个性化的技术发现框架。

技术发现

> 真正的发现之旅不在于寻找新的风景,而在于拥有新的眼睛。
>
> ——马塞尔·普鲁斯特(Marcel Proust)

在销售领域,"发现(Discovery)"是指尽可能多地探究潜在客户相关的人员、流程、政治和需求的过程。律师们将"发现"定义为"诉讼中的一方强制披露另一方提及的相关文件"。不幸的是,至少在销售领域,信息披露没有任何强制性,你不可能像律师一样,申请法院强制要求对方披露你需要的任何信息。小学老师可能会把发现定义为"第一次寻求或学习某些东西的行为"。我觉得这个定义更令人愉快,因为它概括了售前工作中有趣和令人兴奋的部分。

发现包含许多活动。为了便于解释,我们可以把它们分为两个主要类别。第一类是本章所讲的技术发现(technical discovery)。这包括客户目前的输入、输出、流程、系统要求、体系架构和已经采用(或期望)的标准。第二类,在接下来的两章中涉及,是业务价值发现(business value discovery)。它和技术发现一样重要,因为你要了解技术需求背后的业务(金钱)驱动力。有时这两者是平行发生的，有时是串行发生的，而且往往像 DNA 的双螺旋一样交织在一起。把这个比喻再延伸一点，发现可以让你解锁客户的企业基因，作出正确的诊断，解决他们的问题，实现他们的梦想。

在发现过程中，你代表你的客户扮演系统集成商的角色，最终围绕你公司的产品和服务组合，提出一个先进的解决方案建议。这个增值的能力是销售工程师所特有的，它使你在销售和购买过程的这个阶段提出你的方案架构。当你阅读这些章节时，要关注任何与你的客户相关的具体步骤或要求（跳过那些不相关的）。注意步骤中的任何依赖性，因为在安排客户和公司内部会议时，你必须将这些因素纳入到你的整体计划中。请注意，与每天要和 6 个不同客户交谈的内部售前或中小企业售前相比，一个拥有少量客户、在一线工作的售前将进行更深入的研究和发现。

关于发现的最后一个说明是：你要认识到这是一个售前和他们的销售伙伴之间产生重大摩擦的领域。大多数售前认为，没有"目前的发现已经太多了"这回事，他们需要更多的信息和更多的客户会议。而另一方面，大多数销售人员认为，他们是被聘请来尽快推进交易的，因此，再一次发现会议将妨碍交易速度。因此，你需要针对每个销售和售前工程师的搭配，找到一个合适的方法。

初步研究——在接触客户之前

在进行技术发现之前，你应该尽可能多地收集客户的信息。这些信息使你在与客户接触时"掌握的信息多到了危险的程度"。此外，它向客户表明你已经做了功课。大多数客户，特别是那些中层以上的管理人员，不喜欢被问到一些你可以事先通过一些研究迅速找到答案的问题。例如，我曾经看到一个售前问可口可乐公司的一个高级主管，谁是他们的主要竞争对手！这些信息不仅显而易见[1]，而且在他们的年度报告中也很容易获得。

你可以从各种渠道收集客户的信息：

- RFI 或 RFP（如果已经发布）；
- 之前与客户沟通留下的笔记；
- 其他部门或附属机构关于现有的安装/使用情况的数据；
- 合作伙伴提供的信息；
- 年度报告和公共财务信息；
- 新闻稿和投资者电话会议的记录；

---

[1] 实际上，它因国家而异。通常情况下，它是百事可乐、红牛和科瑞格。

- 社交媒体；
- 第三方供应商（如 Dun and Bradstreet，邓白氏）；
- 技术栈外部探查[1]。

> **技巧提示：从全球角度思考问题！**
>
> 不要把你的研究局限在你的特定地理区域。一定要花些时间研究全球总部所在的国家，并通过你的内部系统搜索你们公司国外的分支机构。然后，与负责该地的售前联系。如果以前你们打过交道，无论多小，在你进行探索时都有一定的帮助。

如果你知道在你的探索过程中，你将与客户组织中的哪些人打交道，你也应该研究他们。我们将在第 20 章"与高管建立关系"中更详细地讨论这个问题。一般来说，你的联系人在组织结构图中的位置越高，你应该进行的研究就越多。即使是 10 到 15 分钟的粗略搜索，也能产生一些有趣和有价值的数据。一般来源于下面的渠道：

- LinkedIn，Xing，或当地的专业人士社交平台；
- 推特（人们在这个平台上的戒备心往往比其他平台都要少）；
- 谷歌搜索；
- 客户公司网站；
- 你的内部系统。

大多数客户现在都希望得到专业的研究，我建议你把 Facebook、Instagram 和类似的平台从名单中剔除。

前奏——发现的三宗罪

在发现过程中，你的主要目的是收集尽可能多的信息，并且不作判断或过早地提出解决方案。你在这个房间里是为了帮助客户，而不是为了向客户推销。为了帮助客户，你需要获得信息，以确定你能如何帮助他们。这是一种耐心的历练，而这并不一定是大多数售前（和销售人员）所拥有的丰富特质。作为一个售前，我们是问题解决者和取悦者——我们喜欢解决问题，让人们高兴。不幸的是，有时我们试图过快地做到这一点，许多发现沟通偏离了轨道，因为销售团队会表现出三种行为"罪行"之一。这些罪行，用简单的 TAG 记忆法来说，就是**告知**（Tell）、**接受**（Accept）和**猜测**（Guess）。

---

[1] 利用 Builtwith、Geekflare 或 Wappalyzer 等工具。

> **案例研究：TAG的起源**
>
> TAG这个词诞生于1993年冬天，当时我在纽约的Sybase工作。我们的售前年会很快就要到了，我和其他售前领导人（非常感谢Bridget Piraino、Michael Shilling和John Durant）一起开会，想设计一个练习，旨在提升我们售前人员的耐心，并阻止直接冲向演示或空洞技术幻灯片的行为。我们最初研究了"ACGT"（DNA分子的四个组成部分），但没有找到适合"C"的东西。而且ACGT这个词即使对我们来说，也似乎也太怪异了。因此，我们最终选择了TAG，并在当年晚些时候举办了一次有趣的研讨会。结果发现，我们都有"告知"的倾向，因为我们对我们的快速数据库如此痴迷。在你的下一次销售会议中，听听你自己和销售人员说的话，并在事后给彼此打上TAG——这为复盘工作增加了乐趣。

告知

我们每天都在不同客户中看到同样的问题，而且在几个月内，我们就成为了如何解决这些问题的领域专家。这时，我们很容易认为客户立即想听到你告诉他们你能帮助他们，而且你在其他几十个客户身上也有同样的经历。你甚至可能把这种快速的诊断看作是自己能力的表现。你听客户说了几分钟，然后插话说："看来你有一个关于X的问题，我们每天都看到。让我告诉你我们可以如何帮助你。"

进入告知模式有三个直接问题。第一，你正在切断来自客户的信息供应。你仍然有很多东西需要了解。第二，你没有让客户充分解释他们的问题——如果你是客户，对方并没有认真地听你说话，而是在想你说完后他要说什么，当你感觉到这一点时，你会不会很生气？第三，在客户承认它是一个问题之前，有些事情对他们来说未必是个问题。取决于不同的文化和国家，在别人面前告诉客户他们有问题并不是一个明智之举。即使在更直接的文化中，如果你要说孩子长得有点丑的话，你也要十分委婉。

一个有经验的售前确实会迅速诊断出痛点和收益，因为他们以前见过这些情况。95%的情况下，他们在15~20分钟后的初步诊断是正确的。然而，你的目标不是要用你的聪明和洞察力来打动客户，而是要建立融洽的关系并收集信息。耐心就是一切！人们喜欢感觉到他们被倾听和理解，因为每个客户相信他们是不同的、独特的。

接受

第二种罪行是接受客户所说的一切，而不去判断客户说的是否为事实。当你听到诸如"我们需要一个更好的方法来处理大量传入的数据"，而你的公司又销售数据分析、机器学习和商业智能的工具时，你很自然地接受这个说法，因为它证实了你参与会议的意义[1]。你假设客户是正确的，并接受他们告诉你的表面价值。客户可能确实是正确的，可能是部分正确的，也可能是完全不正确的。除非你深入了解这些陈述背后的原因，否则你可能会花费大量的宝贵时间来解决错误的问题。

> **案例研究：对完美演示的追求**
>
> 我必须承认，"接受"是我最常犯的罪行，或者说自己是一个心甘情愿的帮凶。去年，我与3位区域售前副总裁交谈，他们告诉我一个共同的问题："我们的售前在中层管理人员面前表现得很糟糕。他们一下子就跳到高管演讲或简短演示中，而且也不去与客户互动建立起关系。你能帮助我们改进我们的交流和演示吗？"由于这听起来像是我们的售前培训可以帮助他们的事情，我们开始谈论技术交流研讨会、产品营销支持会议等等。大约30分钟后，我意识到我已经接受了他们的说法。
>
> "等等。为什么售前们没有建立起关系呢，可以多谈谈吗？"
>
> 经过更深入的讨论，我们发现，我们需要把售前从他们的演讲稿和演示中转移出来，并为他们培训一些额外的技巧，使他们与客户高管的互动更加个性化。通过创造性地使用白板和讲故事，我们完全重新定义了他们的客户沟通战略——以至于他们的销售人员都要求加入这次针对售前技能的研讨会。然而，我们只差一点就走上错误的道路，并制定出一个完全无效的解决方案。（再次证明：事情并不总是关于演示的！）

记住，你的目的是核实和验证客户告诉你的情况，而不是挑战客户。一个间接的方法往往更有效。你可以说"嗯，关于这个能说得更详细点吗？"而不是问："你为什么会有这种感觉呢？"或"为什么会这样呢？"，这听起来是一个小小的变化，但确实非常有效。

猜测

第三种罪行是猜测。你永远不可能完全了解你需要知道的关于客户的每一件事。你的知识总是有欠缺的。因为我们已经做了多年的工作，并且相信自己的判断，我们会自动填补这些空白。我们称其为智慧和经验，而不是源于充分训练产生的猜测。如果有一个信息、一条数据，或一个你需要的答案，你必须找到一个方法来获得它。不要害怕问这个问题。不要猜测。猜测是为业余爱好者和竞争对手准备的。

---

1 被称为确认偏见，或将新证据解释为对你现有信念和理论的确认的倾向。

猜测也包括假定。这可能是假设你了解客户的问题、行业或个人情况。即使你觉得你以前见过某种情况，你还是应该花时间多问一些确认性的问题，多作一些研究。这种情况有时会成为售前和他们的销售伙伴之间摩擦的根源，销售们可能觉得他们已经有足够的信息可以往前推动，不需要再问任何问题了。

基本方法

每个公司都有一个标准的场景技术问题清单来问他们的客户。这些问题大多围绕着当前的架构、流程，以及多少类型的查询。你应该熟悉这些问题，并应用某种形式的顺序和框架，使这些问题听起来像是来自你个人，而不是来自一个标准文档。你可以用一两分钟的时间向客户解释接下来你会干什么以及你的问题的目的，以帮助这个个性化的过程。一旦客户理解了为什么他们可能会被问到一长串的问题，以及获取答案后会做什么，他们就会更愿意合作。

无论你是销售硬件、软件、服务，还是三者的混合体，仍然会有一个你可以用打勾的方式来使用的基本框架。这其中大部分是基本的系统分析，你应该根据需要进行扩展。图 5.1 是整个过程的概要流程图。

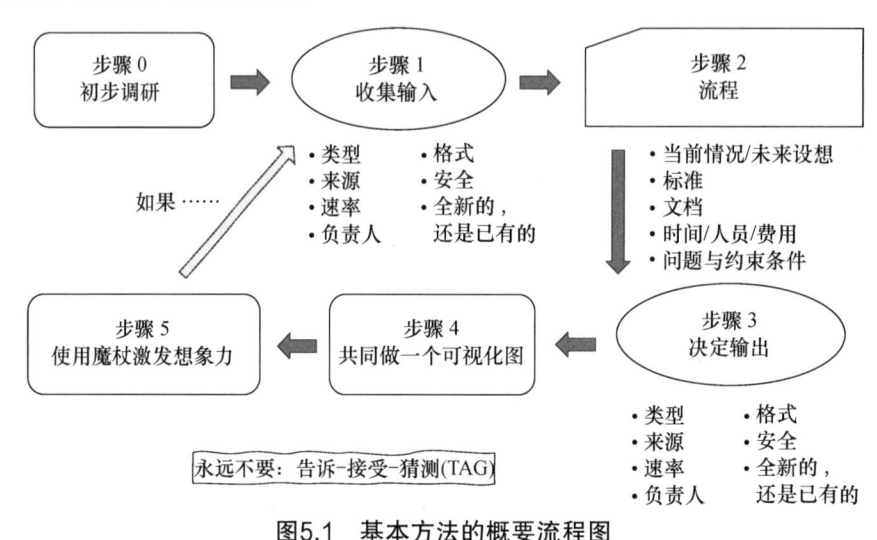

图5.1 基本方法的概要流程图

技巧提示：倾听数字的声音

虽然客户的观点对我们有帮助，并且销售可以从情感上予以认同，但指标数据才

> 是主宰。只要你能获得关于时间、人员、金钱、投入/产出或费率之类可量化的事实，就能帮助你和客户界定问题。例如"将我们的产能翻倍"比"更高的产能"要好。这一点在第 6、第 7 章中有详细介绍。

输入

你应该找到诸如以下问题的答案：
1. 系统当前的输入有哪些？输入可以是数据、文件、原材料和人员等。
2. 这些输入的来源是什么？包括物理或虚拟地点。
3. 输入速率是多少？最大和最小速率？
4. 输入的形式是什么？
5. 谁拥有输入来源，谁负责传输任务？
6. 是否发生任何预处理或中间处理？
7. 是否有任何法律、合规或安全问题？
8. 是否会增加任何新的输入或改变现有的输入？

中间层 / 流程

中间层是流程，大部分工作将发生在这里。你需要问以下问题：
1. 目前采用的技术标准有哪些，如数据库、开发工具、应用程序？
2. 我们需要与哪些已有的或倾向的供应商合作？
3. 目前安排了哪些人员支持已有的系统？
4. 这个系统现在是如何工作的？
5. 你希望它如何工作？
6. 目前它的工作方式有哪些问题？
7. 你的最终用户 / 客户对此有何看法？
8. 有哪些限制条件（例如，备份窗口、报告截止日期、监管时间）？
9. 是否有任何环境或后勤方面的限制（例如，电力、水、阳光）？
10. 在这一层进行什么处理，以产生我们接下来要讨论的必要输出？

请注意，如果你提出的是一个全新的解决方案，现在可能还没有任何东西存在。如果是这种情况，请将你的问题限制在架构标准和未来状态上。

输出

你应该找到诸如以下问题的答案：

1. 系统当前的输出有哪些？输出可以是数据、文件、原材料和人员等。
2. 这些输出的目的地是哪里？
3. 输出速率是多少？最大和最小速率？
4. 输出的形式是什么？
5. 谁拥有输出，谁负责传输任务？
6. 是否发生任何后续处理或中间处理？
7. 是否有任何法律、合规或安全问题？
8. 是否会增加任何新的输出或改变现有的输出？
9. 如果这些输出中的一个出现故障会怎样？

可视化

到目前为止，你所收集的大部分数据都是数字、文字信息或口头描述。如果有一幅图胜过千言万语，那么一定要设法获得当前流程和目标运作的图表，然后要求客户画出一个高层次的版本。要么和客户一起画，要么让他们自己画，这取决于他们的美术能力和信心。技术发现过程中的可视化步骤产生了一个重要的销售资产。在销售过程中，你会多次回顾这幅图，并将其作为你的整体地图。它也会随着你对客户和他们的环境了解的加深而不断变化。

魔杖问题（可选）

与你打交道的大多数客户人员都是"事实和数字"类型的人，特别是IT部门的人。这是对许多人的粗略分类，但却是事实。有时，把他们从当前的状态和问题中拉出来，问一些"魔杖"[1]问题，会大有帮助。你可能需要单独地而不是在团队环境中提出魔杖问题，以获得他们真正的个人观点。你可以这样提问：

- "如果你有一根魔杖，可以挥动它来改变目前状况中的一件事，那会是什么？"
- "假设你还拥有那根魔杖，现在可以用它来创建新的、实用的、可行的系统（不是完美的，只是可行的），会有哪些变化？"
- 然后坐下来听。

---

[1] 每种文化都熟悉迪士尼公主的形象。在从中国到俄罗斯到巴西到尼日利亚的各个国家，魔杖问题从未让我失望。

总结

技术发现允许你获得对客户当前技术和未来技术状态的完整理解。你应该能够向别人解释客户的系统/流程目前是如何工作的（如果存在的话），期望的解决方案是什么样子的，以及任何可能影响未来状态的技术限制。技术发现不仅仅是关于技术，因为使用该技术的人也起着重要作用。为了提升效率，技术发现需要个性化，不要让客户觉得你是在走过场，只是把公司提供的问题清单一一询问并得到答案（尽管这很可能是结果）。你能在这个过程中注入的东西越多，就越容易得到你需要的信息。

> **技巧提示：使用三个 P**
>
> 在我职业生涯的早期，一位导师告诉我关于技术发现的三个要素：
> - 耐心（Patience）：每当你想发表意见时，请保持沉默。
> - 坚持（Persistence）：当你需要一个信息的时候，不要害怕去问。
> - 潜力（Potential）：始终寻找机会，使你的客户的工作更容易、更简单。希望是通过第四个 P——你的产品（Product）。

技能培养建议

对于新售前：
- 发现是一种最好通过观察来学习的技能。观察有经验的售前是如何做的。
- 然后对他们的工作方法进行分析。复制和"窃取"你喜欢的一切。
- 在标准问题中注入一些个性化的内容。
- 谨防发现的"三宗罪"。请一位同事为你做 TAG 分析。

对于有经验的售前：
- 指导一个新售前。你会明白为什么做这个事情，而不仅仅是如何做。
- 寻找机会，把客户引导到你有竞争优势的方向。
- 灵活使用"魔杖"问题。
- 更新发现问卷清单，并在全球（全公司）范围内分享。

CHAPTER 6

本章目标

- 了解客户痛苦的三种类型以及如何应用。

- 学习逆向策略：如何不谈论你的技术，但保持对业务的关注。

- 能够收集一份关键业务问题的初步清单。

业务价值发现 1：痛苦与收益

> 如果你把倾听和观察作为你的职业，你会比说话收获的更多。
>
> ——罗伯特·巴登·鲍威尔（Robert Baden Powell）

业务价值发现（Business Value Discovery，BVD）是一门艺术，也是一门科学，用来了解你的客户为什么考虑购买某些技术。一旦你清楚地了解了这些业务驱动因素，你就能更好地将你的技术功能集与这些业务驱动因素的满足联系起来。如果因为"技术发现是找到需求的唯一方法"，那么技术发现只是为你的需求提供一些基础，而业务发现则在经济上推动项目的进展。

业务价值发现是任何售前的基本技能，但这是一个很少有公司提供内部培训的领域。相反，他们更喜欢进行技术方面的培训，而不是培训技术如何使用。不幸的是，这种方法意味着，一旦客户有抵触的迹象，售前就会退回到功能、速度和接口的内容上。现在让我们来看看整个业务价值发现流程，并使用一个简单的、与销售流程无关的方法来深入了解业务问题。

> **技巧提示：发现是一个持续的过程**
>
> 不要把发现的任何部分看作一次性的会议或只是销售周期中的早期步骤。在整个销售周期中，发现应该是一个持续的过程。你应该把每次会议看作了解客户更多情况的机会，甚至寻求未来业务的可能性。如果你的公司基于消费量收费，就很难区分一个机会的停止和下一个机会的开始。

销售工程师的"痛苦"概念

每一种主要的销售方法都隐含或明确地涉及客户痛点的问题，就是某种业务或技术状况，造成了持续或零星的问题，给客户带来了不便和烦恼，往往导致了业务的损失。你可能认为，客户总是希望他们的痛苦消失。然而情况并非总是如此。对于售前来说，将客户的这些痛苦分为三个类别，每一个类别都会导致不同的销售策略，甚至不同的发现方法。

潜在的痛苦

潜在的痛苦是指客户要么不知道他们有这样的问题，要么是他们已经忍受了很久，以至于他们已经习惯了这样的问题，不认为它重要到需要解决。这两种情况——不为人知的痛苦和已知的潜在痛苦——都很常见。例如，我们都参加过这样的会议，客户介绍他们目前的技术架构，你看了一眼就吓坏了，因为它有多个单点故障、数据重复、给黑客有可乘之机……这些都是未知的潜在痛苦的例子。一个已知的潜在痛苦的原因是由于流程运作良好（但效率低下），或者客户已经习惯于采取纠正措施，以至于它不再看起来像一个问题。请记住：在客户说这是一个问题之前，它永远不会是一个问题。

> **技巧提示：个人痛苦的例子**
>
> 作为对潜在痛苦的解释，举一个我个人的例子。我的右膝后面有轻微的疼痛。它已经在那里存在了30年，真的没有打扰到我。没有医生会让我花钱去做核磁共振扫描来进一步分析。我带着它生活。这将是一个典型的已知的潜在痛苦（直到它不再是）。我用这个例子为下一种痛苦作铺垫。

在销售周期的早期，你也会看到潜在的痛苦以各种其他方式表现出来。每当销售人员要求你做一个"产品总体介绍"时，你就是对潜在的痛苦进行销售。你希望你展示的东西能激起客户的反应，并将潜在的痛苦转化为当前的痛苦。潜在的痛苦不一定是坏事，但你需要把它转化为更多的当前问题，才能建立一个真正可行的机会。

当前的痛苦

目前的痛苦正是你所期望的。它是"很痛，而且正在流血，请帮帮我！"的同义词。实际上，产品部门或者市场营销部开发的每一个用例或执行手册（playbook）中的例子都与解决当前的痛苦有关。例如，销售团队通常会制作一张幻灯片，展示他们在客户群中遇到的五六种最常见的痛点。这可以作为进一步讨论的基础。

另外，记得不要落入"接受"的发现陷阱。客户说这是一个当前的痛苦，并不一定意味着它真的是一个当前的痛苦，甚至根本就不是一个业务问题的痛苦。你仍然需要验证它。

案例研究：让痛苦成为现实

在我们的课堂上，我经常问学生，他们可能会说什么或做什么，使我潜在的膝关节疼痛变成当前的痛苦，从而导致我采取行动。这些回答分为两类。

首先，有些人兴高采烈地试图吓唬我：

- "这可能是更糟糕疾病的一个症状。"
- "我的朋友就有类似的问题，最后膝盖骨骨折了。"
- "你以后可能会依赖轮椅，无法去旅行了。"

然后其他人更高兴地试图激励我：

- "你的孙女明年将开始参加体育运动了。难道你不想和她一起玩，并指导她吗？"
- "你的家人正计划到新西兰进行一次《指环王》路线徒步旅行。"

在这两种情况下，他们都试图把我从潜在的痛苦中拉出来。第一组试图使痛苦成为现实，并将我推向当前的痛苦。第二组则是关注收益，将我拉入当前的痛苦中。

哪种方法更有效？你的客户会如何反应？就我个人而言（特别是如果潜在的痛苦是轻微的），我对收益的拉动比痛苦的推动反应更积极。虽然吓唬客户不是销售工程师的工作，但你当然可以解释如果他们什么都不做会怎么样。

愿景的痛苦

当客户，无论是自己还是在你的帮助下，展望未来，并决定他们希望现在就采取行动（而不是比如说6个月后），就会产生对愿景的痛苦。常见的原因有以下几点：

- 合规；

- 政府的规章制度；
- 拓展新市场；
- 主动攻击竞争者；
- 审计未通过；
- 兼并和收购；
- 数字化转型。

你通常会听到一个精通战略与战术思考的高管这样说。现在你至少知道该项目背后有某种形式的高管支持。

> **技巧提示：寻求销售管道的平衡**
>
> 看看你的销售管道。用 L、C 或 V[1] 对它们进行分类，有时你可能只需要使用其中两个字母。然后，检查这三个类别之间的平衡。如果你的管道有很多 L，你将面临具有挑战性的一年，因为你需要将潜在的痛苦转化为当前的痛苦或愿景的痛苦。完美的管道包含每种类型。如果 L 为零，你要么处于一个热门市场中（祝贺你！），要么错过了一些机会。

要让客户敞开心扉，开始与外人谈论他们的痛苦，确实需要一定的信任。关系越牢固，供应商团队提供的价值感越强，这个过程就会变得越容易。痛苦的收集也是销售过程中的一个部分，需要售前和销售人员之间相当紧密的团队合作。同样重要的是，他们既要保证所有问题都要问到，也要避免提出重复的问题。合作和周密的计划都是必不可少的。

如何不谈及你的技术

我在上一章中多次提到耐心，与良好的积极倾听相结合，它是任何销售工程师的基本技能之一。在与客户合作时，可能会有很多场合，客户、合作伙伴，甚至是销售人员试图让你谈及你的技术组合和能力。因为这是一个令人舒适、知识丰富和有自豪感的区域，我们通常很高兴能进入关于我们的产品和服务的详细情况。但这为时过早！如果你还没了解客户为什么问你这个问题并确定他们的动机之前就开始谈论你的技术，那你就是在猜测。这种情况是最常见的发现罪行 #3（猜测）发挥作用的方式。它被称为"过早地设

---

[1] 译者注：分别代指潜在痛苦（L：Latent）、当前痛苦（C：Current）和愿景痛苦（V：Vision）。

计解决方案",会使你陷入严重的麻烦。这是销售人员向售前领导抱怨最多的行为之一。

客户提出的问题可能非常诱惑你立即回答,特别是如果这些问题属于你最擅长的领域。一位意大利售前曾将其描述为客户"给我了一把法拉利的车钥匙"。抓住钥匙去开法拉利车确实非常诱人,但可能有几个问题你需要先问问。

之前说过,在商业世界中,大多数决策都是由痛苦或者收益驱动的[1]。世界上的每一个销售流程都会教你如何发现痛苦。然而,在一般科技公司的销售管道中,痛苦占了大约80%,剩下的20%是由收益驱动的——对未来发生的积极结果抱以期待。优秀售前和世界级伟大的售前之间的区别之一是,伟大的售前在寻找收益的同时也在寻找痛苦。你所处的情况——比如当你在寻求业务价值时,客户却在问你技术问题——是转向收益的最佳机会。

守住客户的话题,进而引导痛苦或收益的技巧被称为<u>逆转</u>(reversing)。下面用几个例子来说明。

你的客户说:"罗宾,我们需要创建一个计算、存储和网络系统的环境,按需向用户提供资源。这个云基础设施必须是有弹性的,并支持像大批量处理或灾难恢复这样的任务,这些任务对我们传统的本地数据中心资源造成了负担[2]。你能帮助我们吗?"

罗宾可能很想开始谈论混合弹性云基础设施令人印象深刻的能力,然而这是完全错误的做法。罗宾应该这样回答:"是的,我们可以做到。但是我很想多了解一下你提到的那些负担,以及它们是如何影响你的用户的。"

这就是对痛苦或当前状态的逆转。实际上,你是在要求客户对他们目前的状况做更多的解释。例如,第二种回答可能是:"是的,我们可以做到,我们已经帮助了成千上万的客户做到这一点。展望未来12个月,如果这种基础设施部署后,你将能够做什么,而你现在做不到?"

这是对未来收益的一种逆转。你正在把客户从现在带入未来。许多人被困在他们目前的问题里,他们很少思考未来没有痛苦的生活意味着什么。只要将你的产品与未来的积极事物联系起来,就会产生一种情感纽带,帮助你在销售周期中走得更远。

围绕逆转,有一些重要的指导原则:

(1)在一次对话中,你可以扭转客户的次数是有实际(和文化上的)限制的。你是在用问题回答问题,这可能会变得令人沮丧。一般的指导原则是每小时三次,所以要明智地选择。

(2)在适当的情况下,以"是"或类似的积极短语开始你的回答。

---

1 有时也受好奇心驱动。
2 这段话不是我编造的,是我直接从一家知名科技公司的网站上复制过来的。

（3）这个回答需要听起来很自然，就好像它是一个提议，在几分钟内提供一个更有针对性的答案，以换取现在获得的信息。你应该准备一个逆转的话术库。我最喜欢的一句话是："我可以谈论这个话题一整天（我的销售人员说我经常这样做），所以如果你能告诉我更多一点关于 [X] 的信息，我可以给你一个更短、更有针对性的回答。"

（4）谨防使用"但是"一词。回答"是的，但是……"。从心理上讲，第一个"是"与你其余的回答脱节，会使你听起来很消极。你可以用"和"代替[1]。

你也可以逆转你的销售伙伴。每个售前都曾遇到过这样的情况：销售人员要求你做一些完全出乎意料的事情，而你却不知道他们为什么要这样做。"罗宾，这是一个很好的时机，可以告诉客户我们的反向渗透扭曲混合传输协议。"

然后，罗宾可以使用同样的技巧并回答："谢谢，约翰。我也在想同样的事情，首先想知道他们现在如何处理这些协议。"

如何、何时、为何逆转你的销售伙伴，取决于你们之间的信任程度。你应该在拜访结束后立即与你的销售伙伴沟通，不管你采取什么方式，来了解情况和原因。你可能遗漏了什么，或者销售可能过于着急强调我们有竞争力的技术。接下来，你们需要就未来如何处理这个问题达成一致。

> **技巧提示：帮助我解决这个问题**
>
> 有些销售方法提倡装聋作哑的策略，要求客户（重新）解释一些事情，因为你不理解这个话题或问题的范围。对这种策略要小心，因为它对销售人员来说是一种有用的技巧（"我之前一定没注意到，你能不能解释一下为什么……"），但对售前来说不应该经常使用。你要在谦虚与你应该被认为是会议中更有能力的人的目标之间取得平衡。

过程的核心

能够轻松走进高管的办公室，让他们耐心地坐下来向你解释所有问题的时代已经一去不复返了。我们已经把"什么让你夜不能寐？"的策略丢进了历史的垃圾箱。在你踏入高管办公室之前，你必须对问题有一个坚实的把握，带着想法和解决方案去。这意味着你要与组织的低层级人员进行大量的访谈和会议，必须整理和综合他们的反馈。这个过程是为中层管理人员准备的，因为大多数非管理人员，尤其是 IT 部门的人，都没有机会

---

1 这是一个让在你生活的各个方面——个人的和职业的——产生精彩对话的建议。

接触到任何财务数据。

该过程的第一部分被细分为四个简单的步骤。尽管可能有不同的术语，但你的销售伙伴可能遵循或可能不遵循的每个销售方法都有类似的步骤。你怎么称呼这些步骤并不重要，最终的结果才是最重要的。发现其中的乐趣，享受这个过程，不要过于看重字面的意思。如果客户走在你前面，在编制问题清单的过程中提供了有价值的数据，请感激地接受，并及时记录下来。这种灵活性和愿意适应客户的态度将让客户感到安心。四个主要步骤列举如下：

1. 获得所有关键业务问题（Key Business Issues，KBI）的完整清单。
2. 与客户核实清单确实是完整的。
3. 请求允许添加你自己的问题（如果合适）。
4. 确定问题的优先次序。

收集一份完整的清单

这一步的目的是获得一份客户面临的所有业务问题的书面清单。其中一些问题可能不在你的解决方案能力范围内——这没有关系。你会对客户的业务环境有一个更清晰的认识，甚至可以邀请一个合作伙伴来帮助解决这些其他问题。有些客户会急于分享他们的问题（他们确实处于当前的痛苦之中），而有些客户可能不愿意。关键是要启动对话，然后安静地倾听。记住耐心的艺术，把你的意见和判断保留到以后。一旦客户开始说话，你最大的问题可能是时间管理和把注意力集中在相关问题上。

这一步是对话中高度个性化的部分，除非你来自一家能够解决有限问题的单一产品公司，否则没有固定的脚本可循。然而，这里有几个问题，你可以用来开启对话：

- 您今天为什么邀请我们来与您见面？
- 您的老板关注的是什么？
- 在你们上次关于这个问题的员工会议上，你们谈了些什么？
- 我们在其他公司做过 [X]，您对这个感兴趣吗？
- 您能和我分享一下您对当前情况有哪些担忧吗？

这个过程中最重要的步骤是：在确定所有的问题之前，你不应该深究任何一个问题。多年来，在我们的研讨会上，我们看到，客户告诉你的第一个问题很少是最重要的问题。在与客户的真实沟通中，有 85% 的比例，讨论的第一个问题并不关键。这很好地说明了为什么在深入讨论任何问题之前，你需要列出所有问题。规则是：#1 <> #1[1]！

---

[1] 译者注：意思是第一个问题未必是最重要的问题。

> **案例研究：向医生学习**
>
> 继续我腿的故事。每年，我都会去看科特森（Kitchen）医生，做一次年度体检。这个过程从一些轻松的社交聊天和简短的询问开始，然后科特森医生拿出她的平板电脑，问道："约翰，你今天想告诉我什么？有什么事困扰着你？"
>
> 我回答说："我的右膝后面有轻微的疼痛。"
>
> 你会认为她的下一个问题会是"你有这种疼痛多久了"或"以1到10为度量，它有多疼"甚至是"你能更详细地描述这种疼痛吗"，这些都是复杂的诊断性问题，而且都是错误的问题类型。相反，医生说："嗯，你的右膝后面有轻微的疼痛；你还有其他什么地方不舒服吗？"
>
> 她这么做是因为她是这方面的医学专家，而我不是。在作出任何诊断或决定下一组问题之前，她计划尽可能多地收集信息。也许我提到的第三个或第四个不舒服的地方是一个更严重疾病的症状呢？

确认清单是否完整

这种互动应该是最简单和最快的步骤。一旦客户觉得他们已经列举完了他们的清单（"我觉得问题都全在这里了"），而你对于更多问题的提示又没有其他效果，那就该停下来总结一下了。现在你有一份书面清单，应该把它展示出来，把它读给客户听。然后，你可以问："如果我们把这些问题都解决了，你会感到很高兴并认为这是一个成功吗？"——听起来有点像销售说的话了。

如果客户说"是"，那么你就进入第三步。如果客户说"不是"，那么你就问："我错过了什么内容吗？"收集客户的回答，然后再次验证该清单。

你现在有了一份完整的客户KBI清单，这是通过你所采访的人的眼睛看到的。你现在应该在头脑中初步评估一下：你的公司可以帮助哪些问题，哪些不能。

请求允许添加你自己的问题

现在是展示你的专业知识的时候了，你要提出客户没有考虑过的，或者至少是还没有提到的其他问题。如果你们的销售体系已经接受了**挑战式销售**（challenger sale）的理念[1]，那么这就是售前最直接的切入点。这是一个很好的机会，可以扩大销售，或者重构问

---

[1] Adamson, B., and M. Dixon. 《挑战者的一面：掌控客户对话》（*The Challenger Side: Taking Control of the Customer Conversation*）. Portfolio Press，2011.

题，增加一个有竞争力的差异化因素。

你的职位越高，这种技巧就越有可能发挥作用。由于信任和关系的动态性，对售前来说，执行这种挑战或增加额外的问题比销售人员更容易[1]。在没有任何长期销售关系的情况下，当销售人员提出额外的问题或议题时，客户可能会感到被推销。但客户更有可能接受售前人员的任何输入，因为你的职位名称表明你是能够帮他们忙的工程师。

高管们告诉我，售前给双方关系带来的主要价值之一是充分了解其他客户使用你的产品的细节。这包括标准功能和一些不常见的用途。你可以通过介绍你的其他客户的情况或行业市场情况来提升这一价值。

"我的许多客户[与你处于同一行业垂直领域/与你规模相同/面临类似商业问题]，也在寻求解决[你能帮助他们的问题]的方案。你对这个问题感兴趣吗？"

如果客户说"没有兴趣"，也没关系，你已经作出了努力，并且在他们的头脑中植入了这个想法。如果客户接受了你的建议，那就征得他们的同意，把它添加到列表中。不要在接下来的15分钟内谈论这个问题；只需说明你会在接下来的步骤中再讨论这个想法。

确定问题的优先次序

你现在有了一份该客户所面临的关键业务问题的清单，通常包含3～8个问题。现在是时候对该清单进行优先级排序了。同样，直截了当询问客户是最好的："您认为其中哪一个是最重要的？"

大约有一半的可能，你碰到一个合作的客户，他们有自己的优先级设定，并理解相对的优先事项。你查看清单，他们会回答："按照优先顺序，依次是4、3、1。所以这些是我认为最重要的3个。"

另一半可能，客户会不确定，可能会说"所有这些都很重要！"或者"我从来没有真正想过这个问题"。

除非有一个不可否认的明显的起点，否则要把主动权交还给客户："我经常听到这样的回答。那么，对你来说，你现在想从哪一个问题开始呢？"

你的客户然后作出选择——这可能确实是他们最重要的问题，也可能是他们最了解的问题，也可能是他们的老板在你们见面之前刚刚对他们大喊大叫的问题。当你通过BVD过程的第二部分时，你将很快确定根本原因。除非你意识到有相反的迹象，否则只要得到前三个优先事项就足够了，其他的就不用排序了。

---

[1] 顶级销售人员已经知道这一点，并将售前挑战纳入他们的客户计划中。

我更倾向于和客户每个人单独讨论问题清单的优先顺序，这样才能获得尽可能多的输入。与一个更大的群体合作，特别是与来自多个部门的团队合作，可以让每个团队确定其优先顺序。你可能会得到一些关于公司政治的有趣见解。如果一个小组难以达成一致意见，建议每个人都投三票，并以这种方式统计结果。让客户企业文化因素决定是否可以投票决定。

> **案例研究：业务价值发现的开端**
>
> BVD 的基础步骤早在 1988 年就在 Oracle 公司创建起来了。在汤姆·希贝尔（Tom Siebel）的领导下，我们建立了一个全新的行业销售部门。我是医药行业的售前经理。我们的产品在默克公司、强生公司和葛兰素史克公司的研发部门已经成功应用。这造成了一个奇怪的现象：任何时候销售人员或售前听说客户在临床试验、新药申请或药物不良反应方面有问题，他们就会扑上去！这意味着，尽管我们为 Oracle 数据库创造了稳定的业务收入，但我们却错过了制造、人力资源、销售等方面的许多其他机会。因此，BVD 工作表的第一个版本是由我和两位销售经理 Sid Amster 和 Marc Schnabolk 设计的[1]，其唯一的目的是促使我们的员工问"还有什么其他问题？"而不是陷入眼前的研发问题。
>
> 30 多年后，一家销售防火墙的安全公司的客户说："我们在处理进入我们系统的加密流量方面有很大的问题。"这是该公司的一个竞争优势，销售人员开始解释防火墙的选项和价格。售前会说："请稍等一下，除此之外你现在还看到了别的什么问题？我们想先对你们的重要问题有个全面的了解。"客户继续解释他们是如何被安全日志、API 元数据和报警淹没的。这样，三个新的销售机会最终在这一个客户中开启了。先把所有的问题都摆在桌面上！

总结

你现在有了一份客户关键业务问题的完整清单，并验证了这是一份完整的清单（包括捕捉到任何你要了解的东西），并可能根据你的经验增加一两个你自己的问题。最后，你与客户合作，对清单进行了优先级排序。这样你就从某个人或某个团队得到了一组问题，将带入到 BVD 的下一阶段，会对前三个问题中的每一个进行更深入的探讨。

与前面关于技术发现的章节一样，耐心同样是关键词。你说得越少，提供的意见越

---

1 在 IBM DOS 4.0 下使用 WordPerfect 和 Lotus 1-2-3 完成的，供各位历史学家参考。

少，你得到的就越多。在发现的最初阶段，售前可以巧妙而温和地建立起信誉。不要努力成为房间里最聪明的人，即使你真的是！

技能培养建议

对于新售前：

- 把你遇到的常见的潜在痛苦、当前痛苦和愿景痛苦列个清单。
- 向你的销售人员或售前经理要求让你参与业务发现。
- 建立一套逆转话术，并与你的销售伙伴制定使用策略。
- 观察其他高级销售人员是如何在发现过程中使用挑战/添加步骤的。

对于经验丰富的售前或售前经理：

- 为你的销售伙伴建立一个KBI表格。然后，如果他们可以进行这个初步发现，你就不必做了！
- 用最常见的痛点，制作一组幻灯片或白板。
- 创建一些客户故事来支持你的挑战/步骤。

CHAPTER 7

业务价值发现 2：时间、金钱和人员

本章目标

- 了解发现问题的提问框架。
- 能够收集关键业务问题的问题、结果、证据和影响。
- 了解客户反馈中的时间、金钱和人员的重要性。

> 杂乱无章有一个好处，就是你总能有惊人的发现！
>
> ——A.A. 米尔恩（A.A.Milne）

你现在有一份按优先顺序排好的客户问题清单，其中可能还有一两个你添加的额外问题。在这一点上，你表现出了惊人的耐心，抵制了许多谈论技术的冲动。现在是时候深入挖掘每个问题，并发现一些有用的数据，以帮助你和客户证明项目的合理性。我们将涵盖业务价值发现的四个象限，通过提问技巧进行迂回，从而得到答案。你问了所有这些问题，那么你到底应该从客户的回答中听取什么呢？

本章业务价值发现（BVD）的第二部分旨在帮助客户准确地说明他们为什么认为这是一个问题，这个问题有多大，以及解决它对客户有什么价值。同样，你要确保你不会成为"接受"型发现罪行的受害者。

BVD四象限

客户现在认为他们需要我们的帮助解决一个或多个业务问题，并有可能获得一些商业收益。我们还不了解客户如何知道这是一个问题，问题解决后的未来是什么样子，以及问题的财务价值。你正在寻求四个独立问题的答案。从最优先的问题开始，依次处理每个关键业务问题。你可能只需要专注于最重要的三个问题。

（1）你怎么知道它是一个问题（证据）？

你提出一系列的问题，让客户解释他们为什么认为这是一个问题。这些问题是情景性问题，将围绕着现状展开。你想了解现在是如何运作（或不能运作）的，包括好的、坏的和不够好的各个方面。如果你认为客户更倾向于把事情看作是潜在的而不是当前的痛苦，那么让客户沉浸在痛苦中是可以接受的。在这组问题的问答中，你会听到很多描述性的短语和观点。

（2）问题有多大（影响）？

根据你刚刚积累的描述和证据，这个问题对业务的总体影响是什么？理想情况下，你需要寻找的是量化数据，正如你在本章后续所看到的，你可以将其转化为时间、金钱或人员。

（3）你如何判断问题已经被解决（证据）？

现在是时候走出当前状态，带领客户进入未来了。你要问的是客户的主观成功标准。你经常会听到他们只是希望痛苦停止，问题消失——"系统不再崩溃"，或"用户不再抱怨"，或"满足我们的最后期限/服务水平协议要求"。这就是你可以关联到任何潜在收益或愿景痛苦解决方案的地方，并问"然后会发生什么？"当客户思考这种快乐的情形时，你要做好沉默的准备，并基于你的客户经验，准备好提出一些"成功应该是什么样子"的想法："我的许多客户发现，他们不仅可以在截止日期前完成任务，而且他们实际上可以提供更好的服务，并为此收取更高的费用。"

（4）问题消失的影响是什么？

这一步是与问题影响相对应的未来状态。当问题被解决后，对业务的财务影响将是什么？它很可能是对现状问题的解决，也可能是对你通过问题3发现的一些收获的补充。一个指导原则是：证据问题将产生文本描述的答案，而影响问题的答案应该包括文本描述和数字量化。

那么，你应该问什么类型的问题，以及你应该如何对这些问题进行措辞呢？

关于问题的问题

你知道有三种类型的销售问题吗？这是一个封闭式的问题。还有开放式的问题和神秘

7 业务价值发现2：时间、金钱和人员

的无疑问问题。它们各自发挥着作用，不仅是在发现中，还贯穿整个销售周期。

封闭式问题

封闭式问题的答案通常是"是"或"不是"（偶尔，答案是"也许"或"取决于"，但这些都是售前工作要面临的日常情况）。销售人员会告诉你，封闭式问题很糟糕，因为它不能促进沟通。此外，封闭式问题为客户提供了太多说不的机会。一个封闭式问题的例子可能是："你们是否有能力从异地备份中恢复数据？"

虽然它们的名声不佳，封闭式问题对于售前来说确实有用，它们对于去掉无用的选项、沿着决策树走下去或者故意让客户说"不，我们不能这么做"时很管用。比如说：

- "你们在新加坡有办公室吗？"
- "你们在英国和爱尔兰的业务中是否要遵守 GDPR 的规定？"
- "你们能对每个零售点进行实时的每日盈利分析吗？"

虽然你不想问太多的封闭式问题，尤其是连续问（因为这听起来像审讯），但它们可以直接关闭一系列的选项，并通过激起客户的一系列负面反应来达到使潜在的痛苦变成当前的痛苦的目的。（回到我膝盖的故事——"约翰，你能跑五英里吗？"）

开放式问题

一个开放式的问题可以推动对话。它要求用多个词或句子来回答，深受销售人员和销售培训人员的喜爱。绝大多数的销售问题，以及你日常生活中的问题，都是开放式的。如果你是一个有经验的售前，在很多场景中都能流畅沟通，或者认为自己善于言辞，你就不需要 BVD 问题框架。对于我们其他人，我推荐 5W1H 框架。"5W1H"包括谁（Who）、什么（What）、何时（When）、何地（Where）、如何（How），以及哪个（Which）？

> **技巧提示：为什么要慎重对待 Why？**
>
> 你会注意到，"5W1H"并不包括"Why（为什么）"。这似乎是一个重要的遗漏，因为每个人都想知道为什么。然而，在许多文化中，"为什么"可能被认为是对抗性和评判性的。一个学生曾经告诉我，在他所在的地区，"为什么"在句尾隐含着"你这个白痴"的意思，就像"为什么要这样设计，你这个白痴？"你可以把发现中的每一个"为什么"问题改写成更柔和、更委婉的问题。在销售周期的这个阶段，把"为什么"的问题留给你的销售伙伴。

对于每个"5W1H"的问题类型[1]，建立一个问题清单，列出你可以对客户使用的面向业务的非技术问题。你不会用到所有的问题，所以把它看作你与客户对话的启动包。表7.1列出了一些问题的样本。

表 7.1 以业务为导向的非技术性发现问题的例子

类型	问题举例
Who	谁受这个问题的影响最大？
	谁第一个发现了这个问题？
	谁负责这个设备？
	当它出故障时，谁会抱怨？
What	如果你什么都不做会怎么样？
	这有哪些症状（影响）？
	你们的内部报告 / 合规要求是什么？
When	这种情况是什么时候第一次发生的？
	什么时候第一次引起重要人士的注意？
	你需要这个项目什么时候投入运营？
Where	你的办公室 / 用户在哪里？
	这个数据从哪里来？
	这将被托管在哪里？
How	你是如何尝试解决这个问题的？
	这种情况多长时间发生一次？
	这将如何影响你的员工？
	这种情况发生了多少次？
Which	对上述任何问题进行深入研究，以获得具体信息。
	你的办公室位于哪里？其中哪里用户最多？

无疑问问题

无疑问问题（NonQuestion Question，NQQ）是一种令人吃惊的、未被充分使用但却非常有效的技巧。它是一种无需明确提出问题就能促进和推动对话的艺术。当然，你可能已

---

[1] 当你把"5W1H"翻译为其他语言时，你会发现你并不总是能得到一个优雅的助记符。德语是一个完美的6W，葡萄牙语是5Q+O，法语是4Q+C+O，西班牙语是3C+2Q+D。当然重要的是这个框架。

经在日常生活中这样做了，甚至没有想这么多。下面是一些经典的例子：

- 可以多给我讲一些吗？
- 哇！我从来没有这样想过。
- 请继续讲。
- 我很想了解更多这方面的情况。
- 甚至是简单的"嗯嗯"，加上赞同的点头或摇头。

即使是最乐于合作的客户，你也会遇到这样的情况，即问题的数量变得不堪重负，他们会减少回答，甚至不愿回应。Gong.io 和 Chorus 等公司的平台能够录制销售会议，使用 AI 分析内容，并将其与结果相匹配。他们的研究表明："最好的"销售会议有 8~12 个问题。少于 8 个问题，你可能没有获得足够的客户信息。超过 12 个问题，客户就会开始觉得这好像是一场审讯。

但无疑问问题不算在内！它们是中性的，绝对是给售前这个职业的礼物。

你的整体提问技巧应该混合使用这三种问题类型。开放式的 5W1H 问题是谈话的基础，辅之以封闭式的问题，以获得对当前或未来问题的一些确定性，或引出对潜在痛苦的不确定性。最后，撒上 NQQ，以展示热情，并从客户那里获得更多细节。

> **案例研究：神奇的对话者**
>
> 我可爱的妻子艾莉森陪伴我多次旅行，并经常参加培训期间举行的团队建设晚宴。她的外向程度是我的五倍，虽然她对销售和售前不是很了解，但她可以和任何人进行交谈。由于机缘巧合，在一次晚宴上，我们被分开了，艾莉森坐在一位销售副总裁的旁边。那天晚上回到我们住的酒店后，艾莉森对我说："哇，这家伙真能说。我几乎没说过一句话！"
>
> 第二天，销售副总裁找到我说："我很喜欢昨晚的晚餐。你妻子太会聊天了，我学到了很多关于学习方式的知识！"（她是一名教师）
>
> 我把这句话转述给了艾莉森，她回答说："你在开玩笑！我只是让他说，然后问他几个问题。"
>
> 她认为，这一切都在于你所问的问题和倾听的样子。

关于答案的答案

在专注于提出正确类型和风格的问题之后，接下来会发生什么呢？你想从这些问题的答案中提炼出什么，以了解更多的业务问题？至少有两种处理回答的方法。第一种是使用"3WM+M",也就是三个奇妙的衡量标准（three wonderful metrics）+ 使命（mission）。

"3WM+M"方法

你如何帮助你的客户增加**收入**、减少**成本**、减轻**风险**，和满足他们的**使命**？"3WM+M"原则是：上述四种高级业务驱动力中的一种会促成每一次技术采购。收入是来自公司销售产品的钱，比如你的工资就是你的收入。成本是花出去的钱，比如你在房租、抵押贷款或手机上的支出。风险是指公司和职业风险，而使命则是满足更高层次的愿景和目的。因此，为了提高利润，你可以增加收入，减少成本，或者两者兼而有之。

当你倾听你的客户时，你正在寻找一个机会，将他们的问题与"3WM+M"的一个或多个相匹配。因此，你需要一个清单，说明你的产品组合如何能够切实地做到这一点。我鼓励你务实一点，记住你是在做销售，而不是做营销。

"3WM+M"有两种特殊情况。

第一种是政府或地方机构。他们对收入和成本的含义往往有一种奇怪的看法。对许多机构来说，除非他们是税务机关，否则收入就是他们从上级政府那里得到的预算。在许多国家，政府官员最不愿意做的事情就是缩减他们的工作人员和削减成本。人员规模是权力的同义词。不是每个人的想法都和你一样。

> **技巧提示：减少人员需求的问题要慎重沟通**
>
> 你的软件可能会让客户提高运营效率，减少完成某项任务所需的人员数量。这对高级管理层来说通常是件好事，而对相关人员来说却不是好事。这确实不是你想向那些可能被自动化掉的人强调的好处。高管们理解的准则是，他们可以将人员调配到公司内其他更有用的岗位。

第二种特殊情况是针对使命。一定要调查客户公司的使命、使命声明或价值观。你通常可以在他们公司的网站上找到这一点。如果你能把你的产品组合与使命宣言的实现联系起来，你就能赢得交易，特别是与政府机构、非政府组织、非营利组织和一些较大的财富500强公司。举个例子，某地方政府表示"我们的使命是更好地服务我们的选民"。这句话就蕴含了许多机会。

大多数供应商在3WM的两个主要类别中都有自己的优势，而在第三个类别中则比较弱。一个销售网络、备份和恢复软件的基础设施供应商或一个标准的硬件公司将更加关注降低成本和降低风险，并可能在创造收入方面遇到困难。应用软件公司往往在创收方面做得更好。当寻找收入机会时，要看看你的客户的业务收入部门。从你公司内部来看，这些部门是销售（和售前）、支持、咨询和培训部门。如果你能提高这些部门中任何人的生产力，保证面向客户的网站的高可用性，或者甚至将产品比以前更快地推向市场，以便销售人员能够销售它们——这些都是潜在的收入收益。

> **技巧提示：收入胜过一切**
>
> 几年前，我有幸采访了一个由大约20名首席财务官组成的小组。我问他们，他们是愿意增加1 000万美元的收入还是愿意节省1 000万美元的成本。他们都说："都要！"当被要求只能选择一个时，95%的人说是收入。首要的原因是，收入比成本削减更难实现，也更能得到回报，而成本削减可以在任何时候实现。

> **案例研究：程序员生产力软件招标书（第2部分，第4章续）**
>
> 五家供应商各自用了大约半天的时间来进行推介。当我们听完最后一家的介绍时，我的大脑已经麻木了。然而，有一家供应商（花时间进行了一些额外发现的那家）在将我们的具体需求与他们的功能进行关联的方面似乎做得比其他供应商更好。他们发现我们正在推出一个新产品，IT部门处于交付的关键路径上，而我们会将产品的推出推迟近8周。这将使我们公司损失800万美元的收入和难以计数的市场机会。这也使我，作为首席信息官，在每次高管会议上处于尴尬的境地。
>
> 我喜欢的供应商把他们产品中的每一项功能都与加快产品的交付和推出联系起来，以至于他们会明确地说："约翰，这就是你如何从产品推出周期中再减少五天的方法。"我确信他们能够实现这一点。然而，当我们对实际的招标书答复和演示内容进行评分时，我最喜欢的供应商排名第二。他们得了70分，落后于得了74分排名第一的供应商。我行使了我的权力，选择了第二名的供应商，因为他们在理解我的业务（和我的个人风险）方面做得更好。我知道这惹恼了一些开发人员，他们在排名第一的供应商身上看到了一些花哨的功能。因此我的职位陷入危险之中。
>
> 最后，我选择的供应商履行了他们的承诺，我们确实缩短了几周的开发时间。之后我在高管会议上，看着董事会对营销副总裁——而不再是对我——进行拷问。

基于时间、金钱和人员的方法

这种方法是我个人最喜欢的，因为它更有可能带来确定的数字和数据，你可以用它来做一个商业计划（business case）。你正在寻找任何与时间（比如加快两天）、金钱（比如避免 25 万美元的维护费用）或人员（比如工作量从 8 小时减少到 30 分钟）有关的答案。这三个类别是经济学家所说的可替换物，因为它们可以从一种转换到另一种。因此，只要有适当的转换因素，你可以迅速从一种类型转换到另一种类型（例如人员每小时的工资是多少欧元）。

> **技巧提示：业务发现第一定律**
>
> "每个业务问题都可以简化为一个数字。要么这个数字太大，有人想让它变小；要么这个数字太小，有人想让它变大。"作为一个咨询型销售工程师的艺术就是找到这个数字，了解它需要向哪个方向移动，移动多少，谁关心它，以及这个移动对客户组织中某个足够重要的人来说有什么价值，从而获得项目预算。

所有这些的棘手之处在于确定这个数字代表的"它"是什么。它可能是响应时间、被放弃的电子购物车的百分比、客户流失率、商品销售成本、市场份额——它们因工作岗位和行业而异。一旦你知道它是什么，你应该再问五个问题，如表 7.2 所总结。

表 7.2　时间、金钱、人员的转换

定义"它"	由 ServiceNow 系统跟踪，从工单的创建到关闭，都有记录
目前的状态？	需要 4 个人花一个星期去配置，每个月做 2 次 每次耗用 4 人 × 5 天 = 20 人 / 天
未来状态？	1 个人花一个上午，一次耗用 0.5 人 / 天
短期价值？	每次节省：(20–0.5) 天 =19.5 天 每年节省：19.5 天 × 2 次 / 月 × 12 个月 × 8 小时 / 天 = 3 744 小时
长期价值？	可能是相同的数量，不会减少
生命周期长度？	最多 2 年

1. 你如何定义"它"？这个问题要确保有一个标准的定义。例如，在 IT 部门完成一项任务所需的时间可能会从 ServiceNow 工单创建的那一刻开始追踪，直到它被关闭。

2. 现在是什么情况？这是目前的测量结果。

3. 你希望它变成是什么样子的（务实的期望）？这就是未来的状态。

4. 这一变化的短期价值是什么？虽然短期是多久是主观的，但建议是 12 × 月度指标，或整年的量。

5. 如果这种变化继续下去，它的长期价值是什么？长期至少是 24 ~ 36 个月。

6. （可选）你希望在多长时间内获得这些收益？这个附加的问题给了你项目的生命周期。硬件和固定资产的财务寿命一般比软件长。

使用时间—金钱—人员的转换，3 744人/小时相当于1.9人/年[1]，然后乘以相应的年薪成本，得出第一年的预期成本节省。

你可以成为专家

在课堂环境和完美的世界里，客户不仅拥有所有的证据和影响数据，而且愿意在你做发现的过程中向你提供这些数据。不幸的是，现实情况并非如此，你可能因为各种原因无法完成BVD程序。最常见的两个原因是：（a）客户没有数据，或（b）客户因竞争或特殊原因不愿意分享数据。

在你接受客户没有数据的事实之前，一定要问："你们公司里是否还有其他人那里可能有这些数据？如果有，你能把我介绍给他们吗？"

对于一个足够大的机会，在与整个团队协商后，你可以问客户："能不能让我们（或我们的一个合作伙伴）帮助你找到这些数据？"

在其他情况下，当客户什么数据也没有，或不愿意分享他们的内部数据时，你可以再次打出领域专家牌。使用前面的例子，我们得出了1.9人/年的节省。你要求客户提供他们公司一个典型职员的全部负担成本（工资和其他成本开销）。如果他们不知道或不愿意分享这些信息，那么就由你来提供："好吧，那种职位的典型全额成本通常是15万美元左右。这个数字和你们的情况差不多吗？"

客户会回答说这太高了，太低了，或者认为这是一个合理的估计。如果15万美元可以接受，你就用15万美元乘以1.9，得到每年28.5万美元的生产力节省。这是一个开始，我们只需要一个估计就够了。

相对于销售或市场营销人员，专家的责任落在了售前身上。这取决于你（或相关的团队）是否有一套有价值的事实和数据供你使用，使你能够进行这些对话。例如，如果你不知道典型的人工成本，这一部分对话就会戛然而止，并可能使销售周期停滞几天。这些有价值的事实和数据消除了销售过程中的阻力和延迟，提高了你的可信度。

初步的财务检查点：成本/影响的比较

我们现在知道，客户有一系列的问题，规模/范围，以及至少对这些问题的影响和潜

---

[1] 以每年2 000个工作小时的近似值计算。

在的收益或节约的财务估算。下一步是快速比较你的解决方案的成本与带来的预期收益和节省，然后与客户一起校准这个财务模型。这一步不是一个完整的投资回报率、<u>总体拥有成本</u>（Total Cost of Ownership，TCO）、价值分析；它是一个字面意义上的粗略计算，看看这个项目投资从财务意义上是否可行。在我职业生涯的早期，我曾经了解到一件不可思议的事情：客户有一栋大楼的工作人员，他们工作的唯一目的就是计算项目的经济性。这不是一个普通的售前可以深入探索的领域[1]。表7.3展示了实际操作中进行财务数据校准的方法。最终负责解决这个矩阵中的数据不一致问题的通常是销售人员而不是售前。

表 7.3　问题影响结果校准矩阵

		客户视角	
		（认为这个问题有）低影响	（认为这个问题有）高影响
你的视角	低影响	达成一致。如果客户感到惊讶，那就重新审视这些数字。否则，这就不是一个可行的机会	客户可能没有与你分享重要数据。也可能有一些未披露的紧迫性和推动这一举措的事件
你的视角	高影响	不匹配！与你的客户一起重新审视数据，验证你所有的假设。除非有什么变化，否则是没有项目机会的	太好了！看起来一个可靠的机会。如果影响真的很大，问客户："过去是什么阻碍了你们解决这个问题？"

总结

BVD阶段是销售周期中所有后续阶段的基础。通过了解业务驱动因素，你可以定位你的产品组合的独特功能，并将它们与客户的任何成本、收入或风险影响直接联系起来。BVD是一个真正的轻量级和适应性强的过程，可以在你的销售队伍正在使用的任何正式或非正式的销售方法中应用。你要改变的是抑制你对技术优势推销的冲动，释放你的商业好奇心。如果你有耐心，有正确的问题清单，运用BVD，你就能迅速成为一名既懂业务又懂技术的销售工程师。现在，你已经准备好将产品功能与所带来的商业利益和结果直接联系起来了。

技能培养建议

对于新售前：
- 为发现活动创建一组无疑问问题。

1　你的公司可能有价值工程师或商业顾问可以为你做这个工作。

7 业务价值发现2：时间、金钱和人员

- 将你的产品组合的预期业务结果与"3WM+M"类别相匹配。
- 初步研究一组有价值的事实和数据。
- 定义你对典型的客户满意的标准。

对于经验丰富的售前或售前经理：

- 分析你的开放式/封闭式/无疑问问题的数量和组合方式。
- 多花点时间在"3WM+M"的使命部分。
- 建立一个时间、金钱和人员的例子库。和团队分享它。
- 研究现有的关键业务指标的客户实例（找到那个"它"！）。

CHAPTER 8

本章目标

- 理解特征、优势和收益（FAB）之间的区别。
- 将收益与解决业务问题联系起来。
- 了解如何将FAB应用于你的产品组合。

使用 FAB 方法

> 每个人最大的特征是他们的善良。
> ——罗恩·巴拉托诺（Ron Baratono）

这一章的标题[1]可能听起来像是来自一个可疑网站的点击广告，然而，"FABulous"既是一个美妙的助记符，也是对售前工程师作为把技术转换到业务的骨干力量的肯定。

基本定义

特征（Feature）是产品或服务的一个独特的特点。你也可以把它看成是一种能力。比如"这个设备有128个端口"，或"这个面霜是pH平衡的"，或"实时分析"。你在产品规格表中读到的或在大多数产品营销幻灯片上看到的几乎所有东西都是特征。

优势（Advantage）是指功能的实际作用，以及这可能对用户的帮助。特征直接创造优势。如"这个设备可以支持整个部门使用"，或"它对你的皮肤很温和"，或"输入后

---

1 译者注：本章原标题为"The FABulous Sales Engineer"，单词fabulous（妙不可言的）的前3个字母和FAB方法的缩写一致，达到双关的目的。为让本章中文标题表达的更加清晰，翻译为"使用FAB方法"。

可以立即分析你的数据"。优势应该是你的产品或服务能够将你的客户置于有利位置的东西。

收益（Benefit）是一个优势的结果或成果，明确说明了特征对客户有什么价值。它往往会有一个情感的，以及有形的财务价值。继续我们上面的举例，这意味着"你只需要购买和维护一个盒子，所以很省钱"，或"不会有任何不适，也没有皮肤损伤的风险"，或"通过提出智能的、有针对性的增加销售的建议来提高购物车内货物的金额"。

销售工程师的问题

销售工程师喜欢功能特色。我们从产品培训中吸收这些功能的内容，并为能够理解这些功能的"比特和字节"而感到自豪，并与我们的客户深入地介绍和讨论这些功能。这是一种舒适的双向"爱恋"。当面临压力和胁迫时，销售工程师们往往会回到功能特性的内容。我们通常喜欢谈优势，因为它们是我们喜欢讨论的特征的抽象积极因素。不幸的是，这个过程到这里就戛然而止，因为我们中的大多数人不善于明确说明特征的"优势"。在许多情况下，作为工程师，"收益"对我们来说是如此明显，以至于我们不屑于建立这种联系。比如有的售前工程师心里会想："它的运行速度是早期版本的两倍——怎么会有人不明白这将带来的好处呢？"

然后，我们用演示脚本和幻灯片把收益问题结合起来。它们要么充满了特征，但优势和收益却微乎其微，要么FAB组合被错误地贴了标签，特征被伪装成优势。作为一个证明，检查一下你的技术产品文档——几乎每张有多个要点的幻灯片都充满了特征，而相应的"优势"和"收益"却很少——你去看看是不是这样。

一个经典的非技术性例子

举个咖啡杯的例子。假设我想向你推销"咖啡容器2.0（CC2）"[1]，我们首先要看看它的1.0版本（CC1）。让我们想象一下你在公司食堂和便宜的便利店里经常见到的老式白色发泡胶杯。现在想象一下那个旧杯子——CC1的问题（或痛苦）是什么？毫无疑问，你会认为它很难拿在手里，它可能会烫伤你的手，里面的咖啡容易溢出，而且它不环保。请注意，这些都是事实，而发泡胶对饮料口味的影响更多是主观情感的感受。

现在我将向你推销CC2。这是一个既有把手又有盖子的陶瓷杯。你们中很少有人会关心陶瓷烧制过程中使用的黏土类型、窑炉的温度，甚至材料的确切热性能。然而，这些都是马克杯的特点。我用表8.1中的FAB示例来说明收益。

---

[1] 因为现在的容器都很大。

表 8.1　咖啡容器的 FAB

特征	"这个杯子有一个把手和一个盖子"
优势	"这将给你一个更好的抓握力"
	"这将防止你打翻咖啡"
收益	"这意味着你不会烫伤你的手指"
	"你不必为烫伤的手接受急救或紧急治疗"
	"你可以继续写代码/打网球,对你的生活没有影响"

使用这种从特征到好处的递进句式：……是……，这带来了……，这意味着……（is-does-means 句式）。

从之前的定义扩展一下，功能是存在的东西或产品**具有**的能力。它**带来了**优势。收益是这个优势对客户**意味着**什么。你可以通过自我思考来解决这个问题："客户先生，这对你意味着什么？"，如果确实是收益和好处，你就可以说出来。

> **技巧提示：要与具体个人情况结合**
>
> "这不会烫伤你的手指"，这句话适用于每个人。这是一个强大但通用的收益。然而，如果你向打网球或任何其他从事球拍运动的人强调"打网球"的好处，这就成为他们会记住的个人收益。

一个更实用的例子

比如我们谈论一个旅行包："这个包的尺寸为 56 厘米 ×22 厘米 ×35 厘米"。这些尺寸显然是包的特征，因为它们符合特征的"是""拥有"的定义。再来看看优势——有这样大小的包能让你做什么呢？以飞机旅行为例，它将使你能够在世界大多数地区携带该包直接上飞机（而不用托运）。所以，它是一个小型的随身携带的包。这"意味着"你不必把这个包进行托运了，因此：

- 你可以在机场出发和到达时节省时间。
- 你不需要为托运行李付费。
- 你的包不会在运输途中丢失。
- 你的行李不会因为转机时间紧张而被耽搁。
- 你可以在飞机上方便地取用包里的任何东西。

注意在这个例子中，我们从一个简单的特征—优势组合中产生了至少五个收益。作为售前，你的工作就是要了解哪些收益是对用户最重要的。

> **技巧提示：让你的客户帮助你**
>
> 有时，你的客户可能是收益陈述的最佳来源。例如，在适当的情况下，在解释了一个特点和优势的组合后，你可以问你的客户："你认为这种能力对你和你的团队意味着什么？"然后安静地倾听。如果你没有得到太多的回应，那就通过问"你有没有丢过包？"或"这额外等待的 30 分钟对你的家人意味着什么？"来推动对话。

收益的模糊性

有时，一个技术特征一定程度上就是一个优势，而一个优势听起来就像一个收益。并不总是有一个 100% 清晰的定义。在商业世界中收益的表述 90% 以上都与时间、金钱或人员有关（见第 7 章）。在上面旅行包的例子中，前四个收益与时间或金钱有关。最后一个收益是很容易关联到有效利用个人时间、改善健康状况上。

如果收益看起来很模糊或者很含糊，就再问一个问题："那然后会发生什么？"如果你的客户告诉你，一个关键的业务问题是开始或停止某件事情，那么这个问题就很重要。当他们最终停止或开始时，会发生什么？这是一个第二层次的好处，往往比最初的最高层次的好处更有影响。

在零发现环境中的FAB

当你对客户的痛苦和收益、他们的希望和梦想有一定的了解时，FAB 在这些情景中效果最好。但不幸的是，情况并不总是如此，有时你必须在了解情况之前进行演示或介绍。你可以使用引入、验证和解决（Introduce, Verify, Resolve, IVR）技术来修改甚至颠覆 FAB（见表 8.2）。首先，你引入一个在客户的行业或环境中可能发生的问题。然后你验证这个问题，看看客户是否有类似的经历。你甚至可以在客户承认痛苦后从他们那里得到一些额外的信息。最后，你展示能够解决痛苦的能力和特点。

表 8.2　IVR 技术

引入	"上个月，我的同事在机场花了一个小时等待他们的旅行箱到达。"
验证	"这种情况曾经发生在你身上吗？"
	"多久一次？"
	"那发生了什么？你有什么感觉？"

| 解决 | "我给你看这个神奇的旅行包。它可以放进任何飞机的头顶舱——即使是小型通勤航班。所以,你再也不用担心被困在行李提取处了。" |

回到FAB

我从销售主管那里听到的一个主要抱怨是:"我们的售前在技术上很厉害,但他们在将技术与客户的业务问题联系起来方面并不总是做得特别好。事实上,当遇到压力时,他们总是回到技术和功能上。"使用FAB意味着,对于你所谈论、展示或介绍的每一个功能,你都应该有一个针对客户的例子来说明相应的优势和收益。我建议你把这些"优势"和"收益"直接写在演示脚本中,或者写在你的PPT文档的注释中。

总结

这一章是本书中最短的一章,但它对你的售前技能组合却有着立竿见影的影响。对于每一个功能,无论多么玄妙或不常见,都要问"这有什么**作用**?"以获得"优势",然后问"这对我的客户**意味着什么**?"以获得"收益"。请不要认为收益是如此明显,以至于你不需要向客户明确说明。如果有疑问,那就记得FAB。

技能培养建议

对于新售前:

- 检查你的演示、交流文档和白板中的特征、优势和收益内容,确保它们是正确的。
- 记住你与客户谈论任何F时,都要有A和B。
- 记录一次客户会议并计算F:A:B的比例。
- 确保你的收益与解决的KBI相对应。使用时间、金钱或人员来描述。

对有经验的售前或售前经理:

- 对你常用的用例,应用FAB。
- 准备一些特定行业或领域的FAB参考文档。
- 从FAB的视角来审查和评价每一个"产品新版本包括的新内容"的营销传播。把竞争分析报告映射到FAB上。

CHAPTER 9

本章目标

- 学习如何设计客户互动战略。
- 了解与技术和业务决策者建立关系的策略。
- 学习如何寻找和发展教练。

成功的客户互动[1]

永远不要忽视那些什么都不做就能毁掉交易的人。

——50 000 名销售副总裁

对于"销售工程师"这个职位名称来说，客户互动是"销售"部分比"工程师"部分更为主要的第一个重要领域。你甚至可以说，这一章应该在本书更早的地方出现。客户互动和建立关系就是关于在这个过程中如何成为一个积极的而不是被动的参与者。就像售前的大多数事情一样，对于任何一个客户，你需要一个计划来接触和互动。

与你的销售伙伴一起制订客户联系计划，并将其视为更广泛的技术客户计划（Technical Account Plan，TAP）的一部分。在公司一个财政年度开始的时候，就像销售人员被他们的管理层要求建立一个客户突破计划一样，你也应该建立一个与销售的客户计划相对应的技术客户计划。例如，某些客户和人员将需要你花费较多的时间，而另一些则需要较少的时间。在每个季度甚至每

---

1 译者注：原标题为"Successful Customer Engagement"，将Engagement译为互动。

个月的开始时回顾这些计划，以免失去重点。否则，你100%会变得非常被动，不得不去支持叫得最响的客户或销售人员（"吱吱作响的轮子先上油"[1]）。

在过去，对于客户互动，战略客户经理和售前有清晰的责任分工：客户经理会见所有的业务人员和技术方面的高管，而售前则负责与客户的技术人员，以及与他们的直接经理沟通。幸运的是，现在的情况不再是这样了，关于谁与客户见面并建立关系，不再有任何硬性规定。最成功的策略是，谁最有可能与客户的某个人建立最初的联系，谁就应该与该人保持互动，无论其在各自公司的头衔或职位如何。当然，这种方法在文化上有细微的差别。在北美，一个28岁的售前与客户首席技术官或首席信息官会面是完全可以接受的，但在亚洲或欧洲的某些地方，由于级别不匹配，这可能就行不通了。无论如何，售前应该积极主动地走出他们的舒适区，与更多的业务人员和中高级管理人员交谈。

技术客户计划

现在，大多数售前团队都有一个由售前负责的技术客户计划的标准模板。我建议你使用这个模板，或者复用另一个更有经验（指的是在这家公司工作的时间）的售前已经创建和测试过的大纲，而不是从无到有地重新创建你自己的大纲。在网络上也有许多计划模板[2]，可以通过网络搜索获得。

请记住，这些模板仅仅是模板。它们不一定能帮助你完成计划背后的思考过程和整体战略。因此，当你制定参与战略时，可以从几个地方开始。最终，一切都取决于你需要会见的具体客户以及你如何定位和安排会面。由于我们还没有达到他们的机器人从你的机器人那里购买产品并取代人与人接触的地步，人与人之间的互动仍然在背后推动着销售周期的进展。

在组织架构图中找到人

如果从以前的市场活动或者之前的拜访中，获得了客户的组织架构图，你可以把你认识的人画到组织架构图上，并分析他们的职位和职级差距。在组织架构图中，你可以确定一组客户团队中需要联系的候选人。自然，他们中的一些人会比其他人更友好。

在产品部署图中找到机会点

你也可以根据你的客户已经拥有的软件或硬件，在他们内部找到潜在的切入点。你应

---

1 译者注：和中国谚语"会哭的孩子有奶吃"意思相似。
2 Salesforce、Atlassian和Hubspot等公司愿意提供免费模板。

068

该充分了解目前你们产品在客户那里的安装部署情况，以及他们的什么部门在使用哪些产品和系统。你也应该知道你的竞争对手在客户那里产品销售和部署的情况。然后，你可以创建一个空白地图（whitespace map）来定位潜在的项目机会区域，重点关注你如何扩大你的产品部署和使用范围，或者寻找没有任何供应商存在的空白地带。来自类似行业和垂直领域的成功案例可以成为启动第一次沟通的一个重要切入点。向竞争对手的已有客户销售也不是没有可能，但这会是一项艰巨的工作，需要客户销售团队作出重大战略决定。

在行动计划中找到项目

你也可以从一般的项目和举措计划中发现对应的联系人。这些可能是公司已经宣布的公开计划，或者是在他们的主要市场中有人启动的垂直行业计划。然后，你可以将这些项目映射到组织架构图上，来发现谁会关心这些项目的结果以及谁可能会资助它们。

从技术采用图定位产品和客户

Chasm 集团的 Geoffrey Moore 在几十年前创造了技术采用生命周期图（图 9.1）。它经受住了时间的考验。跌入鸿沟是一个有趣的概念，但不是本章的主题（但值得一读）[1]。重要的是要了解你的公司和你的客户在图中的位置。例如，如果你是一家拥有尖端创新产品的小公司，你就在图的最左边。如果你试图向老派的制造业公司或那些总是比别人晚 12 个月才升级的公司销售你的产品，那自然是不会成功的。相反，你需要寻找那些真正重视创新并寻求市场竞争优势的客户。对于大公司来说，你的产品组合可能分散在图的各个部分，不要试图将你的创新产品推销给晚期大多数类型的客户，这样可以为自己节省大量时间，反之亦然。

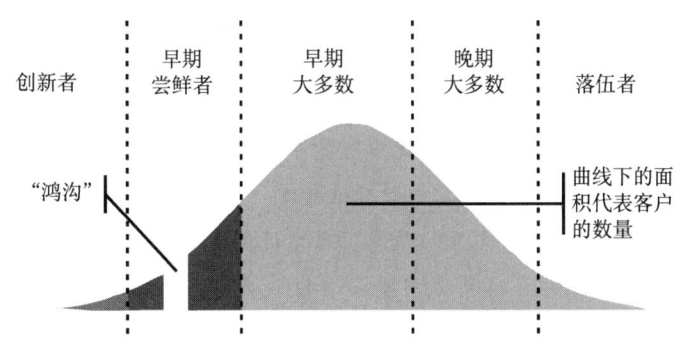

图9.1 技术采用曲线（经Chasm Group LLC授权转载和改编）

---

[1] Geoffrey Moore.《跨越鸿沟》(*Crossing the Chasm*)（第三版）.纽约：Harper Collins，2014.

虽然这个技术采用图最初是为了标注产品和公司的位置，但你也可以把它用于特定的客户人员。在一个晚期大多数公司内可能有一个创新者或早期尝鲜者的高管愿意提供资助。相反，你也可能发现，一个创新公司的首席财务官是非常保守的，就可以把他标注到一个晚期大多数或落伍者的位置。

第一次接触

在你进行规划的过程中，你可以将你的客户联系大致分为三类。这三类是战略型联系、战术型联系和机会型联系。战略性联系是那些你需要追求建立一个长期关系，实现多个目标，并可能赢得许多项目的类型。战术性接触是比较短暂的，是为了实现一个短期目标而建立的。随着时间的推移，他们可能会发展成为战略性联系。战略性联系和战术性联系通常来自于客户突破计划。机会性联系是一种你偶然进入的关系。我们都有过这样的经历：房间里有一个人，你马上就和他建立了良好的关系，不管有没有计划，继续这种关系都是有意义的。你会不断遇到这三种类型的客户。

你不会有时间、有耐心、有魅力，甚至是有意愿与你遇到的每个客户建立深厚的关系，这是这种工作的性质。所以，如果遇到一个客户，实现了一些目标，或得到了一个项目，然后再也没有听到他们的消息，不要感到难过。这种情况时有发生，不一定是你或他们做得不好。如果你们最后的互动是友好和专业的，你们可以在十多年后重新建立关系。

重点在哪里？

想象一下你与客户项目团队见面。你在一个坐满了十几个人的房间里。每个人都代表不同的客户群体，有不同的观点。你该从哪里开始呢？你不可能与每个人都建立联系，那你如何决定呢？

- **按你的客户计划进行。** 如果会议中有些人你已经包括在你的技术客户计划内，那么就从他们开始。这就是为什么你需要有一个计划。
- **运用你的直觉。** 观察房间里的动态，观察他们说话的风格和职位。一般来说，你应该根据他们潜在的决策权，尽量先与里面职位最高的人联系。然后，注意那些主导会议和推动决策的人，特别是其他人都听从的人。你要判断这种尊重是由于他的权威、技术能力，还是仅仅因为他们说话的声音更大。
- **借助你的智慧。** 在大多数客户组织中，有一个政治和经济权力的中心。你也应该根据决策过程来计划你的交流，谁拥有预算，以及（对于技术/架构类型的项目）谁可以否决一个项目。你将很快了解到，政治权力并不总是遵循组织架构图，也不取决一个人的职位名称，所以你必须考虑到这一点。

- **利用团队**。当你和你的销售在规划客户策略以影响决策者时，很容易忽视和冷落次要的参与者。你可以通过后续工作、汇报会议、工作午餐等方式与其他团队成员在群体环境中接触，从而避免这种情况。客户的初级员工参与项目是有原因的，可能就是利用这个机会培养他，也可能他就是高管经验丰富的副手。因此，你需要他们对你和你的团队成员有积极的感觉，即使他们对最终的决定没有任何重要的影响。管理这些次要角色会给你在时间管理方面带来一些挑战。因此你需要做好平衡。

> **技巧提示：人多时间少怎么办？**
>
> 开始的时候，你可能会因为需要见的人太多而感到难以应对，你还要至少发展一个初级的业务关系。从你的经理和销售人员那里寻求一些关于优先次序的指导。你的指导原则是永远记住医生的口头禅："首先，不要伤害。"

寻找教练

<u>教练</u>（Coach）的概念在销售方法论中很普遍[1]。教练是客户的雇员，愿意向你提供比你的竞争对手知道的更多的信息。教练倾向于你的解决方案，并会在职业道德范围内尽其所能帮助你赢得项目。理想情况下，你需要在决策者的核心圈子里找到一个教练——尽管任何能够接触到关键信息的人都有可能成为教练。

对于更重要的战略项目，有可能在一个客户中拥有多个教练。他们可能处于不同的部门，或者目标组织内的不同级别。例如，你可能会看到三个级别的教练——高管人员、一线管理人员和技术人员，每一种都在销售过程中扮演着不同的角色。

售前与教练建立关系主要有两个步骤：

1. 你与其个人建立了良好的工作关系。
2. 建立这种关系后，潜在的教练发现他们个人会从选择你的解决方案中受益。

仔细留意这两个步骤。在你开始发展这个人成为你的教练之前，要完成这两个步骤。

---

[1] 教练和<u>支持者</u>（Champion）这两个词经常被交替使用。有一些销售方法论，如MEDDIC，对这两种角色进行了区分。

教练需要在你赢的时候他也赢，而这种经典的双赢局面是双方都期望的，也是双方心照不宣或明确同意的。理想情况下，应该由你来选择你的教练，而不是让教练来选择你。你的教练必须是已经建立关系的、可信的、知识丰富的人。然而，正如下面的故事所显示的那样，有时那个自愿的教练也可以让我们成功。

> **案例研究：积极主动的教练**
>
> 最好的教练有一种紧迫感，让你参与进来，并与客户组织内的每个人见面。一个积极主动的教练会预测和计划，而被动的教练则表明他们不在内部的政治圈子里，更有可能成为一个失败的教练。来自欧洲的售前经理安德鲁（Andrew）讲述了这个故事：
>
> "在我们的第一次客户会议之后，一位IT主管把我们拉到一边，居然自愿成为我们的内部教练。她甚至知道销售术语！她认定我们的解决方案将帮助她迅速完成另外两个项目，并使她成为公司内部新副总裁最有力的竞争者。在接下来的五个星期里，她和我们坐下来，解释了内部采购流程，把我们介绍给她的老板、她的同事和IT架构委员会的大部分成员。她还分享了（在职业道德范围内）我们的头号竞争对手的方法和策略。这个竞争对手也有一个教练，他坚信自己拥有接近决策者的内部渠道，并没有花太多时间向公司内部其他人介绍他所选择的供应商。结果，最后的投票结果是8:1，对我们有利。这是一个有良好计划并有效执行的教练的教科书式案例。"

> **技巧提示：为什么要花时间找教练？**
>
> 通过有效地使用教练，你在客户那里需要的销售和相关工作将大大减少。你现在有了内部的支持者在客户内部上下为你做这些工作。你前期为寻找和发展教练所花费的时间将在销售周期的后期阶段和未来的交易中得到回报。相反，如果你的教练仅仅消耗你的时间和资源，你可能不得不怀疑他们是否真的是一个教练。

接下来做什么？

一旦你找到了你的教练，就要发展和维护这种关系。遵循"值得信赖的顾问"章节中概述的策略。客户已经对你产生了相当大的信任，并有可能因为支持你和你的解决方案而将自己置于风险之中。

一个重要的任务是与你的教练保持开放的沟通。如果你让你们的关系冷却下来（可能是因为你认为你已经获得了技术或商业上的胜利），你可能会错过重要的最新信息，并可能发现在需要时更难重建这种交流。你不希望看起来像"销售"，只在你需要的时候才联系客户。这是一种双向的关系。与客户建立一个定期的会议节奏，并做好充分准备，他们会问你要一些东西，以回报他们可能向你提供的任何帮助。不要羞于询问你能为他们做什么。

总结

"人从人那里买东西"。技术很少把自己卖出去，所以是人在评估各种选择并作出购买决定。交易的艺术在于找到合适的人——在客户组织的各个层面，并与他们建立专业关系。销售工程师往往是开始建立这些客户关系的最佳人选。你需要一个计划，你需要有决心和态度来积极主动地与客户接触。你会发现，你多年来建立的深厚的客户/教练关系将伴随你的整个职业生涯。例如，一位在2008年被派往参加一个学习和发展项目担任售前代表的初级售前经理，在10年后就成了同一家公司的执行副总裁。所以你要有长远的眼光。

技能培养建议

对于新售前：
- 在尝试建立你自己的计划之前，先搜索现有的技术客户计划模板。
- 在技术和业务联系之间寻求平衡。
- 研究潜在的联系人，寻找共同的纽带和联系，让第一次接触更高效。
- 观察其他客户的教练如何与销售团队互动。

对于有经验的售前或售前经理：
- 在每个教练关系中寻找双赢的选择。
- 在交易结束后也要保持这种关系（为了下一次！）。
- 在你的社交网络中增加与客户高管人员联系的比例。

CHAPTER 10

本章目标

- 理解注意力曲线背后的科学。
- 应用残余信息+3个关键点（RM+3KP）结构。
- 使用"3"的力量来聚焦你的信息。

完美的演讲：结构

> 机遇眷顾有准备的人。
> ——路易斯·巴斯德（Louis Pasteur）

我倾向于认为发现是一种对内沟通的技能，即你问正确的问题，然后闭上嘴，倾听你的客户。它可以让你刻画客户的目标，进而清晰你的目标是什么，最终过渡到以演讲和演示为中心的更多对外沟通活动。完美的演示，或演讲陈述（pitch），是许多小时的苦干、准备和练习的结果。

对许多人来说，站在客户面前，连贯地说话，是一种难以掌握的技能。然而，这是售前职位描述中的一个重要部分，也是一种可以被教授和掌握的才能。许多在我还是个害羞的少年时就认识我的人，对我现在能在 3 000 多人的场合做主题演讲感到非常惊讶——我居然能做到！虽然公开演讲通常被认为是人类最恐惧的事情[1]，但如果将一些结构和一些基本原则应用到演讲

---

[1] 有75%的人害怕公开演讲的著名统计数字，或者人们害怕公开演讲胜过死亡，都是无法证实的。最常见的来源是1973年7月R.H. 布鲁斯金学会的一项小型调查。YouGov美国民意调查显示，对蛇的恐惧胜过其他任何恐惧。（https://today.yougov.com/topics/lifestyle/articles-reports/2014/03/27/argh-snakes）

中，可以使人不那么紧张，并且更加愉快。

已经有许多研究（和 TED 演讲）描述了完美的演讲是如何构成的。每个分析的答案都略有不同，但它们都一致地表明：演讲者远比内容更关键。虽然内容可能只占演讲纯粹影响的 20%，但拥有有效的、布局合理的内容是改善演讲其他方面的催化剂。本章将阐述一个完美陈述的结构，并穿插一些有关听众注意力的知识。通过操纵注意力曲线以确保你的信息具有最大的影响力，这种做法毋庸置疑。

关注注意力曲线

在考虑完美的演讲时，要默认采用"什么对客户最有效"的标准方法。首先，花一些时间思考客户为何和如何关注你，以及他们最可能记住什么。然后将其与你希望他们记住的内容和你的内容相匹配。

我们可以从一个典型的例子开始，即一个 60 分钟的销售会议，作为一个销售周期的开始。在很多销售场景中，这甚至可能是你与客户唯一的互动机会。根据对数千次客户会议的观察，我们可以列出一个典型的时间轴———旦你完成了寒暄，闲聊，然后问："大家能看到我的屏幕吗？"随后对会议议程快速介绍，这时你已经消耗了 10% 的计划时间。然后，销售人员开始做公司简介，然后是市场分析，包括一些用来吓唬客户的事实[1]，以及充满热门词汇的定位声明。听众，特别是那些技术型的听众，正在变得不耐烦。他们希望看到实际的产品，甚至可能大声说出这种需求。一旦结束了最初的折磨，销售人员就会把会议室交给售前，然后售前就会在这次会议的剩余时间占据中心位置，直到会议计划时间用完，问问大家是否有什么问题。最后，销售人员以总结、下一步行动和深深的感谢来结束会议。

所以，是的，前面这段话有点口无遮拦，而且相当愤世嫉俗——但它代表了相当大比例正在进行的销售会议！如果从客户注意力曲线的角度来看，这种标准的例行程序是一种非常无效和不合理的会议运作方式（见图 10.1）。一旦坐定，客户会在会议开始和结束时对你给予最大的关注。由于好奇心、礼貌和简单的人类本性，你将在开始时获得 5～7 分钟的密切关注。在会议结束时，你又会得到 5～7 分钟的密切关注，因为你使用了诸如"总结""结论""我的最后一点是"等触发性短语，或者仅仅因为客户看了看时间。最终，客户陷入了绝望的低谷，在剩下的时间里，他们的注意力只有 35% 左右，除非你

---

[1] 网络安全供应商最擅长这种技巧，意在让客户相信，他们很有可能已经被黑客攻击、被入侵、被破坏了。

把他们从这个低谷中拉出来。由此可以得出三个直接的结论。

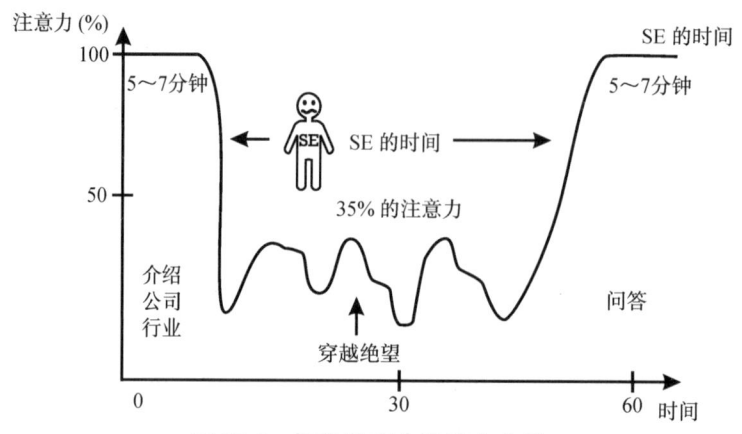

图10.1　标准的客户注意力曲线

（1）你有10～14分钟的黄金时间，你知道客户有很高的注意力。利用这段时间做一些对客户重要的事情（解决问题），而不是对你重要的事情（介绍企业概况和价格）。

（2）在这些黄金时间里，通常是销售人员在主导会议内容。

（3）当售前试图施展他们的魔法时，客户的注意力却处于低谷。

所以我的建议是：调整会议日程，迎合客户的需求，而不是你自己的需求（见图10.2）。

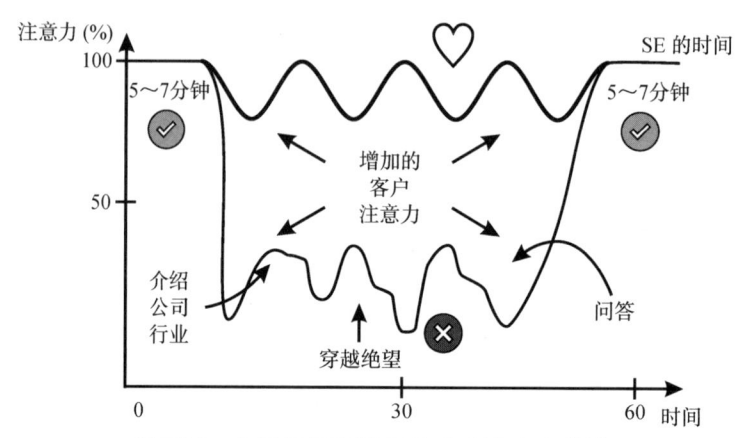

图10.2　会议日程调整后的客户注意力曲线

这意味着：

（1）以客户感兴趣的话题开始和结束（对你也有帮助）。典型的例子是对问题总结，解释你可以解决这些问题，并在会议结束时对收益进行介绍。

（2）将公司介绍、行业概况甚至问答从电话会议的开始和结束部分移到中间部分（如果这些内容必要的话）。

（3）在会议的中间部分加入心跳机制，使整体注意力保持在一个更高的水平，而不是一直处于低谷中。

心跳是最令人兴奋和与众不同的概念。你希望通过每隔10～12分钟有意地转换你演讲的重点、风格和/或媒介，来迎合当今听众有限的注意力。你可以通过许多方式来触发这种心跳，比如换另一位演讲者，从演示切换到幻灯片，讲一个故事，展示一个简短的客户视频，或者使用白板。你的听众越多，心跳就越关键。你可以很容易地判断一两个听众的注意力，但对于客户多于6个人、多种多样的虚拟听众或人满为患的实体会议室，就不那么容易了。

这些考虑提供了完美演讲的大纲。遵循这些准则，你可以将平均关注率从35%提高到70%。增加客户的关注度意味着你的信息更有黏性。信息越有黏性，就越有可能转化为收入，因为你和你的公司都会在竞争中脱颖而出。

> **技巧提示：向销售推销这个方法**
>
> 你会发现，售前在实施这些转变时的主要障碍之一是说服你的销售伙伴做出这些改变。我建议你以互动的方式画出你的注意力曲线，并将其与一些真实的经历联系起来。你要求销售人员放弃他们的一些传统控制点，所以一开始要寻找一些小的胜利，因为这绝对是一个积极的、合作的过程。

设计一个聚焦信息

有许多方法可用于设计演示文稿的内容，下面的内容是对这些方法精华的综合。因此，选择一个即将进行的技术交流，准备一叠老式的索引卡、大的便条纸，或你最喜欢的电子记事本，开始起草你的交流文档。

从回答这些问题开始：

- 客户的主要问题是什么？
- 这个技术交流的目的是什么？
- 需要展示什么？
- 如何解释展示内容？
- 你对这个主题了解多少？

- 你的听众对这个主题了解多少？
- 哪些观点将需要论据支持（口头或事实），你在哪里找到这种支持？
- 你有多少时间？

然后细化你的目标：

- 你想完成什么？
- 你需要向你的听众说明哪些要点？
- 他们需要采取行动吗？
- 需要作出什么决定（在会议期间或之后）？
- 你如何知道这次交流是否成功？

从结构开始：成功 =RM+3KP

你保持传递信息，避免偏离话题或者破坏话题，最终成功完成交流。成功等式两个组成部分是<u>记忆留存信息</u>（Residual Message，RM）和<u>三个关键点</u>（three Key Points，3KP）。记忆留存信息的定义是："三天后，如果你希望客户记住一件事，那会是什么？"它是你的信息中的黏性部分，范围可以从泛泛的——如"这是最安全的解决方案"，到更具体的——如"在头 50 天内获得 50% 的效率增加"。

RM 之后是 3KP，就是最多"三个"关键要点、事实、主题、参考案例等，它们支持 RM 的交付。关键是不超过三个——两个甚至只有一个关键点也可以接受。利用"三的力量"可以让客户和你的沟通更轻松。它可以：

（1）建立逻辑性和简洁性，让你和听众都能保持在正轨上。

（2）保持平衡和秩序。对他们需要听多少，以及你的演讲进展情况要有一个明确的预期。

（3）保持与听众的联系。他们能够持续参与其中，因为他们知道自己在哪里，就像拥有一张路线图一样。

你提供了一个简单的结构，所有的东西都与 3KP 中的一个挂钩，而且"3"很容易记住。对于 3 个和 4 个内容，我们记忆保持的程度差异是惊人的。

案例研究：购物清单

作为一个非技术性的例子，当我开车回家时，我可爱的妻子经常会给我打电话，让我在当地的商店停下来买一些东西："约翰，你能买些狗粮、橙子和葡萄吗？"这是三样东西，我很容易就能记住它们。然后她会补充说："哦，再请买一些花生酱、苹果和卫生纸。"现在我们已经达到了 6 项。我和你的客户一样，很容易分心。当我走进杂货店时，记住

> 所有 6 项物品的机会微乎其微。这就像一张有太多要点的幻灯片。果不其然，我记得前两项：狗粮和橙子，以及最后一项卫生纸，清单的中间部分消失了。这就是"三的力量"。
>
> （是的，我们现在使用高科技解决这个问题，我收到了一条带有购物清单或共享文件链接的短信！）

作为一个更实际的例子，请参考本章中关于注意力曲线的部分，我在表 10.1 中按照"3"的原则列出 RM+3KP 结构。

表 10.1 一个如何提升客户注意力的 RM+3KP 例子

记忆留存信息	重新组织客户会议，让客户的注意力加倍
关键点 1	通过谈论一些对客户来说很重要的事情来最大限度地利用黄金时间
关键点 2	将传统的公司介绍、行业概况和问答等价值较低的部分从开始和结束处移开，将其放在中间（如果需要）
关键点 3	在你的演讲中每隔 10～12 分钟加入心跳

对解决方案和证明材料进行深度展开

对于每个关键点，在你考虑设计幻灯片或演示之前，先列出支持关键点的想法。尽可能多地产生想法，不用写完整的或语法上完美的句子。相反，使用短语和触发词来捕捉你的想法。包括任何相关的事实或数字、客户故事和日期，当时不要修改任何想法，让思想自由流动。

请记住，这是你作为领域专家在技术交流中被期待提供最大价值的部分。在提供证明时，很容易默认为要"展示产品"。然而，真实的客户故事和基于事实的经验往往代表了一种更有说服力的方式来总结你能提供的收益。

如果你有一个不属于你的三个关键点之一的想法，你需要问自己：这个想法是真正相关，还是只是因为你了解得多而想谈论？避免创造第四个关键点，或将两个不同的东西（如 A+B：简单又便宜）合并为一个关键点。

把想法组织在一起

现在你已经对每个关键绩效指标都有一些想法了，尝试把这些想法/概念组合一下，看看它们是否能够形成一个自然的分组。使用便笺纸或电子便签软件，把这个过程可视化，效率会更高。一旦你有了这些子观点的集合，根据你对客户或典型客户受众的了解，对它们进行优先级排序。例如，在一个公司标准的演示文档中，这些内容将成为文档里的要点。

再提醒一下，争取每个关键点最多有三个子要点或支持信息和想法。根据你的时间，你可以创建一个 3×3 或 3×3×3 的细节级展示[1]。

聚焦在关键点

担心听众不理解我们所要解释的东西，缺乏经验或不太自信的演讲者会不停地讲，会深入到不必要的细节里，最后听众不得不去弄懂一系列随机联系在一起的内容和观点。你要决定删除哪些想法和概念，修改的时候要野蛮一点——如果不确定，就删掉它！

> **技巧提示：时间飞逝**
>
> 以前一位很资深的售前给我的演讲建议是："30 分钟糟糕演讲的首要原因是它包含 45 分钟的材料"。你应该制订一个计划，在需要时用 20 分钟完成这个 30 分钟的演讲。

最好的演讲材料就是刚刚够涵盖主题，牢牢记住"RM+3KP"。每当你准备额外的材料"以防万一"，那样只会淡化你的核心信息，并有可能使你的演讲变得复杂。

把材料纳入交流文档中

现在是时候把你的"RM+3KP"和 3×3 大纲转移到你的电子交付机制中了。对大多数人来说，就是 PowerPoint 或 Google Slides 等软件。如果你打算用白板讲解一部分内容，那就读一读第 15 章"白板和视觉销售"。想象一下每张幻灯片上的内容，并在心理上确认它将满足演讲的目标。现在你实际上已经有了一个故事大纲或剧本，可以填充细节了。

请注意，这种技术与传统的售前演讲方法相反，后者是利用现有的演示文档，根据客户的需要进行改造。先决定你要介绍的内容，然后浏览你现有的内容有哪些能用得上，而不是浏览你现有的内容决定给客户讲什么[2]。其原理是，从客户的要求和目标出发，这样你会有一个更开放的心态，而不是在思想上被当前的内容所束缚。

---

1 Atkinson, C..《要点列表之外》（*Beyond Bullet Points*）. Redmond, WA：微软出版社，2018. 关于这种技术的文章足有350页。
2 常识法则仍然在此适用。用在一个一次性的、低价值的交流或向中小企业市场销售的精力，远远少于为大客户的战略会议准备材料付出的努力。

> **技巧提示：要点列表（bullet）可能是致命的**
>
> 尽管要点列表在激发创意方面很有威力，但幻灯片程序的要点列表功能是被滥用得最厉害的一种功能，也是传递有力观点最陈旧的形式之一。要点列表在教科书或者培训教材（如本书）中占有一席之地，或作为展示清单的一种简单方式。但是，它们不应该被用作传递技术销售信息的标准展示机制。用要点列表思考，但不要用这种方式传递。在修改充满列表的营销幻灯片时，将内容剪切并粘贴到幻灯片的备注框中。选择最多3个最重要的要点，将其浓缩并放在幻灯片上（用较大的文字）。如果可以，用图片来支持这些要点。这虽然有违直觉，但对于观众来说，一张总结幻灯片加上每页都有3个要点的3页幻灯片，比一张有9个要点、充满大量文字的幻灯片，更容易产生共鸣。

关于过度使用 PowerPoint 和简化幻灯片的研究结果值得关注。理查德·梅尔（Richard Mayer）博士举了一个例子：去掉要点列表后，观众的留存率增加了28%，观众的信息转移率（向不在房间里的其他人解释他们刚刚看到的东西）增加了79%[1]。英国研究人员克里斯·阿瑟顿（Chris Atherton）的报告称：使用图像和文字代替密集文字的幻灯片会使记忆保持率翻倍。认知科学家卡门·西蒙（Carmen Simon）博士总结了人们从 PowerPoint 中真正记住的东西，发现它比你预期的要少得多[2]！这些数据已经存在了10多年，但我们（和我们的客户）仍然受到一些可怕幻灯片的毒害。

> **案例研究：我的要点列表尴尬了**
>
> 斯蒂芬（Stefan）是北欧的一名解决方案顾问，他讲述了这个故事："我被要求准备一份给客户首席信息官级别的汇报材料，要在30分钟内介绍产品组合的最新情况。这份文档可以用于高管人员的简报和其他售前同事带客户来参观我们公司。我使用了"三的力量"的概念来设计幻灯片，然后在与沟通部门和产品营销团队交流后进行了妥协。这导致一些幻灯片上有7～10个要点。我修改了幻灯片，用颜色来强调关键点，觉得这样就够了。然而，这成了灾难——首先，许多售前在向客户和我们的高管做演讲时，都不由自主地念出每张幻灯片上的每个要点；其次，幻灯片上有不重要的要点，往往会引发不必要的、尴尬的提问。结果是，没有人在30分钟内讲完这套幻灯片。"

---

1 Mayer, R..《多媒体学习》（*Multimedia Learning*）（第二版）. 伦敦：剑桥大学出版，2008. 另见 https://www.youtube.com/watch?v=hw2hi7D1ALE。

2 见 https://blog.polleverywhere.com/what-people-remember-from-powerpointpresentations。

要求一个销售工程师以"史蒂夫·乔布斯"的风格在每张幻灯片上展示一张大图片和几个字是不公平的，但对我们展示的内容和方式的基本结构进行分解是有很多好处的。这不是一本关于幻灯片设计技巧的书，所以要另外作研究和学习，然后应用那些技巧和科学——它确实有效。你并不是在使演示文稿变笨，你是在提供清晰的逻辑结构。

总结

一个坚实的内容结构对于一个成功的演讲至关重要。尽管我们中间有一些人能够以即兴的方式临时作演讲也能随心所欲，而且还能达到目标，但这样的售前还是少之又少。"RM+3KP"方法促进了思考和设计过程中的纪律性，并作为你和客户的锚。当紧张、客户或销售人员使你偏离方向时，它也能使你摆脱麻烦。

作为最后的思考，可以说："当本章结束时，我希望你们在头脑中的三个主要收获是KP1、KP2和KP3。当然，其结果就是RM。"

技能培养建议

对于新售前：

- 利用注意力曲线修改一个新的版本。然后与你的销售团队和你的售前经理进行讨论。
- 你要掌控演讲的技术部分。有意识地设计一个心跳。
- 检查你目前的公司标准模板。提取一个合理的"RM+3KP"。

对于有经验的售前或售前经理：

- 通过重新设计客户会议的日程，使注意力曲线的使用标准化。
- 寻找虚拟会议与物理会议中注意力曲线的差异。
- 用要点列表思考，但在演讲时不要使用（太多的）要点。
- 将销售和产品营销团队纳入到团队的心跳练习中。

CHAPTER 11

本章目标

- 了解语言和非语言表达技巧的力量。
- 学习如何利用美好的开头和奇妙的结尾来获得最佳的效果。
- 将你的紧张能量导向积极的结果。

完美的演讲：执行

> 要确保在你的听众结束倾听之前你已经讲完了。
> ——多萝西·萨尔诺夫（Dorothy Sarnoff）

50多年前，加州大学洛杉矶分校的心理学教授阿尔伯特·梅哈布里亚（Albert Mehabrian）博士发表了一项关于肢体语言和非语言沟通的研究[1]。不幸的是，这项研究产生了一些最常被错误引用和断章取义的数据，这些数据仍然充斥着演讲学界。梅哈布里亚将他关于感情和态度的语言交流的有效性的结果总结如下：

- 7%的信息通过语言；
- 38%的信息是准语言（讲话的方式）；
- 55%的信息是在面部表情和其他非语言线索中。

你会经常听到这个说法："你93%的信息传递与你实际说的话无关"。这是一个错误的统计数字[2]，甚至连

1　Mehrabian, A..《沉默的信息》（*Silent Messages*）（第1版）. Belmont, CA: Wadsworth, 1971.
2　举个极端的例子：如果有人跑进你的办公室说："离开这个建筑，它着火了！"（a）有火灾和（b）离开！这些信息完全由语言来传达。你不必成为肢体语言的专家就理解其含义。

梅哈布里亚博士后来也放弃了这项研究[1]。然而，你的信息至少有 50% 是在你所说的语言之外传递的。

本章重点介绍你可以用来指挥整个会议室的语言和非语言技巧，并确保你身体的其他部分能加强你的实际语言。尽管第 14 章 "远程演讲和演示" 专门关注虚拟演示和演讲，但我们也将在本章中涉及虚拟交流的某些方面。身体语言在所有媒介中都是至关重要的，因为它将放大或缩小你的信息的力量，也是我们认为的**外在呈现**的一部分。

非语言表达技巧

下次你看到一个充满活力和吸引力的演讲者，也许是你们公司的高管，或者是一个扣人心弦的 TED 演讲者，请注意是什么让他们看起来如此有活力。当然，这样的演讲者并不总是有很好的内容，但他们有非凡的非语言表达技巧，这些技巧似乎可以触及观众，并迫使他们集中注意力。对于售前来说，非语言表达技巧有六个主要组成部分：外表、姿势、眼神接触、手势、动作和面部表情。

外表

你永远不会有第二次机会留下第一印象。要根据你的听众、公司、地点和你的演讲目的，决定你的穿着。虽然技术人员在着装方面有一定的自由度，但通常情况下，最好是把着装标准定得高一些（当然你可以随时摘掉领带，解开衣领，或卷起袖子），一般不要穿得比销售还好。避免任何让人分心的东西，比如极端的时尚，大件首饰，以及任何闪闪发光或反光的东西。如果你的脖子上挂着工牌，在上台前把它摘下来。记住，高对比度的服装颜色显示权威性，而低对比度的颜色让人感觉友好。在虚拟环境中，仔细检查你的相机对焦、灯光、背景和你的仪表。例如，一件条纹的衬衫或上衣可能会导致视频传输问题，并注意背景中是否有任何可能被视为有争议的书籍或照片。

> **技巧提示：第一印象**
>
> 一定要考虑客户对你的第一印象。你真的希望他们看到的第一件事是你桌子上乱七八糟地插着各种线缆，或者是你在为虚拟会议设置演示环境时疯狂打字、心不在焉的直播视频？

---

[1] 实际的实验是在 37 名心理学本科生中进行的，在这些人中存在着语言和面部表情的不匹配。相当于在说 "我爱你" 时脸上完全是厌恶的表情。

姿势

在对你的外表进行初步评估之后，姿势是非语言判断的下一个微观领域。人们不仅会听你说话，而且还相当认真地观察你。你显得无精打采，或者人脸不在摄像头范围内，这隐含地告诉听众你对他们并不是特别感兴趣；而良好的姿势则表明你是有准备、有信心的。所有这些客户的感受都是在你没开口说话之前产生的。当站立时，使用一个不偏不倚的姿势——将你的双脚分开，放松你的膝盖，平衡你的体重，手臂放在身体两侧。坐着的时候，将你的手放在你面前的桌子上，并打开。保持你的上身挺直但不僵硬。这种姿势也有助于你的声音通过减少横膈膜的压力而产生更好的共鸣。

> **技巧提示：你妈妈是对的！**
>
> 最糟糕的姿势是坐在办公桌前，蜷曲着身体，手指放在键盘上。然而，这却是大多数演示和幻灯片展示的常见情景。我们建议：你应该向后靠，将肩膀压在椅背上，或者找一张能够站立办公的桌子。虽然这可能感觉很奇怪，但它会打开横膈膜，使你的声音投射效果提高20%～25%。此外，考虑使用无线翻页器，而不是使用鼠标和键盘按键来推进幻灯片。

眼神接触

另一个关键的沟通要素是眼神接触。尝试用眼神与观众进行一系列随机的一对一对话，包括那些坐在房间两侧和后面的观众。在转向其他人之前，争取与每个人进行不超过5秒钟的目光接触。避免眼睛四处乱转，扫视观众，或不断地低头看你的笔记，检查你的鞋子，或盯着天花板。当然，不要过于专注于一个人而对其使用过多的眼神接触，即使他们是房间里最重要的人。

眼神接触的时间长度是一个文化相关的变量。在一些东亚文化中，超过3秒就会让人感到不舒服，而在中东地区，两个同性之间长时间的眼神接触意味着"我是真实的"。注意：许多文化中的目光隐喻都说明了眼神接触对人际交流的重要性。例如，西方有"眼睛是心灵的窗户"的说法，日本有"眼睛和舌头一样有说服力"的谚语。

在虚拟交流环境中，眼神接触特别重要，因为它明确显示了兴趣度和参与度。要确保你看的是你的相机（因此也是其他参会者），而不是看你的屏幕，虽然那里有其他参会者或你的演示文档。

> **技巧提示：相机是你观察世界的镜头**
>
> 在虚拟环境中操作时，尽可能靠近你的相机镜头。然后，当你观看其他发言者的视频时，就好像你在直视他们一样。

手势

手势是为你的演讲注入活力和激情的最佳方式之一。它是我们非语言武器库的内在组成部分。芝加哥大学心理学家苏珊·戈尔丁-米德尔（Susan Goldin-Meadow）指出：盲人，即使那些先天性失明的人，也会像视力正常的人一样，按照他们的母语打手势[1]。用单手（不对称）和双手（对称）使用各种手势。你应该避免做太多两只手都做类似动作的对称手势（想一想拉开或放在一起的手势）。双臂从肩部向外伸展，肘部稍微离开两侧。除非你是为了强调，否则你的手应该大部分时间保持在身体前面（像电视新闻主持人）而不是在身体外面（像电视天气预报员）。

当在虚拟环境中工作时，手势也同样重要，所以你应该确保你的整个身体都在镜头上，以便观众看到你的肢体动作。如果在演示过程中，大家的注意力集中在你身上而不是屏幕上，可以考虑暂停演示，让你的视频占据中心位置。

> **案例研究：螺旋式楼梯**
>
> 将手势添加到你的演讲中是一个快速提升你的演讲能力的方法，值得在镜子前练习，或自己录像练习。我在英国学校系统中接受教育，很好地掌握了演讲所需的技能，并掌握了一种过于正式但有效的演讲方式。然而，我的非语言沟通技巧有很多需要改进的地方。在英国行之有效的东西在美国却行不通（从各种意义上说）。在我的第一次演讲后，我的经理告诉我，我是他见过的第一个不用手来描述螺旋楼梯的人！为了纠正这个尴尬的习惯，他给了我一份有十几个主题的清单，让我准备。每周我都要向整个团队介绍3分钟如何扔球、制作陶器、学习空手道等任何能让我移动身体和手的东西。我花了两个月的时间才戒掉这个习惯，而今天，螺旋楼梯的例子一直伴随着我。你知道吗，中世纪的旋转楼梯总是顺时针方向攀升，这样习惯用右手的攻击者更难在登楼梯时使用他们的剑。（你想象一下我挥舞双手的样子！）。

---

1 见https://www.aaas.org/susan-goldin-meadow-what-gesture-says-about-how-our-minds-work。

动作

身体的动作可以放大眼神接触和手势的效果。在一个地方站着或坐着，例如在讲台后面或椅子上，限制了你的自然能量，使你很难进行高能量的演讲，除非这就是你的目标。始终带着目的移动，这是在心理上控制物理或虚拟会议室的最佳方式。如果你需要在房间或舞台上移动，那就移动吧，当你到达目的地时，就停下来！不要前后地移动（那是得克萨斯两步舞）或重复地在房间的前面踱步。在任何时候，保持你的身体面向观众，避免露出你的背部，除非你绝对必须这么做。

如果你需要在房间里走动，在投影仪前面移动是可以的。我最近看到一个售前在房间的一侧解释当前的状态，然后有意识地走到光线较好的窗口一侧来描述未来的状态——这是微妙而有力的强化作用。

你可以通过动作进行一些心理暗示来控制观众。例如，如果你怀疑房间里有人没有注意听你讲，在睡觉，或者在看他们的电子邮件，你可以走到他们附近。如果一个人连续问了你四个问题，垄断了整个谈话，你可以回答问题后转过身去，与房间里级别最高的人进行眼神接触。

> **技巧提示：起身动起来**
>
> 不要觉得你演讲时必须待在键盘后面，或者被固定在房间一侧不能动。我建议，至少每隔 15 分钟，找个机会从你的座位上站起来，指着屏幕上的东西，或者快速勾画出一个图表。动作可以吸引观众的目光和注意力。事实上，大脑能够预测运动，例如观察一个球的飞行并估计它将在哪里降落。这对我们的神经元来说是一个很好的唤醒技巧。

面部表情

你的面部表情为你的非语言内容进行最后的修饰，当你的形象被投射出来，无论是面对现场的大庭广众还是通过网络摄像机时，面部表情尤为重要。除非你是要传递坏消息，否则微笑是传递快乐、温暖和理解的最有力的线索。微笑会刺激大脑的化学反应，释放出某些激素，包括多巴胺和血清素，使我们感觉良好。反之，面无表情或中性的表情往往意味着单调/平淡的表达。确保你的脸清晰可见，大眼镜或遮住脸的头发会影响你的表情。当别人发言或回答问题时，你也应该注意自己的表情，以确保你不会意外地表现出消极情绪。

将面部表情与手势结合起来，并改变声调，一定能抓住人们的注意力。

> **技巧提示：录个视频**
>
> 下次你演讲的时候，把你的演讲的一小部分拍成视频。然后将视频回放两遍。第一遍寻找你的宽泛表情——你笑了几次、皱眉了几次……第二遍，在多个场合暂停和播放视频，将你的图像定格。肢体语言专家帕蒂·伍德（Patti Wood）说："你的脸可以做出超过 10 000 种不同的表情和超过 50 种微笑。你认为中性放松的脸别人可能看起来像一个轻蔑的笑。"[1]

口头表达技巧

口头交流远比从你口中说出的话要多。试试这句话："这个新产品将大受欢迎"，尽可能多地做出各种变化、使用各种情绪来表达它。首先，尝试强调不同的词，然后用愤怒、兴奋或惊讶的情绪来给它润色。这 10 个简单的字可以表达几十种不同的意思！引用伟大吟游诗人的话："世界就是一个舞台，所有的男男女女都只是演员。"[2] 你正在为开演之夜做准备，要完成一场值得观众起立鼓掌的表演，就必须具备 5 种主要的嗓音素质：

语速

语速是衡量声音持续时间的指标。实际上，它是你的发声速度。说话太快会导致单词和音节被缩短，让你的听众听得喘不过气来，难以理解你的信息。另一方面，说话太慢会消耗演讲的能量，使其显得沉闷。改变节奏有助于保持兴趣，只需注入一些变化即可。最佳的说话（和听话）速度在不同国家和地区有所不同，但平均约为每分钟 150 字（词）[3]。你的语速变化不需要太大，只需要变化 5%。用较快的速度来显示激情、兴奋和紧迫性；使用较慢的速度来表示重要性、悲伤或新想法的引入。

> **技巧提示：帮助自己放慢速度**
>
> 技术演讲者一个常见的坏习惯是语速太快。参加我们研讨会的售前学员，超过 80% 的人认为这是需要解决的一个问题。紧张或时间压力会加快你的速度。因此，首先要确

---

1 《一位身体语言专家想让你知道的"resting B face"的4个鲜为人知的事实》，https://www.wellandgood.com/what-does-rbf-mean。译者说明：resting B face，原意是resting bitch face：天生臭脸综合征，指人在放松、休息的情况下，脸部无意识地出现生气、烦恼、蔑视等表情。
2 威廉·莎士比亚.《皆大欢喜》（*As You Like It*）（第二幕，第七场）.雅克（Jaques）的台词。
3 译者注：中文的语速可能在每分钟250字左右。

定你的现场实际说话速度。你可以通过在线上会议工具中打开字幕，或者仅仅通过计算字数与花费的时间来计算。现在大多数演示软件都有一个录制和回放模式，可以提供这个数据。然后你可以做一个可见的提示来帮助放慢速度。典型的方法是在便条上写上"慢下来"，然后贴在你的键盘上，或者在演示脚本中加入"暂停"。我会在几张幻灯片的底部放置一个小的停止标志，以提醒自己暂停一下喘口气。

音高

音高是衡量一个音符（音节）高低的方法，也就是听众听到的声音高低程度。一般来说，高音高的话语会让人感到兴奋和激动，而低音高的话语则传达出权威和信念。你没有太多办法来改变你的自然音高，采取直立的姿势可以保持发音清晰，在线沟通时使用一个好的麦克风会有一些帮助。你会发现，放慢你说话的节奏往往会导致音高降低。

音调

音调传达了你的情绪状态，包括隐含的和明确的。例如，颤抖的声音表示恐惧和紧张，会使听众感到不安。积极的音调显示出自信，这可以使听众放松，甚至使他们微笑。紧张（详见本章后面的内容）是造成音调不佳的主要原因。

音量

音量是衡量观众认为声音大小的标准。即使没有麦克风，观众也必须毫不费力地清楚地听到你说的话。如果你的声音天生很小，或音响效果不好，听众就要花费脑力来听你说话。这样一来，大脑就被用来收集文字，而用来理解文字的时间就会减少。练习一下幼儿园老师使用的技巧，降低你的声音来吸引下面说话的人，然后提高你的音量来表达一个重要的观点。

> **技巧提示：测量一下你的声音！**
> 售前也是工程师，因此用工程师的思维方式，量化你的音量水平。有许多可以在平板电脑上运行的分贝/噪声应用程序。从听众的位置进行测量，争取达到62至70分贝。人与人之间的正常对话大约是60分贝。

清晰度

发音的最后一点是发音要清晰,不要把字连在一起,也不要在句子的最后降低音量。通过呼吸使自己保持放松,保持声音的力度和力量。避免使用填充词(filler word),比如嗯、那么、对吗之类;用停顿取代它们。现实中,不可能从你的讲话中去掉所有的填充词语,特别是在临时的谈话中。但是你可以寻求将它们减少到不再是一种干扰的程度。把自己的速度放慢 5%,让你的大脑和嘴巴有时间重新同步,这种方法可以帮到你。

> **案例研究:对!**
>
> 蒂娜(Tina)演讲时容易紧张。她是小组中技术最强的售前,但听众越多,她就越紧张,因此她开始使用填充词,因为她的大脑试图与她的嘴同步。她常用两个填充词,一个是在句尾加上"对吗?"表示确认,以及在对观众讲话时加上"你们"。蒂娜录了她的一次演讲,并对她的填充词使用情况进行了一些自我发现。她想准确地了解自己在什么时候和什么情况下使用这些词。录音显示,她在从一个话题过渡到另一个话题时(通常是在幻灯片的开头)使用了"你们",而在提出一个重要观点时使用了"对吗?"。蒂娜决定用真实姓名代替"你们",用沉默代替"对吗?"。经过一段时间的练习,她勇敢地对她的同事进行了演讲,并把写有她的填充词的海报板交给他们。她想,她好胜的天性会发挥作用,因为她不想让他们在她的演讲中挥舞海报板。这招很管用。她最初的演讲将填充词减少了 2/3,此后她一直在改进。

停顿一下,给你和你的听众一点点时间来思考和处理新的信息。例如,喜剧演员会在笑点之前停顿一下,为观众作铺垫,制造一点悬念。你可以在一个关键点之前或之后暂停一会,使其产生最大的影响。

> **技巧提示:练习对你有帮助**
>
> 如果你想改善你的声音,或者如果你的声音因为白天说得太多而变得生硬,请尝试做一些练习。就像体育锻炼能增强肌肉张力和耐力一样,声音练习也能对你的声带起到同样的作用。在一次重要的演讲之前,我总是哼唱一首曲子(目前是"如果感觉快乐,你就拍拍手",这是从我孙女那里学来的),并尝试一些呼吸练习。在互联网上搜索一些你感兴趣的东西!这会让你变得与众不同。

从一个光明而美好的开端开始

几乎每一个演讲课程都建议你以一个"激发器（energizer）"开始——一个让听众坐起来认真听的故事、事实或统计数据。你在注意力曲线中获得了一个向上的一跳，因为你是一个新的、不同的演讲者——现在你的工作是将这种心跳的价值最大化。使用表 11.1 中的 PUNCH 记忆法来记住重要的激发器种类。在技术销售环境中，可以讲述一个简短的客户故事（参考第 16 章"讲故事"），播放一个简短的视频，或者对你的解决方案提出一个大胆的设想，让客户觉得，"哇，我居然不知道这个！"

表 11.1　PUNCH（由 Garr Reynolds 提供）

类别	例子
个人的（Personal）	讲一个关于你自己或你的听众的故事。分享一个共同的经历
意想不到的（Unexpected）	做、展示或说一些出乎意料的事情，以"震惊"听众
新奇的（Novel）	向听众展示或教授一些新奇的东西
挑战（Challenge）	挑战现状或当前的思维方式。例如"我可以在不到 10 分钟内备份你的整个制造系统！"
幽默（Humor）	让你的观点脱颖而出，栩栩如生。但是，你的公司不是付钱给你当喜剧演员的，所以要小心。通常最好是拿你自己或者销售人员开玩笑

> **技巧提示：烘培蛋糕的哲学**
>
> "从结尾开始"或"先做最后一件事"是我们在下面一些章节中涉及的产品演示的常见方法。想象一下，你正在看电视上或网上的烹饪节目。厨师正在向你展示如何烤制一个奇妙而美味的蛋糕。面包师给你看的第一个东西是什么？它不是一份配料表，也不是对面粉、黄油和下蛋母鸡品种的描述，而是一个令人愉快的成品。厨师为什么要这样做？是为了点燃你的味蕾，激发你的好奇心，让你看完剩下的节目。有时候你需要让客户吃完甜点再上蔬菜。

以一个奇妙的结尾结束

以力量结束，以热情结束，以你的方式结束。这是客户真正关注的时刻之一，所以要让它有意义。演讲的最后几分钟要与客户高度相关，并引导出一个令人信服的结论，例如"这就是我们如何解决你的延迟问题，使你们分行的交易速度提高 50% 的方法。你的员工将不再需要为你的计算机系统的缓慢速度向客户道歉"。在你进行总结的时候，我建议你有视觉展示支持——一张幻灯片或其他内容，总结你提供的好处、收益和痛苦的缓解。

不要以"谢谢""有什么问题吗？"或"嗯，我想，就这样吧……现在会议交回给我们的销售"这样软弱的过渡语结束。当你结束时，客户应该对你（也就是你个人和你的公司）所能提供的价值没有任何怀疑。客户看到的最后一件事，尤其是在虚拟会议中，应该是总结。你可以在其他地方表达感谢，而且我们已经在第10章中学到，你不应该用问答环节来结束。有问题吗？

利用紧张带来的能量

每个人在演讲前都会紧张。如果你没有感觉到任何紧张，你应该质疑自己的心态，因为你很可能会表现得沉闷和平淡。接受紧张是售前工作的一部分，融入并享受由此产生的肾上腺素飙升的刺激，因为你知道你最终会从工作顺利完成中获得满足感！

紧张的罪魁祸首是压力。压力导致精神和身体的紧张，破坏你的姿势、声音和自主性。当你的喉咙收缩，你的肩部和背部肌肉收紧，甚至你的腿开始颤抖时，你的音调会变得更高。你的大脑感知到了这一点，并释放出更多的化学物质来补偿，这就成了一个自我否定的循环。其结果是，要么是一个固定的、读文稿的演讲（当演讲者可能阅读幻灯片或演示脚本时），要么是一个随机的、不相干的想法集合。

你应该欢迎紧张，而不是与它对抗。演员和政治家认识到紧张的价值，因为它可以使表演更加出彩。这是肾上腺素的释放和我们居住在洞穴里的先民对战斗或逃跑反应的结果。如果紧张获胜，你就会进入飞行模式，退出与观众的互动，并过度关注演讲本身。通过拥抱紧张情绪，有效地进入战斗模式，准备好坚守阵地，做出完美的演讲。你要把紧张带来的能量引导到积极的一面。下面是一些已被证明有效的技巧：

- 预先在心里想象自己在演讲，特别是最开始5分钟和最后5分钟的演讲。
- 放松你的身体。扭动脚趾，弯曲膝盖，摇动双手，做一些深呼吸，让氧气进入肺部和大脑。
- 喝水。避免饮酒。咖啡因是一种刺激物，只会放大肾上腺素反应。
- 要明白，你对自己的紧张远比你的听众敏感得多。
- 去趟洗手间。洗洗脸和手。摆一个充满力量的姿势[1]（想想超级英雄）！

---

1 观看Amy Cuddy 2012年关于身体语言的TED演讲：https://www.ted.com/talks/amy_cuddy_your_body_language_may_shape_who_you_are。

- 熟悉你周围的环境、照明、投影仪开关、电视线缆等。

即使是最好的演讲者也会犯错，不小心跳过一张幻灯片，或在演示中按错按钮。听众中的每个人都发生过这种情况，这恰恰证明你是他们中的一员。如果是小事，那么很可能没有人会注意到，你应该继续。你的工作不是要指出幻灯片中的每一个错别字！

做大型演讲

当向几百人的听众作演讲时，你往往被安排在讲台后面，明亮的灯光照在你身上。摄像机把你的形象投影在房间周围的多个屏幕上。由于灯光的原因，你经常看不到听众（但你可以听到他们的声音！）。如果你第一次遇到这种情形，你会被吓到，所以你应该事先熟悉演讲的场所。

一些基本的非语言规则已不再适用。很难了解听众的兴趣。目光接触是与摄像机而不是某个人。继续你所有的手势、动作、音调变化，特别是微笑。我还建议你使用无线麦克风，而不是被束缚在一个固定的麦克风前——如果我们可以自由走动，大多数听众会感觉更好。如果有一个讲台，它最好是作为你的参考笔记和水瓶的支架，而不是作为你站在后面的盾牌。

对于大型在线演讲，你的优势是你熟悉周围的环境（毕竟这是你的家或办公室），还可以使用笔记和提示——但镜头照不到它们。当然，你仍然有了解听众兴趣和反应的需要，使用虚拟技术，如聊天窗口、问答区和互动投票，就可以获得听众的积极参与。此外，这可比在现场和舞台上的压力要小得多。

> **案例研究：求助于人**
>
> 做大型演讲，最好的指导和建议往往来自负责舞台灯光、音响和后勤的工作人员和技术人员。几年前，我必须在拉斯维加斯的一个大型会议上做一个主题演讲。我发现是杰瑞·森费德（Jerry Seinfeld）第一个讲，他的路演人员已经搭建好他们的系统，并将我作为他们的测试对象。我花了2个小时向工作人员提问，并观察他们如何为杰瑞搭建舞台。这是一次奇妙的经历。经验是要经常询问当地工作人员关于听众反馈、灯光眩光、摄像机角度等方面的问题。

总结

你技术知识的深度和广度无法改变糟糕的演讲技巧。你的工作是让听众尽可能轻松直接地体验演讲。一个强有力的开头和一个精彩的结尾，围绕着令人难忘和引人注目的内容，这就是完美演讲的理想结构。把你的语言和非语言信号看作是你销售信息的放大器。花点时间来练习和熟悉演讲内容，这可以让你减少紧张，并有助于你成为一位能力高超、知识丰富的售前。

技能培养建议

对于新售前：

- 视频是最好的老师。录制自己的演讲，然后进行回顾分析。
- 在镜子前练习面部表情（尤其是微笑）和手势。
- 从身体和精神上排练你的演讲。
- 接受你紧张的能量，引导它。向他人学习如何处理紧张的情绪。

对于有经验的售前或售前经理：

- 视频仍然是最好的老师。录制自己的演讲，然后回顾分析。
- 建立一个美好开端和奇妙结局的参考素材库。
- 向经验不足的团队成员提供反馈。
- 接受工作以外的演讲机会。

CHAPTER 12

本章目标

- 理解急于演示为什么发生，如何发生。
- 为演示和后勤工作建立一个检查清单。
- 学习如何处理零发现的演示。
- 理解不同受众类型和组合的影响。

冲向演示

> 道常无为，而无不为。
>
> ——老子

过分急于展示你的产品，也就是本章中所说的"**急于演示**"，往往是任何销售机会结束的信号，无论你销售的是一个小型的实用软件还是一个复杂的硬件。它标志着任何有纪律的销售策略被完全放弃，因为销售团队相信产品能够自己把自己卖出去。有经验的销售人员，或者甚至是有成就的销售团队，偶尔也会相信一个世界级的产品演示就足以让他们达成交易。不幸的是，情况并非总是如此，通常还有更多的事情要做。

《关系销售》（*Relationship Selling*）一书的作者吉姆·凯斯卡特（Jim Cathcart）说："销售，就像看病一样，在诊断之前先开具处方是一种渎职行为。"[1] 本章将探讨导致急于演示的原因，以及如何建立可预测的、一致的计划，如何使你的工作更轻松，压力更小。

---

1 Cathcart, J.. *Relationship Selling*. 纽约: Penguin Publishing, 1998. 自1984年以来，吉姆已经写了20多本关于销售和关系销售的书。我认为他是整个销售方法行业的先驱者之一。

为什么会出现"急于演示"?

有两种截然不同的急于演示的方式,每一种都有一套不同的后勤和客户问题。请注意,我用演示(demo)来涵盖经典的产品演示(demonstration)和标准的产品展示(presentation)——不是每个产品都可以用有形/可视化的方式来展示和演示。

第一种是零发现的演示。零发现是指在客户会议之前,你没有任何机会(或只有很少的机会)与客户进行发现。这种情况可能是潜在客户驱动的,也可能是由销售人员驱动的。为了应对销售周期早期的客户反对意见,销售团队使用"我们会在演示中向你展示"这样的理由来说服客户去看产品。他们认为:眼见为实,一旦演示完成,美好的事情就会发生。这种方式导致了对产品最终在客户面前亮相的期望越来越高,从而给技术团队带来压力,要求他们提供事先明确或隐含的承诺。现在,人们强烈关注着一个可以"一锤定音"的事件。

你会注意到,潜在客户往往是急匆匆演示的帮凶。"只要向我们展示一下你们的产品就可以了。我们只需要对你们的能力有一个大致的了解。"你正在违反TAG的"猜测"原则(见第5章"技术发现"),因为无论你事先进行了多少独立的客户研究,你仍然在猜测他们的确切需求和业务要求可能是什么。这不是一个有趣的状态,特别是对于复杂的解决方案。

> **案例研究:演示在销售周期中的作用**
>
> "我们刚刚聘请了一位新的首席收入官,他决定实施另一套销售流程。它使我们能够将售前活动直接关联到销售的不同阶段,并根据对该流程的遵循情况监测销售机会结果。考虑到季节性、产品升级和新流程的接受程度,我们收集了15个多月的所有指标。这是一个针对我们的演示能力和有效性获取真实销售指标数据的好机会。我们发现:以赢单率来衡量,当我们在第一阶段(发现/需求分析)和第二阶段(解决方案设计)结束后进行演示时,成功率最高。然而,我们发现2/3的演示都发生在销售周期的早期。即使考虑到愿景产生和特殊情况,我们也可以有把握地说:我们至少有50%的演示,时机是错误的。我们通过向销售人员提供一些简短的(2分钟)、简单的、自动[无人值守]的演示,部分地解决了问题,使我们能够满足客户的好奇心,并将演示推迟到合适的时间。结果,整体赢率上升了近10%。这让我们的CRO成为公司的明星。"
>
> ——莫妮卡(Monika),售前总监

第二种类型是零日演示。"零日"意味着你在与客户见面之前没有机会进行发现,这是事先计划好的。这种情况理由很充分,比如在交易型/中小企业环境中销售,或者销售

单一类型的产品。你只有一次机会与客户见面并通过演示来推销你的产品，所以所有的工作都必须同时做。后面会有更多关于这种情况的说明——它并不像听起来那么糟糕，而且是许多公司的标准操作程序。

不做计划就是计划失败

不管是完全临时的还是提前几周安排好的，最好的内部风险缓解策略是在实际每一种演示的情况下都有一个良好的、可预测的、一致的计划。演示的两个主要目标[1]是：

1. **为客户减轻风险**。如果你认为销售的艺术就是把客户从他们目前的状态推向他们所期望的状态，那么演示就是对销售桥梁的加固和支持，它将把客户带入未来。但它不是桥梁本身。演示必须支持你的信息和能力以一种积极的、有关联的方式向客户展示。

2. **证明**。你正在试图证明你可以解决客户的业务问题（痛苦），并帮助他们实现未来的收益，而且你的公司是唯一有能力做到的供应商。演示在客户的大脑中塑造了这个想法和形象，让他们看到自己在不久的将来没有痛苦。

这两个目标可能听起来相当像哲学和心理学，但许多人都是感性地作出购买的决定，然后用逻辑来为自己的决定辩护。你首先要赢得他们的心！尽管本章的其余部分涉及后勤和议程等"硬性"任务，但永远不要忽视柔和的情感推销。

因此认真给演示做计划是值得的，重点是如何以经济、快速的方式解决客户的业务问题。演示过程中的每一个动作都应该围绕这些解决方案，或者加强我们的竞争优势。

在后勤方面，你应该始终有一个保障成功演示的检查清单。大多数售前都有两种检查表——一种用于现场交流，一种用于虚拟会议。至少，它应该包括以下内容：

- 出席人数；
- 参会地点（现场／虚拟／混合）；
- 与会者的姓名、职务和联系方式；
- 组织架构／关系；
- 参加会议的第三方（合作伙伴）；
- 不能全程参会人员（即可能只出席10～15分钟的主管人员）；
- 会议计划时长；
- 投影和音响设施；

---

[1] 是的，你当然想赢得交易。

- 互联网或网络接入；
- 安全／防火墙设置；
- 网络传输设置（用于基于远程网络连接的演示）；
- 供电／照明；
- 中间休息安排／食物；
- 是否有白板可用；

……

请注意，除了组织结构图外，这些后勤信息实际上都不是你在传统的发现会议中收集的。

> **技巧提示：创建一个检查清单**
>
> 在担任售前几个月后，你头脑中就会有一个检查清单，每次演示前都会检查一遍。尽管如此，如果与新销售同事合作，或依靠客户或合作伙伴代表你来准备演示会议，我仍然建议你准备一个正式的检查清单。

如果有很多人参加演示会议，特别是会议非常重要的话，你应该事先到会议地点看看，这可以由你的客户教练或支持者安排。你可以现场检查清单中的所有要求。此外，这也是一个很好的机会，可以事先非正式地认识一些参会者（"我碰巧来这里"）。如果会议地点很远，你无法去现场，可以要求通过视频电话查看一下。

会议日程

多年来，对议程的使用有人欢喜有人愁。我非常喜欢事先发送书面的议程，以防止出现意外，并为会议期间要讨论的内容设定一些界限。它不需要太长，也不需要太多文字，只需要处理好基本的问题。我的第一位售前经理告诉我："谁控制了议程，谁就从一开始控制了会议。"议程可以明确让潜在客户了解会议的长度和内容。在你不得不做一个匆忙演示的时候，这是一个少有的确定性。

即使是只有一张幻灯片的议程，也不应该在演示的当天早上随意制作，并随意地添加到演示文件的前面。采用一致的、可重复的过程，事先准备一套标准的议程（根据客户／行业、规模、产品等进行调整）可以增加你的控制权。至少要提前 24 小时分发议程，还可以加上其他内容，比如我将在下一章介绍的演示 GPS 路线图，以及销售团队的简短介绍。如果你邀请了任何领域专家或来自销售以外的人员（如产品管理、技术支持等），这些简介就显得尤为重要。

在会议马上开始之前

上午 11:00 的演示（尤其是虚拟演示）会议并不是在 11:00 整点开始。从操作上讲，是在上午 10:45 开始的——当你登录到会议系统，或者将你的笔记本电脑连接到物理投影仪上。等到大部分听众就位，演示会议实际上是在上午 11:00—11:10 分之间开始的。会议启动和开始之间的 15～25 分钟可以被很好地利用。这段时间是轮换幻灯片（Rotational Slide Deck，RSD）发挥作用的时候。RSD 是由大约六张幻灯片组成，在演示开始前轮流播放（就像一个无人参与的展览会视频）。它应该包含以下内容：

1. 总体介绍（标题、日期、标志，等等）；
2. 销售团队的照片、姓名，以及简短的简历；
3. 会议议程；
4. 公司的事实和数据（规模、员工、语言、客户数量）；
5. 营销宣传或客户案例；
6. 其他备用的内容，比如"常见痛点"。

任何提前登录或在你开始会议前走进会议室的人，现在都会在会议实际开始前的准备或闲聊时看到这些幻灯片。这是一个免费宣传和信息传递的好方法。通过这个方法，每个人知道他们在正确的（物理或虚拟）会议室里，也能确保他们会看到你的屏幕。

做好准备

演示的情景通常是这样的：在略微黑暗的会议室里，售前坐在笔记本电脑后面，把内容投射到一个屏幕上。在我们讨论演示内容之前，还有更多关于后勤和计划的问题。这里有一系列从我们的研讨会和个人经验中收集到的对现场会议的建议。对于虚拟会议的建议参见第 14 章"远程演讲和演示"。

（1）每个人都能看到屏幕并看清楚上面的内容吗？坐在房间的后面，试着阅读你最复杂或文字较多的屏幕或幻灯片。不是每个人都有完美的 20/20 视力水平[1]！你可能需要增加

---

[1] 译者注：视力20/20是距离视力表20英尺处能够看清的东西，按照英尺与米的换算，通常是在距视力表6米的位置能够看清的东西。如果使用的是1.0对数视力表，则视力20/20测量法对应的视力值在1.0；如果使用5.0对数视力表，则视力20/20测量法对应的视力值在5.0。意思是正常的视力水平。

字体大小或放大你的浏览器窗口，以确保大家都能看得清。红色、紫色、浅绿色和浅蓝色是演示时出了名的糟糕颜色（不管你们公司的标准颜色是什么）。

（2）在准备你的演讲和演示时，应用50英尺（15米）的规则。所有东西在你或产品经理面前的大屏幕上看起来都很好，但从远处看能看清吗？

（3）安排好座位，这样你与销售人员就可以有眼神接触。这就意味着销售代表必须坐在桌子的另一边。在同一个房间里，团队沟通细节问题的唯一方式是非语言的，所以视觉方面至关重要。如果出现问题，或者如果销售需要提示你加快或减慢速度，只需要一些小手势就可以了。

（4）准备好一个短语或手势用于紧急情况。例如，在发生灾难性的设备崩溃、极度紧张或软件崩溃时，要让销售知道，并介入控制局面，将观众的注意力从你和你的屏幕上移开。（如果是屏幕共享，记得点击暂停）。

（5）永远不要一个人待在会议室里。会议过程中，销售可能很想出去打几个电话，看一下电子邮件，或跟进会议中提出的一些问题。然而，墨菲定律[1]表明，这是最可能发生问题的时间点。在设备出现故障或甚至出现尴尬的停顿时，演讲者总是需要帮助。反之亦然——当你的销售人员正在演讲时，千万不要离开他们，原因也是如此。

（6）准备好备份。在U盘和云端复制一份你的演示文稿。准备好演示的截图，如果演示系统无法工作，你就可以和客户一起把截图过一遍。

（7）随时携带辅助设备，如电池、记号笔、HDMI转换器、迷你hub、电源插头转换器、Wi-Fi热点等。

（8）打印出你的演示文稿和其他屏幕内容（包括演示的GPS路线图），会议时发给大家。

（9）收纳整齐。你应该把所有的线缆整齐地放置好。这个习惯可以确保你（或客户）不会被杂乱的电线绊倒，而且看起来也更专业。带上一些尼龙搭扣能帮到你。

（10）关闭所有手机、平板电脑和其他设备，或将其置于振动状态。30年后，你会认为这已成为商业世界的第二天性，但每周至少有两次，我看到交流会议被数字化信息干扰、被噪声打断。我通常会大张旗鼓地关闭我的设备，也鼓励其他人也这样做，以避免尴尬。

（11）请会议支持人宣布：为了集中精力参会，大家应该关闭笔记本电脑[2]。

（12）确保你知道如何控制灯光、百叶窗、显示设备和所有房间内的电子设备。如果你的部分听众是在线远程参加，要了解摄像机的位置、角度和音响限制。

---

1 墨菲定律：任何可能出错的事情都会出错——而且还发生在最糟糕的时候。
2 我觉得对当下来说是一个错误的提议。10年前，80%的参会者会关闭电脑，现在只有不到20%会听你的，因为现在我们的工作太依赖电脑了。

吸引听众

在 3 个小时里展示产品所有的特性、功能和菜单操作，没有什么比这样的单调演示更能让听众入睡的了。制定议程应该有助于你精心设计的演示流程，同时牢记注意力曲线的心跳方法。正如多样性是生活的调味品一样，它也是一个好演示的本质。我并不建议用拉斯维加斯式的多媒体演示，但有时你需要通过娱乐眼睛和耳朵来赢得大脑。

客户的参与是增加互动和使你的产品与众不同的绝佳方式。那些我可以回忆起的许多演讲，都是客户成为了演讲的一部分。在你的演示中建立任何级别的参与性都有助于互动和参与。这不一定是让客户使用键盘（尽管我看到过）。它可以是通过调查、投票，或者只是向他们收集一些简单的数据。利用娱乐因素来对客户高管突出一个重要的能力，或者显示强大的竞争差异，以使客户对你的产品留下深刻印象。

向技术和商业人士混合的听众演示可能是工作中最具挑战性的方面之一。每个人都有独特的视角，想要了解一些不同的东西。即使前期进行了很好的发现，你仍然被要求涵盖很多内容而不能忽略任何人。高管们需要更高层次的信息——通常以财务为重点，而技术人员则对速度、输入和兼容性问题更感兴趣。给技术人员的答案可能与高级经理无关，反之亦然。

解决办法是分而治之（这就是为什么在任何销售会议之前，都要了解参会人员的职位）。为技术人员准备一个单独的会议——至少这样建议——和他们专门讨论任何复杂的技术问题，并提供任何相关的文档、规格说明和参考架构的链接。作为回报，要允许你推迟回答任何可能超出中层管理人员或高管关注范围的问题。原因就是，这些经理和高管在决策过程中比技术人员更重要。当然，你不能忽视技术人员，因为这将在购买过程中的某个阶段伤害到你。如果技术人员真正推动了购买过程（这种情况比你想象的要多），那么就要调整你的策略，改变你的时机和重点。

同样，将议程中的某些特定部分分离出来，在这些高管出席期间，进行一次高级别简介。这个概述可能是两三张幻灯片，但也可能涉及频繁的使用白板或总体情况的沟通。作为售前，与高管打交道是一门艺术（见第 20 章"与高管建立关系"）。在演示过程中，请记住，你通常可以**告诉**主管某个东西是如何工作的，而不是向他们**演示**它是如何工作的，尤其是如果你有一个简短的客户故事来说明它的时候。

> **技巧提示：问自己（和销售团队）的三个好问题**
>
> 一旦你把你的演讲材料整合在一起，无论是大纲还是格式，都要对你计划展示的每个屏幕、幻灯片或能力提出三个问题：

> 1. 那又怎么样（So what）？你为什么要展示这个，它有什么作用？
> 2. 谁关心（Who cares）？你知道听众中谁会关心这个具体的事情？为什么会关心？
> 3. 谁说的（Says who）？当对你的产品作出陈述，或引用一个统计数字时，谁是权威？如果是你的营销部门，要准备好用确凿的数据来支持这个说法。
>
> 如果对任何问题的回答是"我不知道"，那么你就有了一个要被淘汰的内容选项了。

再次讨论急匆匆的演示

当你在对你的潜在客户一无所知或知之甚少的情况下进行演示时，你可以采取多种行动和策略。不要立即开始介绍或进行演示。销售团队现在的处境是：必须借助客户沟通进行发现。这个策略需要你有一定的灵活性，所以把它当作一个挑战吧。以下是我做发现的一些技巧，有助于鼓励客户透露有用的信息：

1. **用你的故事换取他们的故事**。销售可能特别希望从介绍公司概况开始。虽然我不太喜欢笼统地介绍我们是谁，我们做什么，但你可以提议用你们公司的故事换取他们参加这个会议的原因。公司概况的幻灯片也可以放到轮流展示的幻灯片中。

2. **痛苦和收益表**。把它看成是一张写有一些问题的幻灯片。这些是你知道你的解决方案可以解决的重要问题。根据你所销售的产品而不同，但它们类似于："我们怎样减少我们的备份时间？"或"你知道你的语音异常率是多少，以及这对你的影响有多大？"你可以把这张表作为你轮换幻灯片的一部分，以获得最大的效果。

3. **"和你一样的客户"的故事**。从两三个与他们一样的客户的故事开始。例如，如果你的销售对象是一个中小型的社区银行，你可以讲讲另一个小型金融客户、另一个中小型客户，以及同一城市/地点的另一个客户。你寻求的是"这听起来和我们的情况很像！"或"我们没有这个问题！"这样的回应。

4. **团队会议谈话**。当与一位经理和她的直接下属们一起工作时，尝试"上次团队会议"的问题。我画了一张桌子和几个简笔画，然后问："当你们在上一次团队会议上谈论[你们的工作]时，有哪些事情需要采取行动？"如果你销售的是"IT管道"类的解决方案，或者是从服务器到热泵到医疗设备的各种设备，这种视觉效果特别好。

5. **演示/GPS路线图**。当被要求进行通用的（开箱即用的）演示时，让客户对你所展示的内容有一些控制。演示的GPS路线图（详见第13章"构建演示路线图"）以图表的形式向客户展示了他们将逐步看到的内容。把它发给客户，并征求他们的反馈意见，看看对他们来说哪些是重要的，哪些是不重要的。选择他们所说的一两个重要内容，并问："你们现在是怎么做的？"你可以尽可能多地追问，直到他们开始不耐烦。尽量让他们为你画一些东西来解释他们目前的状态。

6. 放手去问吧！打技术/医生牌。"就这个问题和我的解决方案所能做的所有伟大的事情，我可以谈上几个小时，但我想缩小范围，这样我就能把精力集中在那些对你很重要的事情上。在我开始之前，我能问你几个问题吗？"如果你遇到阻力，用医生的比喻来说明必须先了解所有的症状，你才能全面了解他们的情况。

> **案例研究：痛点幻灯片**
>
> 一家初创软件公司的售前运营经理安德鲁（Andrew）告诉我们："我们70%的销售会议都是一次性的在线会议。我们只有一次机会与潜在客户见面并打动他们，从而赢得合同。一个业务发展代表会打出一个电话或接听一个呼入电话，以收集一些非常基本的数据，然后将与客户的预约信息转给销售团队。我们推出了一个新产品，并与市场部合作，建立了一套通用的使用案例。我们称其为痛苦表——一张PowerPoint幻灯片上有七个关于IT基础设施的问题，目标是让客户说：'不，我不知道答案，但我想知道！'我们将展示这张幻灯片，要求客户选择他们最关注的三个问题，然后进行针对性演示，展示如何解决这三个问题。仅仅通过这七个问题，我们就有超过90%的客户命中率，它帮助每个销售团队处理了我们在课堂上学到的零日（甚至是零发现）演示。"

查理检查站[1]

公众演讲领域有一句古老的格言："告诉他们你要告诉他们什么，然后告诉他们，再告诉他们你告诉了他们什么"。这句话应该作为一个提醒，在整个演示过程中不断与客户沟通，以确保你没有偏离目标。如果我们团队的成员，无论是销售还是售前，不断地问："我们讲的有用吗？"这可能是非常烦人的，所以事先把这个任务单独拿出来，设计一些变化。接下来，对照议程，确认议题都已经完成了。最后，利用会议最后5~7分钟来总结总体的好处，并确定下一步的计划。例如，如果你使用第10章中的心跳法，在每一次心跳后短暂停顿一下，做一个总结，并获取他们的反馈后再继续。

---

[1] 译者注：Checkpoint Charlie，原指第二次世界大战以后，东德与西德边界上设立的一个名叫查理（Charlie）的检查站，对过往人员进行严密检查和控制。

> **技巧提示：你的品牌是什么？**
>
> 就像你的产品或服务可能有一个整体品牌一样，你的演示也应该有一个整体品牌。事先选定几个关键词或短语，在演示中重复多次（6～7次）。例如，低风险、客户数量多、可扩展、高性价比、合规等。如果客户在演示过程中重复这些短语中的某一个，就给自己一个肯定。

总结

计划和准备就是一切。当你从一个系统化的发现过程中受益时，你可以针对那些未发现的痛苦和收益进行演示。当你面临急于演示的时候，不管是什么原因，可重复的演示过程将获得出色的结果，并降低你对未知的日常压力。千万不要盲目地进行演示，因为你应该始终对自己能够事先准备并提出一些问题的能力充满自信。将你的产品功能与客户的业务需求联系起来，使用 FAB 方法，享受这一切。

技能培养建议

对于新售前：

- 做好准备。以一套标准的议程开始。
- 创建一个后勤计划检查表——即使你认为你不需要它！
- 与一名销售人员合作，建立你的第一个轮换幻灯片。
- 设计（或重新利用）一个痛苦表，以便即时发现。

对于有经验的售前或售前经理：

- 在演示过程中寻求与听众互动的机会。
- 注意所有小的设置细节。
- 将多媒体作为心跳策略的一部分。
- 通过加入一些收益来完善痛苦表。

CHAPTER 13

本章目标

- 从客户的角度看演示。
- 学习如何构建一个演示路线图。
- 了解路线图的实际用途。

构建演示路线图

> 有追随地图的人,也有制作地图的人。
> ——阿尔贝托·维罗尔多(Alberto Villoldo)

你是否有过这样的演示经历:客户感到困惑、迷惑,并最终完全迷失了。你发现自己在说"我们现在要展示的是……"和"接下来,你会看到……",但你却听到"等等,倒回去,你刚才做了什么?"或"这个我们10分钟前不是已经看过了吗?"这些都是你的客户对他们所看到的东西在概念上有异议的迹象。想象一下,你的演示是一段旅程——客户花了很多时间来弄清楚你是左转还是右转,或者他们是走这个出口还是下一个出口,以至于他们错过了沿途美丽的风景!

本章将使用心跳法和注意力理论来构建和设计一个演示。最终,你的客户会有更多的时间去欣赏那美丽的风景(业务和技术上的收益),花费少量的时间了解你在哪里,以及你和你的鼠标在做什么。

演示之痛(客户视角)

我们通常把痛苦这个词与客户希望你能帮助他们

解决的业务问题联系起来。然而，与演示相关的痛苦的另一面是客户在观看一个糟糕的演示时的实际痛苦。从潜在客户的角度来考虑观看演示或演讲的下面三个基本问题。

1. **知识的诅咒**。演示者（也就是你！）经常受到知识的诅咒[1]。你已经演示过50次了，你知道并理解你的解决方案和由此产生的流程。但这是客户第一次看到你的演示。你对客户真正"知道"的东西做了太多的假设。哪些东西是显而易见、你不需要提及和解释的？对你来说可能是一个直观的用户界面或功能名称，但对你的听众来说却完全是个谜。

2. **注意力**。客户的注意力瞬间游离——与此同时，一个新的屏幕画面突然出现，他们不好意思承认自己迷路了。

3. **谋杀之谜**。客户对熟悉的事情感到非常舒服，所以一个谋杀推理的演示（"猜猜接下来会发生什么？"）会让他们感到不舒服。他们不知道你要去哪里，甚至不知道这是否与他们有关。客户希望成为演示旅程的一部分，成为计划的一部分。

> **案例研究：迷茫与困惑（第一部分）**
>
> 我们的客户委托我们在销售会议后采访潜在客户，了解会议的实际效果指标，其中就包括演示的清晰程度。我们（震惊地）发现，虚拟会议中78%的客户，以及现场会议中54%的客户认为，他们在演示过程中一度变得迷茫和困惑。这使得他们有一半的时间走神了，并极少关注接下来的内容，这样更强化了他们"你们的软件很复杂"的看法。大约30%的演示是为同一听众重复进行的。
>
> 我们对第二个客户进行了类似的研究，在虚拟/现场环境中感到迷路和困惑的数字，分别为74%和55%。其他业界证据也支持这一数据。因此这个方面有很大的改进空间。

引入演示GPS路线图

把你的演示/介绍比喻成一个旅程，在你开始之前，客户需要知道以下三个问题的答案。

（1）我在哪里？这就是起点。要客户确认：你所展示的当前状态（基于你的业务和技术发现）就是他们的当前状态。

（2）我要去哪里？最终目的地是什么地方，我为什么要去那里？

---

[1] "知识的诅咒"这个词在1989年被首次使用，是指一个人与他人交流时，不自觉地假设他人有充分的相关背景知识，可以理解他说的内容，这个认知偏差被称为知识的诅咒。https://en.wikipedia.org/wiki/Curse_of_knowledge。

（3）路线是什么？需要多长时间，是否有危险，沿途有哪些地标？进一步地，他们还想知道他们是否可以自己开车，雇用司机，或采取其他形式的交通。

想想你的汽车、平板电脑或其他移动设备中的GPS。输入一个起点和终点，它就会生成一条建议的路线。使用苹果或谷歌地图，你甚至可以得到一份漂亮的老式街道打印版，上面列出所有的转弯和景点。这是对你旅行的有力支持。

一旦你开始出行，你就可以查看GPS地图，随时能够了解你当前的确切位置。如果你是坐在后座的乘客，没有任何形式的地图，你就把完全的信任（和责任）交给了司机。你认为司机知道他们要去哪里，采取最有效的路线，并检查过交通路况和事故信息。一个有能力、有洞察力的司机可能还会问你是否有什么特别想看的东西。你的客户并不总是那么信任你，但如果你用老方法演示并带他们进行神奇的神秘之旅，你就会期待这种信任。其实还有一种更好的方式。

建立演示GPS路线图

根据先向他们展示烘焙好的蛋糕的原则（来自第12章），图13.1 显示了一个完整的演示路线图。建立这种路线图有三个主要步骤——三个C，即分块（Chunk）、内容（Content）和点击（Click）。这个过程对新演示和将现有的演示改造成路线图都同样有效。对于目前正在使用的演示，它可以帮助分析演示脚本或视频记录。

演示 GPS 路线图的示例

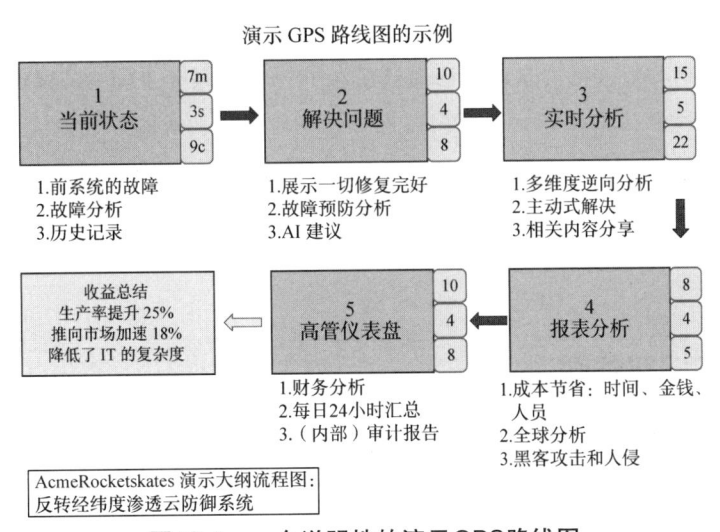

1 当前状态	7m / 3s / 9c
1. 前系统的故障 2. 故障分析 3. 历史记录	

2 解决问题	10 / 4 / 8
1. 展示一切修复完好 2. 故障预防分析 3. AI 建议	

3 实时分析	15 / 5 / 22
1. 多维度逆向分析 2. 主动式解决 3. 相关内容分享	

收益总结
生产率提升 25%
推向市场加速 18%
降低 IT 的复杂度

5 高管仪表盘	10 / 4 / 8
1. 财务分析 2. 每日24小时汇总 3.（内部）审计报告	

4 报表分析	8 / 4 / 5
1. 成本节省：时间、金钱、人员 2. 全球分析 3. 黑客攻击和入侵	

AcmeRocketskates 演示大纲流程图：
反转经纬度渗透云防御系统

图13.1 一个说明性的演示GPS路线图

1. **总体分块**。将你的演示分成合理的小块或段落。理想情况下，一个演示中应该有三块，每个块时间应该少于 12 分钟。将类似的能力整合在一个块里（当转换角色时，新建一个块）。给每一个块做个文字标签，如当前状态、报表或接口。

2. **选择内容**。每个块中，你最多保留三个主要能力或特征。如果你需要展示 3 个以上的项目，你可以把这块内容分成两部分。每一块内容都应该与你在发现过程中发现的一个收益相关。接下来，用 3 个主要项目给每块内容做注释。

3. **计算点击次数**。对于每块内容，计算或估计所需时间（分钟）、将展示的独立屏幕的数量，以及你需要推动演示所需的点击数量。将分钟数、屏幕数和点击数记录在大块标签右侧的小方框内[1]。

恭喜！你现在已经建立了第一个演示 GPS 路线图，可以按以下方式对它进行微调：

（1）对每一个大块进行编号。

（2）这是一个旅程，所以用箭头连接每个大块的盒子，在各部分之间移动。

（3）至于地图是一页还是两页，请自行判断。这通常是由字体大小决定的。

（4）检查分钟—屏幕—点击（MSC）的比率。虽然没有硬性规定，但在 5 分钟内看到 16 个屏幕或每分钟超过二次或三次的点击就意味着演示过快。你的目标应该是尽量减少 MSC 的数字。

（5）选择客户易于接受的术语。例如，针对业务受众的措辞可能与针对技术受众的不同。

技巧提示：运用常识

一个网络安全领域的客户在我们的研讨会上为他们的标准演示制定了路线图。在做出了流程大纲之后，他们意识到他们试图在 35 分钟内展示 19 个不同的功能，甚至没有一个用例。难怪他们的客户会感到困惑。退一步讲，丢掉知识的魔咒，运用常识评估不同的安排对演示效果的影响。仔细观察，图 13.1 中的一个块值得进一步研究和简化——你会怎么做？

使用演示GPS路线图

你可以在演示之前、期间和之后使用路线图。

在演示前几天将路线图发给主要的客户联系人，并要求他们打印出几份（如果是在会

---

[1] 译者注：以图13.1第一个块为例，它需要7分钟，有3张幻灯片（屏幕），需要9次点击。

议室里开会）并分发给与会者。这个步骤可以请客户确认你要展示的内容，并可能有助于一些演示流程的定制。

在演示过程中持续使用路线图作为参考点。例如："我们刚刚完成了第一部分，它考察了当前的状态、故障分析和失败的历史。"如果有人迟到或不知道演示的当前进展，也可以参考该地图。最后，当客户（或销售人员）问起你打算稍后展示的那些特征或能力时，你可以回答："是的，我们会在第四部分展示这个报表功能。"我曾见过售前在会议室的大白板上快速勾画路线图，为听众提供一致的锚点。

演示结束后，你可以重新发送一个地图的更新版本，其中可能有一些特定的客户产品或系统名称，以及你所做的任何补充或调整。

售前团队可以收集演示 GPS 路线图，并在更高的战略层面创建一个可重复使用的地图库，再加上一些可用的演示自动化工具，可以在销售周期的早期大大减少演示的准备和交付时间。使用我们在第 6 章讨论的关于可视化收益的技巧，想象一下，一个销售人员问你："我们能不能从地图库中提供第 19 号演示方案？"

> **案例研究：迷茫与困惑（第二部分）**
>
> 演示的 GPS 路线图产生了实际效果。一位客户创建了一个演示地图库，以至于销售人员要求"请提供第五号演示"。最初与我们合作的两个客户报告说，客户对他们演示的满意度平均提高了 19%，"再给我看一次"的重新演示[1]减少了 75%，收入转化率（使用原始美元和英镑计算）增加了 24%。

> **技巧提示：你需要多少张地图？**
>
> 你不可能为每一个可以想到的演示都建立一张地图。相反，你应该专注于标准的、可重复的演示——这些演示通常占你的演示活动的 80%——为每一个演示创建一张标准地图。

总结

路线图不会解决你所有的演示流程和客户互动问题，但它会解决很多问题。通过提供一个可视化的参考点，你的客户将感觉到更多的参与感，不会迷失方向，更不可能因为

---

[1] 关于重新演示，他们的内部术语是"mulligan"，这个词是从高尔夫运动中借来的，指的是在打完糟糕的一击后给对方提供了免费再击一球的机会。

他们提出的问题让你偏离轨道（因为路线图告诉他后面会讲到这个问题）。你的收益是：你将打败知识的诅咒，你传达的信息将会被记住，你的转换率将增加。我用导游的一句话来结束本章："路线图会告诉你一切，除了如何把它重新折叠恢复原状。"[1]

技能培养建议

对于新售前：

- 首先，为一个标准的、现有的演示建立一个路线图。
- 与客户一起使用路线图来确认演示议程。
- 与你的销售同事合作，使他成为你在演示期间标准操作程序的一部分。销售人员也应该熟悉该地图。

对于有经验的售前或售前经理：

- 使用 MSC 框图对演示进行微调。
- 在地图上试验其他（或有条件的）路线。
- 建立（和分享）一个标准的路线图库。

---

[1] 译者注：游览地图通常很大，你拿到的时候一般是多页折叠在一起的，但是当你看完地图，想折叠回去、恢复原样的时候，你会发现并不是很容易。

CHAPTER 14

本章目标

- 了解虚拟和现场售前演示之间的关键区别。
- 强调充分利用演示平台的重要性。
- 涵盖了有效虚拟演示的应做和不应做的技巧。

远程演讲和演示

> 如果你总是做你一直做的事,你将总是得到你一直得到的东西。
>
> ——阿尔伯特·爱因斯坦(Albert Einstein)

高速互联网接入、在家工作和在线会议平台能力惊人的进步交织在一起,给我们与客户的互动方式带来了重大变化。这种影响最值得注意的莫过于基本的产品演示或介绍。长期以来,演示一直被认为是售前(被称为演示骑手)的核心职责。任何影响到演示的**方式**或**原因**的东西都会对我们的日常工作习惯产生实质性的影响。

甚至在新冠病毒大流行之前,越来越多的销售会议已经通过网络远程进行了。在北美,即使是高度依赖现场沟通的战略售前团队,远程客户会议的比例也高达50%。在欧洲、中东和非洲的大部分地区,这一比例为30%,在亚太地区略低于20%。从2014年到2019年,虚拟与实体的比例改变了几个点,虚拟会议开始增加。2020年和2021年则从根本上加速了这一转变[1],并引发

---

[1] 一个证据是Zoom Communications的季度收入在三年内从6 000万美元增长到9.56亿美元(https://investors.zoom.us/)。

了底层基础技术亟须的改进。

这一转变还显著体现在两个外部影响上。第一，是每一个售前（和销售人员）都接受并学习了这项技术。第二，客户也慢慢接受了远程会议。因此，你不再需要解释如何使用在线聊天或共享屏幕。

在本章中，我们将研究远程演示的基本前提（为了简单起见，我将使用**远程演示**这个包罗万象的术语）、远程互动与现场互动的优缺点，以及"了解你的客户"这个售前的口号。了解你的技术，了解你的产品/演示。

基本前提

使用网络会议的理由有两个方面。第一，与乘坐飞机、火车或汽车去见你的客户相比，它可以节省大量的时间和金钱。第二，它可以让你的接触范围更广，因为你可以很容易地与多个时区和国家的听众建立连接。企业界的最佳实践表明：网络沟通现在是与客户互动的主要方式，而面对面的会议已经成为例外。实际上，每个售前部门都有某种形式的内部售前团队，至少负责处理最初的会议、前端与客户互动，以及中小企业市场的服务。在有些业务模式中 90% 以上的客户互动都是以虚拟方式进行的。

然而，就像你所掌握的其他工具一样，你的工具包里有这个工具并不意味着你必须总是使用它。在很多情况下，面对面的会议比虚拟会议更有优势，尽管它可能更难安排。记住那句工匠的格言："当你只有一把锤子时，所有的东西看起来都像钉子。"

优势和劣势

除了财务方面的考虑和生产力的提高，远程演示的主要优势是：它易于和客户高层进行沟通，成本低廉，每天都能够多次互动，从而加快了销售周期。此外，你不再需要在你忙碌的日程中安排旅行，客户安排虚拟会议比现场会议更方便。当处理多个时区的会议时，这是一个显著的优势。在双方同意的情况下，你也可以在短时间内重新安排会议时间。

对售前来说，另一个重要的优势是，你的参考资料和备份材料可以在不被人知道的情况下随时使用。例如，你可以把演示脚本或演讲文稿放在你的桌子上，在一个单独的浏览器标签页中打开技术规格表，打开预先计划好的一组问题，甚至是一些竞争定位的笔记。与面对面的会议相比，这种可及性是一个经常被忽视的好处——尽管这是多年来内部售前都知道的事情。

主要的缺点是：你和客户不在同一个房间里。即使有视频，你也只有有限的能力来了解会议里的听众情况。你失去了第11章中提到的许多非语言技巧的好处。要判断客户是否专心或做笔记变得更加困难，这也抑制了参会者之间的相互作用和交流。许多售前从业者发现虚拟环境更让人在精神上感觉疲惫和费力，因为你必须在整个过程中要有意识地注入能量，而没有持续的身体语言反馈的好处。一个接一个连续的网络会议的不良做法进一步加剧了这种能量消耗。

> **技巧提示：网络摄像头的力量**
>
> 现在所有的虚拟通信工具都包括一个网络摄像头选项，尽管不是每个人都使用它。2020年1月的一份福布斯洞察力报告研究了网络摄像头的影响。结果不言自明。当网络摄像头被打开时，与只使用音频和屏幕共享时相比，整体沟通质量提高了62%，参与度提高了73%，理解水平提高了50%。因此，打开网络摄像头，并鼓励你的客户也这样做吧！

尽管你每一次虚拟会议都带着放肆和激情，但你应该假定你是在与电子邮件、智能手机、开着静音和关闭视频的私下聊天，甚至是与紧闭的办公室门后把脚放在桌子上的人竞争。你和你的销售伙伴就有责任积极地与听众互动，有效传递你的信息。我们不准确的估计是，与实体会议相比，效率下降约60%。

了解你的客户

销售团队应该像参加现场会议一样对待每一次虚拟会议，甚至应该投入更多身心。这意味着先要进行完整的发现（如果那是你的销售方式），了解谁会参加会议，以及所有参会各方需要得到什么才能使其成功。准备工作还包括设定明确的会议目标（关于MARS-BARS的信息，请参见第20章），并按照第10章至第12章的建议进行全面的计划。

对于内部售前来说，时间限制可能决定了你不一定能完成你所需要的全部准备活动。例如，在一天内有五到六个每次1小时的演示会议是很常见的[1]。在这种情况下，销售人员或业务发展代表与售前之间的交接就很关键。你能得到的信息越多，准备工作就会做得

---

1 这是一个把演示自动化的好机会，也可以创建独立的或由售前辅助的演示，以替代"一天六次"的日常工作。

越好，即使你只是对你的材料进行口头表达的调整，而不是像定制幻灯片或演示数据这样的实际调整。

> **技巧提示：让团队看起来很棒**
>
> 销售团队中每个人都有一个不成文的目标，那就是让你的队友看起来很棒。举个例子，你说"我仔细查看了罗宾（Robin）对你们之前的讨论所作的全面记录，我还有几个相关问题。"而不是说"罗宾只是涵盖了基本的内容"，或"你与罗宾的讨论中有一些事情没有涉及。"当然，罗宾的笔记很可能很糟糕或不存在，但客户不需要知道这些！

你还需要仔细考虑会议的议程和总体时间。你有 60 分钟或 90 分钟，并不意味着你必须用光所有的时间。想想如果计划 60 分钟的会议 50 分钟就结束了，你好像就多了 10 分钟的时间，你心里是什么感觉？客户记得这种感觉！我建议你根据客户的实际注意力来设定整个会议的长度，而不是你觉得你必须涵盖多少内容。我问过我早期的一位导师：一次销售会议的完美长度是多久？她狡黠地笑了笑，回答说："足够长就好。"表 14.1 展示了按目的划分的虚拟会议长度的建议。此外，你还应该把下面案例研究中的"虚拟会议税"概念应用到这些建议中。

表 14.1　网络会议时长推荐

目的	建议长度
向业务或高管人员介绍	30 分钟
初步推销或演示	45 ~ 55 分钟
培训	75 ~ 90 分钟
全功能完整介绍和演示	90 分钟或两个 60 分钟

> **案例研究：虚拟会议税**
>
> 来自澳大利亚的售前领导人肖恩（Sean）解释了"虚拟会议税"这个新税种："去年，我们制定了一项新的客户会议政策，决定所有的初始会议和标准演示的长度应该是 50 分钟。我们还考虑到了我们的首席运营官所称的虚拟会议税——即每次会议都会延迟 5 分钟开始，在最后 5 分钟内你会失去 50% 的观众。我们决定调整为 45 分钟更务实，如果事情进展顺利，那么最初计划的 50 分钟（例如 11:00—11:50）将延长到 60 分钟。这样一来，我们的演示就不那么匆忙了，因为演示总是最后一个重要的议程，而且给了售前更多的时间来以更合理的速度介绍材料。大家都很高兴。售前发现会议的压

力变小了；销售代表也不必再安排那么多的后续会议（以涵盖我们在第一次会议中没有时间讲述的内容），而客户也很高兴，因为我们没有在他们繁忙的日程表上塞满 60 分钟。我们还注意到，从第一次会议到第二次会议，总体上提高了 6%～7% 的成功率。"

了解你的工具

每个网络会议平台都不同。Zoom 的工作方式与 Meet、Teams 或 WebEx（足够）不同，你需要花时间去探索每一个可用的菜单选项和附加功能。此外，你应该确保你的"会议基础设施"都运转良好，这包括声音、网络摄像头和环境/位置。

先谈谈网络摄像头，笔记本电脑内置的网络摄像头很少质量足够好，并且限制了你的位置和观看选项。我强烈建议使用一个独立的网络摄像头（在撰写本文时至少是 1080p），并将其夹在设备或显示器的顶部。摄像头需要足够的光线，以便人们可以看清你的脸，并且你的肤色看起来会很自然。如果你身后有自然光——比如窗户——会导致逆光，你好像生活在阴影中。相反，光线应该来自前面或一个环形灯，照亮你的脸。此外，为了让你看起来更专业，你要准备一个干净的背景，如书架[1]，或使用虚拟背景（如果虚拟背景做得不好就不要用），可以考虑将你的企业标志谨慎地放在该背景中。

声音和音量在虚拟环境中尤其重要。正如第 11 章所指出的，如果客户难以听清你的声音，他们会迅速走神不听了。因此，只有在不得已的情况下才使用内置麦克风。否则，使用耳机或独立的专业麦克风（Blue Yeti 是一个很好的选择）。检查音频设置以减少和自动补偿背景噪声。我在几个小时的研讨会中会使用 David Clark Pilot 的耳机，它是令人难以置信的舒适[2]，还具备内置降噪功能。

每个工具都有一套不同的特色和功能。表 14.2 给出了一个例子。你要学习如何使用这些工具，并将其纳入你的客户互动中。

表 14.2 探索和使用网络会议工具的功能

功能	说明
屏幕共享	可以共享你的屏幕、一个应用程序、甚至只是一个浏览器标签页。一般建议是尽可能少地分享（仅分享一个浏览器标签页还是整个屏幕？）

---

1 我有意在书架上放置对方可能感兴趣的物品，如板球、木头大象、这本书的副本和一个旧咖啡杯。它们经常作为破冰之物来启动对话。
2 这个耳机戴上去可能会让我看起来有点怪异，但从来没有人说他们听不到我说话，也没有人问起背景中的狗叫声。

续表

功能	说明
聊天	在会议中与参会人员（特别是与我们的销售人员）交流。还能分享参考资料的链接，从参会者那里获得反馈意见——特别是参会人数超过 6 个人的时候
参会者列表	会议参与者的名单。检查是否有举手或表情符号的反应
问答	在面对大量听众时，一个储存问题的位置，不要接到问题就立即回答
投票	对问题请听众进行投票；适合于听众人数较多、破冰，甚至是测验的场合
白板和注释	能够以视觉方式解释一个概念或回答一个问题，或突出幻灯片上的关键点（技巧详见第 15 章）
分组讨论室	用于将听众分成两个或多个小组。在涵盖技术和业务不同主题或与技术管理员进行深入探讨时，是非常好的选择（其他人都不关心这个问题……）
语音转文本	对于记录讨论内容、问答、不同语言的听众，都有不可思议的价值
翻译	转录后的下一个步骤。将你的演讲转换为字幕，或者翻译成其他语言
暂停	暂停或冻结你正在分享的内容。当出错或你需要在"幕后"进行操作时，这很有用
表情符号/反应[*]	掌声、笑脸、快点、慢点等

* 但要注意：美国式的"一切都好"的大拇指点赞在中东有着不那么令人愉快的含义。

作为对网络会议工具的补充，软件插件可以使你的客户互动更加难忘、有趣和有吸引力。比如视觉互动功能，它不是简单的投票，而是允许在会议中创建图表、文字云和列表回复。还有迷你广播演播室软件，可以创建场景，提供多个虚拟房间，并将白板、幻灯片和扬声器整合在一起。这类产品的名单每个月都在增长，它们极大增强了传统网络会议工具的能力。

> **技巧提示：阅读（在线）手册**
>
> 每个工具都有一个在线手册或一套全面的帮助截图。把它们都通读一遍。你会发现，特别是在管理/设置模式下，有一些真正有用的小功能。例如，我最近了解到一个功能：如果担心一个参会者把屏幕截图保存时可以在敏感材料上加水印！此外，可以参加专业机构的培训，那里有专业的老师教你，也为你提供一个学习、实验和获得反馈的环境。

最后一项技术是不起眼的鼠标或指向性设备。大多数软件产品和幻灯片的背景是白色的。默认的鼠标图标是白色的，还小得令人发指，这是经典的暴风雪中的白猫效果。如果客户花费脑力去寻找你的鼠标，他们就没有在听你说话。你应该立即采取两个步骤。第一步是改变你的鼠标图标。把鼠标调成深色/反色，并放大图标（这通常在鼠标设置中）。第二步是使用网络会议工具的注释或其他设置来高亮鼠标或购买鼠标增强软件或硬件。在硬件方面，这可以让你的指向性设备聚焦或放大屏幕的一部分。另外，一些网络会议工具或软件可以让你把鼠标变成激光指示器或模糊的红/蓝球（像 GPS 地图）。然后，你可以直接用鼠标来注释和突出屏幕的某一部分。所有这些都应该是售前工具箱的重要组成部分，值得进一步调研和投资。

> **技巧提示：谨防"活泼鼠标综合征"**
>
> 我的同事和演示大师 Peter Cohan 创造了一个短语"活泼鼠标综合征"。它描述了这样一种情况：售前在屏幕上疯狂地移动鼠标，像鲨鱼捕食猎物一样在幻灯片上画圈。还有一种让人生气的情况是，当售前在说"如果你看这里"的时候，鼠标在不停地移动，这让客户头晕目眩，不知所措。

了解你的产品，了解你的演示

虽然售前可能受制于底层的网络会议软件，但在虚拟房间里比在实体房间里实际的演示环境更容易控制。你有其他的团队内部沟通工具，桌上的参考资料，屏幕暂停功能，等等。这些都使你的工作更加轻松，抵消缺乏实时面对面互动的部分影响。因此，对于演示失败或一系列"我不知道"的回答，再也找不到借口。

反直觉的建议是不要再想着你的产品知识，而把自己放在客户的位置上。一个售前可能会爱上他们公司的产品和演示，以至于他们说得太多了（"很酷，真的特别好"，但是这个功能你的听众未必用得到）。你的演讲和演示每进行几分钟，就应该暂停并进行互动或验证。参考第 13 章的演示 GPS 路线图的方法，你可能想有意识地计算每段演示中停顿反馈的次数。

（经客户允许）录制你的演示[1]——真实的客户会议，或者你的排练。寻找以下输出：

1. 使用一个监测工具来记录你什么时候说话，说了多长时间，以及客户说了多少次。结果可能会令人难以置信、富有洞察力，可能会给你一些关于修改你演示流程和沟通方法的线索。

2. 另外，注意你使用你们公司名称和产品名称的频率。大多数客户并不关心你的产品叫什么，更不关心你的版本号——他们关心的是产品的作用以及如何帮助他们。

---

[1] 你可以使用基本的网络会议工具功能，或者使用专门的会议指导和提示工具。

3. 你每隔多久进行导航性说明？就是谈论你的鼠标在做什么（点击、拖动、按钮），而不是谈论鼠标动作的结果和成果。

4. 使用客户名称。

5. 哪些行为产生了最多的提问、互动或积极反应？

6. 摄像头的使用。你是在看网络摄像头——因此也是在看客户——还是在看你的屏幕，因此看起来是在远离他们？

总结

网络会议技术让你更多地生活在虚拟演示世界里，因此要接受并不断提升你使用相关技术工具的能力，并应用到你的演示和演讲中。利用前几章中讨论的所有资源——轮换幻灯片、后勤信息表、议程、演示 GPS 路线图以及注意力曲线的心跳理论。它们在支持完美的网络会议中都起着至关重要的作用。然而，不要忽视，即使技术和技巧包围了一切，最终还是取决于你自己！

技能培养建议

对于新售前：

- 了解你的网络会议工具的所有功能。阅读在线手册。
- 录制一些你的演示并进行分析。
- 请一个独立的第三方（不是工作同事）查看你的家庭办公室设置，并请他提供意见和建议。
- 利用网络会议工具功能，安装鼠标增强软件，或购买提供聚光灯功能的演示工具。

对于有经验的售前或售前经理：

- 建立一个"演示罪行"的清单。这些都是令人发指的行为，导致客户失去注意力或产生不必要的问题。
- 使用附加工具以加强你的虚拟会议效果。
- 举办演示比赛，在小视频片段中萃取团队最佳实践。

CHAPTER 15

本章目标

- 了解白板的优势以及如何把它融入销售过程。
- 学习如何创建一个8~10分钟的视觉小插图。
- 利用白板最佳实践，获得最佳效果。

白板和视觉销售

> 如果你在销售会议中做的第一件事是展示PowerPoint，那么你将被解雇！
>
> ——斯科特·利利斯（Scott Lillis）
> Veeam软件前销售工程副总裁

去年，我无意中听到一个客户对我的一个客户说："我每个月看一千张幻灯片。我为什么要关注你的幻灯片？"这真是一个发人深省的问题！尽管幻灯片可以是一种有益的销售和教育工具，但它也会像大多数工具一样，被过度使用，并随着时间的推移而变得枯燥乏味。在今天的企业界，毫无疑问地存在着PowerPoint疲劳症。"死于PowerPoint"不是玩笑——这个月你看过多少张幻灯片？你讲了多少张幻灯片？你能记住多少？——这里有一个更好的方法。

白板的力量

就定义而言，我把任何视觉形式的绘画都归为白板画，而成品称为白板。这包括使用经典的白板、海报板、一张普通纸、众所周知的餐巾纸背面、桌布、玻璃窗，以及平板电脑或基于触摸屏设备的绘图应用程序。然而，在整理了我们过去10年中培训的2万多名销售和售前专业人员的数据显示：白板是一门失传的艺术。只有不到15%的学生在上课前使用过任何形式的视觉销售技巧。在虚拟环境中，这个数字下降到5%以下。

白板的明显优势是：它是互动的、可定制的、个性化的、协作的，适应于各种场合。利用白板画出他们的解决方案架构的售前，比展示企业产品经理预先制作的幻灯片的售前，能够获得更高的个人可信度。参照第10章的注意力曲线，白板是一个适合于演讲中产生心跳效应的好工具。仅仅因为与众不同，它就产生了客户注意力的激增。

案例研究：虚拟白板的投资回报率

一家中等规模的安全公司希望提高其竞争力水平，与两个最接近的竞争对手凸显差异化。售前团队决定尽量减少使用一些非常漂亮的、专业设计的谷歌幻灯片。取而代之的是，他们用可视化的方法来展示他们的（1）客户成功故事，（2）商业价值收益和痛点链，以及（3）竞争差异化要点。我们为他们全球售前团队举办了一系列的研讨会，然后他们内部进行了一次比赛，激发大家创造和分享最佳虚拟小素材。然后，售前团队利用这些小素材创建了一系列标准的白板包，作为各种可视化的基础。在接下来的200天里，他们获得表15.1中的结果。

表15.1 该公司视觉销售的真实收益

指标	结果
销售团队使用的幻灯片/月	总体减少60%
销售会议的平均长度	下降12%
第一次会议到第二次会议的转化率	增长44%
售前人均营业收入	增长36%
自愿高管会议（客户同意邀请高管参会）	增长52%

白板的缺点

公平地说，视觉方法也有一些缺点。由于空间有限，绘制复杂的解决方案可能具有挑战性（即使支持缩放功能）；在现场会议里，大量观众可能会看不清楚白板；白板工具[1]可

---

1 过去只需要笔和能画东西的载体。现在它包括手写笔、电池等。

能并不总是随时可用，使用传统的笔来画白板可能会变得相当混乱和不清楚，除非你大量练习过。一般来说，除非对白板工具有深入的了解，对绘画技术和实践有很好的掌握，否则售前不会愿意使用白板。还有人担心书法和艺术能力的问题，尽管这些问题可以通过平板电脑技术的"清洁和整理"辅助功能得到一定程度的缓解。最后，还有保持客户注意力的问题，以及个人草图不如专业幻灯片的整体专业性问题，特别在高管或政府会议中显得尤为突出。

在销售过程中使用白板

白板几乎适用于销售周期的任何阶段，从客户业务资格评估和初步的技术/业务发现，到高管汇报、签单结束。以下是我体验过的白板有效的一些领域：

- 需求发现

    绘制客户的当前架构；

    确认需要优先解决的当前业务问题；

    对障碍和收益/痛苦的初步看法。

- 解决方案设计

    当前状态与未来状态的比较；

    如何消除障碍的视觉化表述；

    与客户协作。

- 技术评审

    具体说明一个功能或系统是如何工作的；

    竞争对手比较；

    速度和接口的汇总表。

- 高管会议

    总结当前问题、业务驱动因素和建议的解决方案；

    财务/投资回报分析总结。

- 随时随地的讨论

    画在餐巾纸背面；

    画在幻灯片上。

入门

你可能认为白板是一种临时起意使用的工具,然而效果最好的白板展示是那些你以前设计和练习过的白板——它们只是在客户看来是临时性的。我建议从一组 8～10 分钟的白板小插图开始,你可以在多种情况下使用。为了创造一个这样的小插图,你要专注于两个平行的设计流。

整体内容

使用第 10 章中描述的记忆留存信息 + 三个关键点(RM+3KP)公式。把这些内容写下来,并花一些时间确保它们是<u>令人难忘的</u>(memorable)、<u>有趣的</u>(interesting)和<u>有说服力的</u>(compelling)(这 3 个特征简称 MIC)。例如,在为 ACME 太阳能电池板准备陈述时,表 15.2 说明了 RM+3KP 的输入。

注意使用规范的词汇,如**最低**和**减少**,以及"20"的三次重复,使信息更有黏性、更难忘记。对此销售工程师们可以从营销人员那里得到一些建议。

表 15.2　RM+3KP 例子,用于 ACME 太阳能电池板

记忆留存信息	ACME 太阳能——3 个 "20" 的差异
关键点 1	安装简单:只需 20 分钟
关键点 2	最低限度的维护:每隔 20 个月维护一次
关键点 3	减少水电费用:可以节省 20% 的费用

视觉展示

视觉可视化部分是一系列的帧,很像幻灯片的制作,每一个都包含大约 15～20 秒实际的绘画动作。通过逐帧画出你的草图,你可以立即创建整体流程并确定各部分在画布上的位置,而不是边画边想。如果你曾经在画板上画过草图,在边缘处没有地方画了,或者最后把丑陋的箭头从画板的一头画到另外一头,这就是缺乏练习和准备。

白板技法101

在你拿起笔之前,有必要考虑一些可以成就或者毁掉你的视觉演示的基本要素。这是因为售前和销售人员都太专注于他们要画**什么**,而忘记了他们将**如何**去画!下面的这些

最佳实践，一部分同样适用于真实白板和虚拟白板，而另一些在一个环境中可能比在另一个中更重要。

姿态

在使用白板时，很容易背对着听众。出于许多原因，这是一种糟糕的做法，比如：

- 你失去了与听众的眼神接触；
- 你的声音投射在白板上，而不是直接传到听众的耳朵里；
- 在许多文化中，背对别人是不礼貌、不体面的。

一个秘诀是 90° 或激光射线视角。在任何时候，你的脚都不应该与白板呈 90° 角。想象一下，一束激光从白板上射出，射向房间的后面。你的脚，尤其是最靠近听众的那只脚，绝对不能从这束激光中穿过。否则，那道激光束就会把你的脚射穿，让你重新意识到你有一个封闭的姿态。这确实需要大量的练习才能做到，所以你需要坚持不懈，甚至看录像。

姿态准则的一个重要副产品是，你永远不应该同时说话和画画。否则，你就是在看白板，而不是在看听众。这种情况引出了白板的一个基本规则："白板没有钱，客户有，所以要看钱！"如果你能一边在常见的白板上画画，一边看着听众，你就是在浪费你作为售前的才能。

> **技巧提示：移动白板！**
>
> 当你有一块可移动的白板或海报板时，根据你是左撇子还是右撇子，你可以调整它的位置，把它放在一侧。这样你就可以最大限度地扩大白板对听众的开放面积。不要担心坐在前面角落里的人——他们自己选择坐在那里！对于海报板来说，站在它的一侧，把你的前臀靠在上面。这样一来，海报板本身就可以防止你踩到前面，尤其是大多数人的手臂足够长，可以到达海报板的另外一端。

在做虚拟演讲时，我建议（与做演示相反），你要一直打开你的视频，以提高参与度。这也使你能够挥动你的触控笔，突出任何其他你需要的道具（大家都知道我喜欢用经典的好莱坞导演的场记板来启动会议）。你也可以定期进行眼神接触，查看你的听众。另外，向后靠在椅子上，或站起来，而不是蹲在你的设备前。现在你的横膈膜没有被压缩，你有更好的声音控制和音调表现。

时间和块

块是一个售前的新时间单位，用于管理白板绘制的时间。它代表了一个不超过 10 秒的时间，是你画画并且不说话的最长时间（一般我们要么画画，要么说话，而不是同时进行）。一段足够长的时间让你在白板上画出许多图标或写下一些文字，但又不能太长，以免听众失去注意力和焦点。

由于缺乏信心或体内时钟出了问题，售前往往会匆匆忙忙地写和画。急于求成会导致错误和不整齐的、难以辨认的板书。这也是大多数售前认为自己书法不好的信念促成了糟糕的展示，而试图同时说话和绘画的多任务处理又加剧了这种状况。

在虚拟环境中，块的概念更为灵活一些。如果你把相关设备都布置合理，有可能边画边看听众，尽管我仍然不建议过度的多任务并行。你当然可以在说话时画一些简单的形状和箭头。然而，一旦视觉效果变得更加复杂，你就应该集中精力，最大限度地利用沉默的大块时间来整齐有效地画画。

> **技巧提示：解释你所画的东西！**
>
> 多任务准则的一个例外是，在绘制时解释你正在绘制的内容是可以的，比如"我们将在外围放置一个防火墙，这就是我们要处理来自……的加密网络流量。"当使用图标或符号来表达一个概念时，这种技巧也非常有效，例如为人工智能或机器学习画一个机器人。

韵律和节奏

教育专业的学生上学时老师就教他们在课堂上如何使用白板（或智能电子板）。他们学到的主要方法，如表15.3所示，是**触摸**（Touch）-**转身**（Turn）-**讲解**（Tell）（TTT方法）。这个方法完全适用于销售工程师，因为它推动了会议的节奏。

下面是对这一方法的一个简单说明。作为演讲者，你**触摸**白板（用张开的手或手掌，而不是指着）来指引内容。你通常会把注意力集中在你刚刚画的物体上。然后，你**转身**面对听众，**讲解**你刚刚画的图，再过渡一下，用一两句话，描述你将要绘制的内容。然后你再画下一个图，重复这个过程。这种节奏可以防止你对着白板说话，或在不说话的情况下画30～40秒。

表15.3 "触摸-转身-讲解"示例

绘制	我画出太阳能电池板电网和客户配电系统之间的接口。这最多需要10秒钟
触摸	我指着后面的接口，同时仍与听众保持大约90°的角度
转身	我面对听众，用手势和眼神接触让他们充分参与，确保我没有遮挡住图表

讲解	这就是接口安装的地方（例如："大多数安装只需要 20 分钟或更少……现在让我们看看为什么这很容易维护"）
绘制	重复这个过程

在虚拟环境中，你应该做的修改是：**转身**被解释为看向摄像头，**触摸**是由鼠标指针或荧光笔驱动的。

速度和书写

书法不佳和图表凌乱的首要原因是，售前试图写得和画得太快了。这主要是为了避免遗漏内容，并在短时间内涵盖太多的材料。试试下面的练习。

画一条垂直线，将你的白板分成左右两半。在一侧写上以下内容：你的名字、头衔、公司名称和一些简单的形状。让别人观察你的姿态和时间（这也适用于虚拟会议）。按正常状态书写。现在精确地写上同样的内容，但要多花点时间使其整齐可读。与草书相比，大写字母或印刷体是完全可以接受的。比较一下这两种写法的效果。

你会发现，前后（或者说是快速与整洁）花费的时间差别通常是 10% 左右。这一两秒钟的额外时间就能决定你的白板是专业美观又清晰可辨，还是一堆难以辨认的涂鸦。平板电脑中有许多电子白板提供了文字识别和自动辅助绘画的功能，这甚至可以拯救最没有绘画天赋的售前。

一般建议，传统白板上的字应该有 2 英寸（5 厘米）的高度，才会清晰可辨。在平板电脑上，你可以选择收缩和缩放，或按比例调整。如果你担心易读性，可以尝试从肩部发力书写，而不是用肘部或手腕写字。当然，在电子设备上则完全相反，你应该撑起你绘图的手以消除抖动。

艺术能力和图标化

丹·罗姆（Dan Roam）所著的《餐巾纸的背面》是视觉销售的最佳参考书之一[1]。丹认为：如果你能画出 12 种基本形状、字母、数字和货币符号，那么你就能在白板上把问题展示清楚，让人们更能准确理解它（见图 15.1）。当然，对于 IT 人来说，我们必须增加一个不同的形状，这就是"云"。还有一些特定解决方案的符号，你可能需要练习（例如，在安全领域，简单的锁和钥匙就很有帮助）。关键在于，任何人都可以画框，用文字填充，并

---

[1] Roam, D.. 《餐巾纸的背面》（*Back of the Napkin*）. 纽约：Penguin, 2009. 另见www.napkinacademy.com。

画出连接线。但你肯定不满足于此，你希望画出更高级的、更令人难忘的东西。图标化的原则是，如果你画的东西只有 20% 的正确性和逼真程度，然后告诉听众它是什么，他们就会在脑海里产生飞跃，把剩下的部分填充进去。请记住，它必须是概念性和标志性的，而不是艺术性的。你画的任何东西都不会被挂在卢浮宫里[1]！

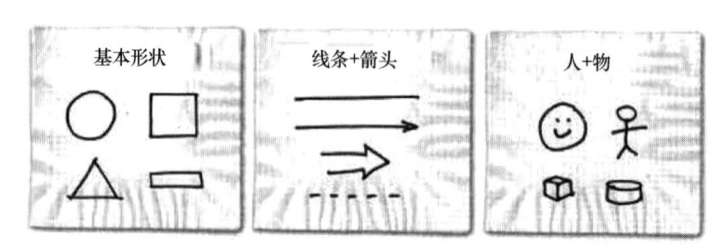

图 15.1　12 种基本形状（由 Dan Roam 提供并拥有版权）

> **技巧提示：创建一个图标库**
>
> 在我们的客户研讨会上，我们创建了一个图标库——标准图标的集合，售前团队可以参考这个标准库创建他们的白板。大多数团队都有 80～150 个这样的图标，这让售前团队中创造力较弱的成员画白板也更加轻松。你可以以任何你希望的方式对这个图标库进行分类。我们通常建议按标准问题来划分库，如谁 / 什么、哪里、什么时候、多少、为什么和如何？许多公司也有以 JPG 或 SVG 文件库形式存储的标准图标，售前可以在平板电脑上访问和利用。

色彩的影响

色彩的使用反映了你所画的内容，并具有心理上的影响（表 15.4）。你的标准颜色应该是黑色。用黑色表示现在的情况。用红色来强调我们称之为"痛点"的内容，来表示客户所面临的挑战和困难。用绿色画出你的解决方案（理想状态），显示它如何独特地解决红色问题。用蓝色表示权威判断、分析师和客户的反馈，以及任何能支持你的事实或数字。

表 15.4　颜色的心理学用途

笔的颜色	在什么情况下使用该颜色
黑色	目前的状态，现状。默认颜色

1　所以你可以尝试使用绘图自动辅助功能。我学会了如何用 Jamboard 画袋鼠和陨石，并成功地将这两样东西纳入到客户演讲中。

续表

红色	客户/行业面临的问题和痛苦。用于竞争或突出一个非常重要的点
绿色	所期望的状态，你的解决方案如何运作。也用于金钱（在美国）和任何环保的东西。这往往是就是你要卖的东西
蓝色	权威。可能是客户的反馈、分析师的声明、投资回报率的数字、费用的减少，等等

对于95%的白板画，这四种颜色已经足够了。不过，你应该知道，一小部分男性人口有某种形式的红绿色盲[1]（在这种情况下，你可以省略其中一种颜色）。两个值得注意的补充是，在平板电脑上可以使用黄色作为高亮突出，以及在与荷兰人打交道时使用橙色。

> **技巧提示：注意你的颜色！**
>
> 在一些亚洲国家，红色被认为是一种幸运的颜色（黄色也是如此），所以在这些情况下不要在竞争中用红色。在拉丁美洲的一些地方，黄色与哀悼有关。在以色列，绿色可能与坏消息有关。对简单的解决方案使用一种颜色，对复杂的多供应商或多产品的解决方案进行比较时使用多种颜色。就可见度而言，棕色和紫色比黄色或橙色要好。永远不要强调其他品牌的官方颜色——所以如果与IBM竞争，你永远不要用蓝色写IBM。

售前同行分享的技巧

我们的许多好点子都是直接来自于我们研讨会的学生。下面的方法，可以使没有经验或不太自信的售前画白板更轻松：

- 在海报板上画画时，你可以事先用铅笔或绿笔勾勒出一个草图。别人看不到，而你会看起来像一个神奇的艺术家。在虚拟环境中，你可以从一个标准形状（如同心圆或相互连接的云）开始。
- 使用便利贴（包括实物和软件虚拟的）写数字更让人印象深刻。
- 可以用便签来做动画。这是一种在架构图中动态展示移动文件和数据（或病毒）的好方法。
- 将任何关键数字写在白板的顶部，在阴影的遮挡下，只有你能看到它们！
- 在电子白板上，创建一个最终页面，其中包含经常使用的图标和预先绘制的形状，你可以将其拖入你的工作页面上来。

---

1 红绿色的色觉缺陷是最常见的色觉缺失形式。这种情况对男性的影响比女性大得多。在具有北欧血统的人群中，约有1/12的男性和1/200的女性是红绿色盲。

- 使用一张幻灯片（或幻灯片的 JPG 图像）作为背景。这是一种将复杂的参考架构图纳入电子白板的好方法。
- 如果你的网络会议工具允许在演示时对幻灯片进行直接注释，请使用该功能。
- 可以像用物理白板（和多支笔！）一样轻松使用电子共享白板进行协作。
- 大多数白板互动遵循 1∶3 的比例。也就是说，你每画 1 分钟，就要讲 3 分钟。因此，8 分钟的演讲大约是 2 分钟的实际绘画和 6 分钟的谈话内容。

案例研究：我明白你的意思了

在我们的一次电子白板培训中，我们与一群来自北欧的一线售前经理合作。他们打算用一个互动的可视画板来取代幻灯片，以便在他们的高管简报研讨会和名为"可行的艺术"的设计课程上使用。在一天半的时间里，他们删除了 122 张幻灯片，并将会议长度缩短了 45 分钟。在第一次面向客户的试点会议后，他们报告了令人难以置信的结果。售前总监说："我们在与客户高管团队的两小时会议上创造了 1 200 万欧元的销售机会。当他们的首席技术官说'我明白你的意思了'时，我知道这将是一个巨大的成功！"

使用白板作为结案工具

如果你使用这些白板技巧，你将能够有效地进行沟通，销售你的产品和服务。这是一种即时可掌握的技能，星期二练习，星期三就能使用，并让销售人员、客户和你的经理感到惊叹。理想的结果是：你从客户那里得到实时反馈，你可以绘制和修改所需的解决方案，以满足他们的需求，并赢得项目。然后，在获得允许的情况下，如果是实体白板，你可以拍一张照片，再转换成幻灯片；如果是电子白板，就把最终白板分享给客户，让他们确认该图准确地反映了对他们问题的解决方案。如果客户同意，你就完成了多个目标：首先，你已经完成了需求分析和业务价值发现；其次，客户理解了你的价值主张；最后，你得到了技术评估者或决策者的支持。

技巧提示：事后整理

会议结束后，对白板进行整理，用打印体代替手写体，拉直线条和方框，并添加一些常用的标识和图标，让它们看起来更专业。然后，你可以与客户现场分享，只是不要让它看起来太过僵硬。视觉销售的部分乐趣就在于内容的不完美。

也许在向 IT 和业务部门销售时最有用的是，对于双方同意的解决方案设计，可以贴上标签并归功于设计该方案的团队（例如，"解决方案由索尼娅·史密斯和她伟大的云架构团队精心打造"）。也可以根据客户特定的地点、产品或部门进行个性化处理。你可以在客户的业务部门和其他部门重复使用这个图——一张图片胜过千言万语。

总结

有效地使用白板进行视觉销售是一个高可见度和高价值的技能。它为你提供一个与客户交流的替代机制，能使你立即从你的同行和竞争者中脱颖而出。你不需要有工整的书法和丰富的艺术天赋；你只需要结构化和简化你的想法。这是一个有创意的售前可以在销售过程中发挥作用的领域，你也会发现它在你生活中也有很大的价值。能够简单地解释一个复杂的主题是最受欢迎的售前技能之一。

技能培养建议

对于新售前：
- 选择三个主题来建立初始白板。
- 创建你的 RM+3KP，为白板内容设定框架。
- 熟悉电子白板和实体白板技巧。
- 练习使用白板，并对自己进行录像以获得他人反馈。

对于有经验的售前或售前经理：
- 为完成的白板框架和视频创建一个库。
- 发布一个图标库，并不断扩充。
- 分享最佳实践。与产品和营销团队合作。
- 记录你删除了多少张幻灯片。
- 把笔/触控笔递给客户，让他们画。

CHAPTER 16

讲故事

本章目标

- 审视在销售中使用故事的优点和缺点。
- 介绍皮克斯的七步故事轴。
- 学习如何微调你的技术故事并使之人性化。

> 营销不再是关于你所做的东西,而是关于你所讲的故事。
>
> ——塞斯·戈丁（Seth Godin）

讲故事的历史和人类语言一样古老。我们的史前祖先使用故事来理解他们的生活和自然界,以及他们周围的环境。故事是他们分享知识和保存历史的一种方式。你可以在拉斯科和苏拉威西的古代洞穴中看到画出来的故事,它们可以追溯到大约2万年前。

我们就生活在故事之中。回想一下,当你还是个小孩子的时候,坐在父母或祖父母的腿上。他们给你讲故事,你乐在其中,并逐步了解这个世界（他们也给你讲故事让你入睡——但这对一本关于售前的书来说不是一个积极的结果！）。从你生命的最初阶段开始,你就用故事来交流。作为成年人,我们继续讲故事,尽管我们并没有意识到这一点。一些研究显示,我们日常对话的65%都是基于讲故事[1]。

---

[1] 最早由Jeremy Hsu提出,载于《科学美国人》,2008年8月。见https://www.scientificamerican.com/article/the-secrets-of-storytelling。

然而，大多数售前告诉我："故事是为销售和营销人员准备的。我们处理的是产品或服务能够做什么、效果是什么的现实。这是我们最舒服的环境。"讽刺的是，我们的一位客户提供的统计数据表明：销售演示中平均每分钟包含 1.5 个数字。你怎么可能指望客户记住这么多数字，并对你讲的内容有连贯的理解呢？

这就是有效利用讲故事发挥作用的地方。你不是在写一本畅销小说或一部好莱坞大片剧本。相反，你被要求寻找另一种方式来使你的信息更有说服力、印象更深刻。讲故事允许你从字面上使用 MIC——令人难忘的、有兴趣的、有说服力的！

故事销售法的优缺点

每个故事都有一个开头。我们可以先看看在销售场景中使用故事的积极因素和消极因素，如表 16.1 所示。

表 16.1　故事的好与坏

故事的积极意义	故事的负面作用
吸引观众的注意力	可能看起来不够厚重
激励人们采取行动	你可能错过目标，没有与听众建立连接
建立信任和融洽关系	不好的故事可能有很糟糕的结果
让事实和数据"歌唱"	容易漫无边际，失去重点
创造黏性信息以易于记住	硬核技术员并不总能理解故事的含义
转变理念，改变思想	可能显得做作
使演讲者人性化	可能包括不相关的内容

该表中的负面作用看起来令人生畏，特别是对于那些以逻辑流程为导向的售前来说，他们对销售的软性方面感到不舒服。但是每个售前每天都会讲好多个故事，比如他们的应用程序是如何崩溃的，他们如何修复了一个错误，他们如何用 MacGyvered 方法[1]让两个产品一起协同工作。就像我们聊天说到那个在路上插队的白痴或者粗鲁的优步司机的故事——我们都用故事来沟通，但我们并没有意识到。

事实证明，讲故事的积极因素大大超过了消极因素。

---

[1] 来自20世纪80年代中期和现在的MacGyver电视节目：以即兴或创造性的方式，用手头的任何物品制造或修复（物体）。

什么是好故事——结构和句法

利用我们的工程师素养，研究什么是一个好的故事：

1. 一个故事有一个开头、一个中间、一个结尾。你不一定要按照这个顺序，但我们确实期待这三个部分。

2. 故事里有一个我们认为是英雄的主角。你（以及你的公司或你的产品）从来不是主角。客户永远是英雄的主角。

3. 故事至少包含一个主角要克服的冲突或挑战/问题。这类似于业务痛点（见第6~7章"业务价值发现"）。

4. 故事通常有一个反派。这个反派可能是真实存在的，也可能不是，如黑客、错误、停机、中断、竞争、监管、诉讼、政府等，他们经常会给人们带来痛苦。

5. 故事包含一个解决方案或冲突的解决方法，往往与你的解决方案有关。这个解决方案就是"从此过上了幸福的生活"的阶段。

6. 如果故事的主角克服了挑战，那么故事也可能蕴含着一种寓意。

这个大纲看起来与大多数电影、书籍和电视节目惊人地相似。编剧和作家都有一个公式来构建一个引人入胜的情节。我们可以遵循同样的过程来驾驭你内在的创造力。皮克斯公司是华特·迪斯尼工作室的子公司，在创造高度成功的动画电影方面有数十年的历史，如《玩具总动员》《汽车总动员》《怪物公司》和《海底总动员》。每部电影都创造了数不清的收入，并吸引了数百万家长和儿童的注意力。这是一个深受喜爱、特别成功的特许经营项目。在制定任何新项目的大纲时，它使用了一种称为"皮克斯七步故事主轴"的故事结构。皮克斯动画师奥斯汀·麦迪逊（Austin Madison）在 YouTube 培训视频中创造性地讲述了故事轴的故事[1]，非常有趣。表16.2 显示了一个带有一些附加细节的大纲。

表 16.2 皮克斯的故事主轴

（出自 Austin Madison，首席动画师）

步骤	措辞方法	详情
1	从前有一个……	一个有目标的男/女主角
2	每天，他/她……	更多关于男主角/女主角的信息（通常是好事）
3	直到有一天……	他们面临一个挑战或冲突——诱发事件
4	因为……	对一个较长的故事至关重要。一个令人信服的叙述不是随机的场景（功能/产品），而是有一个引发下一个事件的重要元素

---

[1] 见 https://www.youtube.com/watch?v=aLVi0hjNrig。

16 讲故事

续表

步骤	措辞方法	详情
5	因为……	我们正在建立起痛苦或紧张感
6	直到最后……	主角克服了挑战，正义战胜了邪恶
7	从那以后……	结果和成果。故事的寓意

> **技巧提示：过渡很重要**
>
> 注意使用"因为……"作为过渡短语，而不是用"然后……"。因为这意味着因果关系和事件的逻辑链。"然后……"是售前在演示过程中展示一组不相干的功能时经常说的一句话。

讲故事的一个目的是使抽象的东西更加具体，所以表 16.3 是一个你应该认可的例子：《星球大战 4：新希望》，当然内容不止于此。早在 1977 年，它就启动了一个庞大的特许经营项目，在全世界的流行文化中持续发挥着作用。首先是故事的设定和开始，这一切都随着触发事件的发生而改变（直到有一天……）。这就像催化剂一样推动了故事的其余部分。在《绿野仙踪》中，它是龙卷风；在《霍比特人》中，甘道夫来到了比尔博·巴金斯的家门口；在《印度的潘查坦特拉》中，它是鳄鱼妻子的背叛。

表 16.3 《星球大战》第四集的故事主线

步骤	故事	说明
1	曾经有一个农场男孩，他想成为一名飞行员	一个有目标的男/女主角
2	每天，他都会在农场工作，但一直梦想着理想实现	更多关于男主角/女主角的信息（通常是好事）
3	直到有一天，当他在外面工作的时候，他的家人被杀	他们面临一个挑战或冲突——诱发事件
4	因为这个原因，他离开了农场，并加入传奇的绝地武士欧比旺·克诺比	对一个较长的故事至关重要。一个令人信服的叙述不是随机的场景（功能/产品），而是有一个引发下一个事件的重要元素
5	正因为如此，他雇用了走私者汉·索罗和他的同伴伍克带他去奥德兰岛	建立起痛苦或紧张感
6	最后，卢克达到了他的目标，成为一名星际战士飞行员，炸毁了死星	主角克服了挑战，正义战胜了邪恶
7	从那时起，卢克就走上了成为绝地武士的道路	结果和成果。故事的寓意

> **技巧提示**：将故事轴应用于你所喜爱的电影中
>
> 在你将这个"七步法"应用于你的技术组合之前，不妨先用一本著名的书或电影试试。这是一个很好的团队练习，看看在有人猜到你的故事名称并完成剧情之前，你已经讲到了第几步。

微调故事——语法和数字

"七步法"是构建整个故事叙事的绝佳方式。然而，故事并不总是一个多句子的结构，它可以只是几个简单的词语。这是一个利用语言的强大力量的场景。

实现这一目标的第一个方法是使用比喻、类比和隐喻[1]，这种方法可以使复杂的东西变得简单，并将深奥的东西变成生活常见的易于理解的事情。表 16.4 列举了一些典型的例子。

表 16.4 修辞的使用

类别	定义	举例
比喻	通常在直接比较中使用"像"（as）	• 狡猾如狐狸 • 像蝙蝠一样盲目 • 像骡子一样顽固
类比	两件事情是如何相似的。常常使用"它像"	• 技术就像一台蒸汽压路机。要么你在驾驶，要么你是道路的一部分 • 这就像在泰坦尼克号上安装在甲板上的椅子一样有用 • 生活就像一盒巧克力，你永远不知道下一块是什么味道
隐喻	一种情感上的比较。并不总是有逻辑意义的	• 他的工具条上还差一个图标 • 他们带着一支律师队伍来到会议现场 • 你照亮了我的生活 • 她打碎了我的心

请注意，这些修辞在很大程度上取决于语言和文化，因此，在一个国家有效的东西不一定在其他国家有效。有一个著名的故事：一位销售副总裁到亚洲考察业务。他提醒销售团队要与他们的潜在客户保持联系，并说："Out of sight, out of mind（看不见，你就想不起来）"。不幸的是，这句话被翻译成了"盲眼的白痴"！

使用体育名词隐喻在不同的国家也未必好用。例如，美国的棒球或橄榄球成语或习语，如"四分卫（quarterback）""喊暗号（call an audible）"或"在你的地盘（in your

---

[1] 你当然不是被雇来当语法专家的，所以尽管学者们可能会对不同的类比语言手段争论不休，但你如何给它们贴标签并不重要，它们都有自己的用途。

wheelhouse）"，对世界上不打板球的国家来说，"打击很大（hit for six）"或"处境不利（on a sticky wicket）"一样无法让人理解。

> **案例研究：看兽医的故事**
>
> 有时，一个简单的类比是开始解释的最简单方法。我们家的狗 Yardley 是一只优秀的金毛犬，现在年龄大了，有行动障碍，我们带它去看兽医。兽医告诉我们一种名字复杂的药物（如 Penta-oxy-cyclo-metacarb）可能会帮助缓解。她解释说：它使用非甾体抗炎药的载体来治疗慢性肿胀，并通过抑制一些炎症酶来发挥作用——犬类的代谢系统可能会有不良反应。我的妻子和我困惑地看着对方，因为我们都很迷茫。
>
> 我们说："这么说，它基本上就是狗用安乃近[1]？"
>
> "是的。"兽医回答说。
>
> "刚才为什么不这么说呢，这样我们更容易理解？"
>
> 兽医有点震惊，说："我以为我说得很清楚了！"
>
> 你懂的——有时，通过将一个复杂的话题与一些更直接、更容易理解的东西联系起来，意思就会变得清晰明了。

微调故事的第二个技巧是**使数字更人性化**（humanizing numbers）。如果我们的演示平均每分钟包含 1.5 个数字，你怎样才能使重要的数字脱颖而出呢？答案是使它们具有相关性和个性化。数字也有感情。很多时候，我们提出一堆数字来支持一个观点，但是，如果没有上下文，我们 90% 的人都很难内化并真正理解这些数字的意义。这种语境尤其适用于非常大的数字、非常小的数字、百分比和倍数。例如，你可能会告诉一个忙于全球旅行的高管，你可以将一个过程的速度提高 7 倍。你会说："想象一下，如果花一个小时，你能从伦敦到纽约，或者从悉尼到新加坡，这对你的生活会有什么影响？"现在，"7 倍"变得具体而真实，而且更有可能被记住。

你不可能将幻灯片或演示中的每一个数字都人性化，所以你需要有选择性。你还需要准备好将这个数字转化为更有意义和更有黏性的东西。

> **案例研究：这是很大的数据量！**
>
> 一家数据存储公司的技术顾问比尔（Bill）说明了这一点："我们的标准幻灯片文档开头有一个统计数字，说典型客户需要处理的数据量将在未来 4 年内翻 35 倍。它引用了

---

[1] 也被称为 Motrin、Nurofen，或更通用的叫作布洛芬。

> 一项令人印象深刻的分析研究,但客户总是难以留下印象,让他们感到很失望。我们需要一种方法来使35倍的数字人性化,并使之成为一种痛苦。下一次我展示这套方案时,我指着墙上的一块白板说:'如果这是你目前处理的数据量,那么4年后它就会有一个足球场那么大。至于足球场是美式足球的或常规足球的[这是一个混合听众]并不重要。白板,足球场。这是一个很大的变化。'我们几乎没有用到下一张幻灯片就征服了客户!"

一个特殊的案例——对话式客户案例故事

讲述另一个客户如何利用你的产品解决问题并获得成功的简短故事是一个强有力的销售工具。不幸的是,这是一个被售前们严重低估的工具,却被营销部门严重滥用。不要认为这就是一张经典的客户案例幻灯片,上面有一个客户标志、一段来自快乐客户的引言,以及一个简短的标语。相反,想象你正与潜在客户坐下来,在一个非正式的环境中喝茶或咖啡。

你要按照缩短和修改过的"七步法"(见表16.5)创作一个小故事,长度最多为60秒(英文为160字),让它听起来很自然,也不像事先排练过的。

表16.5 对话式客户参考故事格式

情景(英雄)	包括客户的工作职位或所在行业
关键问题	人/公司的挑战或冲突(痛苦)
缘由	该公司关键问题的业务原因,肯定是偏向你的解决方案
愿景	用客户的话说,解决这个问题他们需要的能力:"他们告诉我他们需要一种方法来……"
解决	我们提供了……
结果	一些具体的成功衡量标准

形成的客户故事如下:

通用电气资本公司位于康涅狄格州,他们的首席财务官遇到了一个问题。他无法在一天结束时及时结清他的会计账簿和现金结余。这意味着他经常不得不考虑要把现金放到哪里。去年,他们支付了600万美元的罚款和透支费用。因为以前的业务关系,他找到了我们,也因为IT部门说他们可以通过投入1 000万美元的设备来解决这个问题。

他说他需要在每天下午5:30前把账目做好。于是我们为他提供了一个解决方案来缩小他们生产数据库的大小,并加快日常处理的速度,以便在下午5:00前关账。通过这个方法，他避免了600万美元的罚款，产生了1 100万美元的额外利息，并优化了整个GE分公司的现金分配。每个人都很高兴！

总共272个字[1]，如果你能够抵制住编辑或添加产品名称的诱惑，只需50多秒就能讲完。你会怎么使用这个故事呢？想象一下，一个高管问你："我们应该期待什么样的效果？"或者"其他公司的财务部门是否使用过这种技术？"通过讲述案例故事，你获得了可信度，并减少了推进你建议的过程中任何已感知的风险。客户的级别越高，就可以多讲这样的故事，而且你不需要展示（演示）他们要的效果。

案例研究：关于故事的最后故事

21世纪初，作为Business Objects公司的售前主管，我发现了一些很棒的样板客户，但我们在销售活动中却很少提到它们。当时，面对竞争对手MicroStrategy和Cognos，我们大量的客户案例是一个尚未使用的竞争优势。作为季度MBO计划的一部分，我要求区域内的每个售前用60秒的格式提交两个个人了解的客户案例故事。我的一位经理开玩笑地称由此产生的故事集为"约翰书里的故事"。我们把这些故事作为区域性的售前资产保留下来，我们的业务也保持继续增长。有一天，我接到我们的首席财务官吉姆·托罗恩（Jim Tolonen）的电话。吉姆遇到了一个问题，他的团队在华尔街的季度财报电话会议中获得了很差的评价，他想通过谈论更多的客户来为会议增添色彩。他听说了我们的案例书，并要求"借用"它来讲一些匿名的故事。你很难拒绝CFO，所以我们给他送去了这本书。在下一个季度的财报电话会议后，吉姆的分析师满意度得分上升了约1分，他还友好地给我的整个团队送来了一份可爱的礼物。每个人都在做销售——这就是故事的力量。

总结

不要害怕讲故事，在销售场合要积极使用这些故事。故事是为所有人准备的，而不仅仅是为销售和营销人员。即使在一个纯粹的技术交流中，一个故事仍然可以使整体概念和任何具体的数字变得"嘹亮而动听"。

然而，这需要大量练习，这样听起来才自然，而不是在课堂上或从书本上学到的东西。这就是故事的个性化方面。

采用七步结构，设计一套产品或功能的故事，用它让你的演讲和演示更加令人难忘、

---

1 译者注：这个故事的英文原文为146个单词。

有趣和有吸引力。

　　曾经有一位销售工程师，他热爱技术，喜欢解决技术问题。每天他都要做技术演讲和长时间的定制演示，但他梦想着能作出更大的贡献。直到有一天，当他在现场时，一位销售人员告诉他"别废话了！"，要他清楚地解释他们公司的技术如何帮助客户，而不是谈论无聊的比特和字节。正因为如此，他决定用非技术人员可以理解的简单术语解释产品组合。后来他创建了许多故事和FAB解释。直到有一天，他成为了该地区最受欢迎、收入最高、最成功的售前之一。（从那时起，他就走上了成为绝地武士的道路）。

技能培养建议

对于新售前：
- 听听其他售前和有经验的销售人员的故事。
- 使用"七步法"改造这些故事，使其成为你自己的故事。
- 一旦你取得了一些初步的胜利，就创造你的故事。

对于有经验的售前或售前经理：
- 在你的演讲中，对所有重要的数字设计一个人性化的解释。
- 建立一套对话式的客户案例故事。
- 寻找复杂的概念——应用比喻和类比等。

CHAPTER 17

本章目标

- 建立一个与工作量挂钩的评估方法。
- 确定POC成功标准并制订执行计划。
- 执行POC项目计划以获得技术和商务上的胜利。

技术评估策略

> 没有证据就可以断言的事情，不需要证据就可以驳回。
> ——克里斯托弗·希钦斯（Christopher Hitchins）

在销售周期中，你可能会到达一个阶段，需要向客户证明你的解决方案是有效的，并且符合他们的要求。这种证明的一个极端是轻松过关——经过一系列的SaaS配置和展示，客户说："我们相信你和你们公司，这是一个经过验证的产品，我们会购买它"；另外一个极端是复杂繁重的过程，需要很多人、几个星期进行现场安装和测试。在这两个极端之间的是演示、定制演示、试用、评估，以及概念验证。

本章研究了客户评估的工作量，如何协商成功标准，确定进行评估的最少工作量，并成功执行评估测试计划。

工作量范围（我们是如何走到这一步的？）

售前团队会自动将评估与概念验证联系起来。销售人员经常通过提供免费试用或评估（这主要是指POC）

来推动一个机会。这些术语变成了同义词。我将把POC[1]作为一个通用术语，来涵盖所有的试用、评估和POC。但是如果你认为你作为售前的主要工作目标之一就是帮助销售人员以最小的努力实现最大的收入，你就不应该自动把客户评估默认为POC。还有其他的评估策略可供研究，下面列出了其中的一些。

1. **客户案例分享**。从现有客户那里找到两三个类似规模和环境的客户。请他们参加与潜在客户的技术和商务会议。销售团队可以参加，也可以不参加。

2. **客户参观**。让你的客户亲自拜访另一个在类似规模和配置下运作的客户。销售团队可以参加，也可以不参加。

3. **轻度定制的演示**。建立一个相对标准的产品演示，用适当的行业术语和数据进行定制。轻度的意思是花在修改上的时间不超过2小时。你可以预先录制一组类似的演示，并存储在演示库中，供将来使用。

4. **中度定制的演示**。你也可以建立一个复杂一些的客户化演示，使用客户特定的数据、流程或对用户界面做一些修改。中度的意思是需要2到8个小时的工作，并有可能为类似的垂直/行业的客户重复使用。

5. **高度定制的演示**。这种演示是专门为某特定客户创建，并编写针对性的脚本，有专门设计的数据和输入/输出。高度的意思是超过8小时的工作，并且不太可能被重复使用。你也可能需要展示与分布在多个地点、多种产品和系统的接口集成。

6. **POC / 试用**。和上面的选项不同，客户可以（有时）自主操作，不是从你的位置（部署在企业内部或云环境）使用。POC可能持续一天到一个月，由于在参与度和整体规划方面存在差异，一些供应商将POC与试用区别开来。

7. **试点**。这是将解决方案完整地安装到生产型环境中。如果用于测试和验收目的，它会受到部署或使用参数的限制。

深入研究上述每一个选项，加上你设计的任何其他方案，以及你能投入的精力。策略是选择需要最小的售前努力来换取最大的成功可能性的某种方式。你也可能由于竞争对手的原因不得不增加投入。如果他们提供了POC，那么你很可能必须提供同样的POC，来展示你对这个客户的积极兴趣。

客户通常出于三个主要原因要求POC。第一个原因是，他们无法确定你在销售过程中提出的价值主张是否准确。这种不确定性可能是由于缺乏客户案例、文档或你的产品是新产品等情况造成的，也可能是集成或兼容性的一般问题。第二个原因是，客户[2]希望体验

---

1 你还会听到价值证明（Proof of Value，PoV）是概念证明的另一种说法。
2 如"臭名昭著"的架构审查委员会，深受许多财富500强公司的喜爱。

一下产品才购买。这往往表明，客户并不知道自己想要什么，只有他们看到它时，才知道自己真正想要的是什么。在这些情况下，这是一个他们的"不知道自己不知道"[1]。第三个原因，可能是法律或者监管要求在购买之前要对技术进行全面评估。每一种情况都不一样，都需要专门定义成功标准，并做一个相应的计划。计划的精细程度取决于项目所消耗的时间、资金或人员的数量，通常与此事投入的资源成正比。

一个极端就是试点（Pilot）。试点是将一个产品或服务适当地安装到客户的生产环境中。试点可能会受到其他参数的限制，如部署地点的数量或涉及的服务器/设备/用户的数量。之所以做试点，是因为如果你达到验收标准，该解决方案将被保留下来继续使用。在大多数情况下，试点是一个收费的活动，通常由内部专业服务团队或合作伙伴负责。售前和试点的关系并不融洽，因为售前的作用是使一些东西正常工作，但不参与最终的生产部署。在售前接触客户的生产系统时，也可能存在法律责任问题，所以你应该经常检查这一点。

创建项目计划

当客户要求提供 POC 时，销售团队应考虑将其作为初始谈判点。POC 是一种交换或以物易物的安排，是你同意提供资产以换取客户的对价。用谈判的术语来说，这个对价可能是任何事情，从允许我们继续投标到赢得交易并获得收入。这一步是使你的销售过程与客户的购买过程相匹配的机会。如果进行 POC，你、你的公司或第三方需要的工作量很大，你应该制订一个项目计划，包含一份明确定义成功标准的工作说明书（Statement Of Work，SOW）。

然后，你应该与你的销售伙伴一起向客户介绍这个计划。该计划可以排除一些随意踢轮胎[2]的客户。它向认真的客户表明：你有一个计划，而且以前也做过这种事，你们是认真的。一些技术公司对 POC 收取费用，一旦签订了 POC 合同，客户（未来因此支付）的服务费会计入收入。虽然这种方法在几十年前相当流行，特别是当巨大的硬件设备被运往客户地点时，但目前除了少数利基服务领域或代码开发项目外，这种做法已不普遍。

即使是轻量级的 POC（你预计自己的参与程度最低），提出项目计划和用户体验指南，帮助你的客户完成解决方案的初始设置、管理和测试，还是很有帮助的。项目计划无疑应

---

1 关于这一点，请阅读乔哈里视窗（Johari window）：https://en.wikipedia.org/wiki/Johari_window。
2 这个词来自于汽车经销商的销售人员。踢轮胎的人经常来汽车店，踢几下他们喜欢的汽车的轮胎，但从来没有买过任何汽车或装饰品。

该包括参考时间表、角色和职责、关键里程碑和整体成功标准。此外，许多公司现在提供在线填写指南和微培训视频，以帮助他们的客户入门，减轻售前和支持团队的负担。

你如何定义成功？

你对成功标准的谈判能力可能是整个评估过程中最关键的一步。你需要在你的客户要被说服的内容、你能提供的价值和所需的时间之间找到一个交集。把它想象成一个三个圆组成的维恩图的交集部分。如果这个交叉点不存在，那么你就是在浪费时间，不如把时间花在另一个机会上。你也许能够通过承诺提供一个小范围的 POC 来提高你的成功概率。如果你面对的竞争对手拥有更多的资源或功能更丰富的产品，但他们没有相应充足的资源用于 POC，你将受益。相反，如果你为一家较大的公司工作，与一家较小的公司竞争，你可能希望扩大范围来压倒他们。

如何取胜：确定成功标准

首先要问客户他们为什么要求 POC（"请告诉我更多关于这个 POC 需求背后的内部提出和演变过程"）。之后，你应该能够回答以下问题：

1. **我们是需要证明具体的功能点，还是给客户一个大致的证明让他们感觉放心？** 如果客户没有就具体需求给出定义，那你要保持警惕了。这一般是客户想体验一下你的解决方案来找找感觉。现在激活一个云实例实在是太方便了，所以客户更容易产生这种需求。你完全可以问："有没有什么具体的标准，让你觉得更加放心呢？"

2. **客户是否提供了客观的成功标准？** 对你的解决方案了解有限的第三方能否判断 POC 是否能满足要求？如果不能，你就有可能被政治联盟或其他未知因素干扰 POC 的风险。你的公司可能已经有了一个成功标准的模板。如果没有，你可以使用任何标准的目标设定方法，如具体的（Specific）、可衡量的（Measurable）、可实现的（Achievable）、相关的（Relevant）和有时限的（Time-bound）（缩写为 SMART），创建自己的目标。参见表 17.1 中的例子。

3. **是否涉及外部顾问或咨询人员？** 例如，客户可能雇用顾问来帮助他们评估产品。这些顾问可能有他们的议程（除了保持他们的收入来源），特别是如果他们可能参与技术的最终推广或负责整个项目。你和客户团队的其他成员需要调查清楚顾问们对成功的定义是什么，因为这可能与客户对成功的实际定义不同。

4. **你能证明你的竞争对手做不到哪些功能点吗？** 这些功能点是记录在案的成功标准的一部分吗？如果这两个问题中的任何一个被否定，说明你的 POC 成功标准与你的赢单

17 技术评估策略

标准不一致。即使你没有直接的竞争对手，你仍然需要证明比"无所作为"（Do Nothing Incorporated：DNI）更好（见第 25 章）。

表 17.1　SMART 成功标准样例

具体的（Specific）	为欧洲、中东和非洲地区加载每日单店销售项目数据，以便为早上的数据处理做好准备
可衡量的（Measurable）	使用 10% 的数据样本进行过程验证。要求小于 1% 的数据错误，并重复当前的验证报告
可实现的（Achievable）	报告必须在 24 小时内生成
相关的（Relevant）	分析员必须在美国东部时间上午 7 点进入系统
有时限的（Time-bound）	这将在 POC 的第七天实现

一旦你回答了这些问题，你就可以制定你的客户沟通策略。关键是要确保销售团队的每个人都明白他们在取胜过程中所扮演的角色。

> **案例研究：不是软件的问题，而是实施的问题！**
>
> 分管 DACH（德国、奥地利、瑞士）的售前经理蒂姆（Tim），分享了他的故事："我们被邀请参加一个当地媒体公司的大数据查询/数据仓库机会。他们聘请了一家咨询公司代表他们进行整体评估和参与随后的 POC。我们与该领域的另一家大型供应商进行了直接的正面竞争，并认为我们更合适。当我们进入 POC 阶段时，我们有一套双方都同意的成功标准——大约 60% 是客观的，40% 是主观的。在为期 10 天的 POC 过程中，我们在大多数可衡量的项目（如加载时间、响应时间等）上比竞争对手多出 10%～15%。我们觉得我们处于一个很好的位置，可以赢得这笔可观的交易。可是最后我们输了！而且输得很惨。这家咨询公司有一个紧密的合作伙伴，他们交付团队的技能都是围绕我们的竞争对手建立的。每一个主观因素（设置的难易程度、图形用户界面、定制能力）都对我们的对手有利，而我们的优势则被贬低为微不足道（'谁会在乎一份报告发布需要 4 秒还是 4.3 秒？'）虽然有明显的利益冲突和德国人对细节和准确性的意识，我们也很难反驳。我们学到了昂贵的一课，即需要 100% 的客观标准，还要花更多的时间来理解外部代理人的价值诉求。"

评估成功标准

起草了成功标准后，你必须确保你能实现这些标准来证明你的要点。尽管你可能已经设定了一些标准，但你的客户甚至是竞争对手都可以影响它的内容。对于每个项目，要问以下问题：

（1）你在这一点上真的比竞争对手强吗？

（2）你能客观地证明这一点吗？

（3）你能用现有的时间、金钱和人员证明这一点吗？

一旦你**诚实地**回答了成功标准清单上每个项目的这些问题，你必须回答一个更明显的问题——你的得分会比竞争对手高吗？这很棘手，因为你必须考虑到竞争对手的内部情况和政治关系以及他们对购买过程的影响。然而，没有什么比在你认为是优势的特点或功能上被竞争对手击败更痛苦的了。

用智慧完成交易

现在你已经确定了成功的标准，你或你的销售人员应该让客户承诺他们愿意在你成功完成 POC 后签订合同。例如，展示你对本次 POC 所需的人员、时间和设备成本的估计，并确保客户认识到他们的公司也必须进行类似的投资。**如果你不能得到这种承诺，就不要同意 POC。**

一个好的做法是，请销售或售前经理来帮助你确认客户是否准备好继续进行。如果你不完成这个步骤，你就有可能面临虽然你赢得评估但是客户不同意往下走的风险。这种情况通常发生在由 IT 人员进行评审的时候，他们可能没有权力推动项目的进展。在进行 POC 前获得客户高管的确认是一个良好的客户购买信号。

执行 POC

如果你被安排负责某个客户的 POC 时，要确保你已经准备好承担随之而来的责任。评估是昂贵的、高风险的、高可见度的。如果 POC 因为你没做好而失败了，可能会影响你在这家公司未来的职业生涯。你需要有项目管理的经验和对你的解决方案的深刻理解。没有这两个优势，你将很难成功。如果你觉得在这两个方面都很弱，可以考虑让你的经理分配一个更有经验的人做导师，你可以从他那里学到相应的技能。表 17.2 显示了 POC 的高层次步骤/阶段。一些阶段可能是多余的，甚至会让轻量级的 POC 不堪重负，所以你要进行判断。

表 17.2　POC 的七个阶段

1	确定成功标准
2	进行小范围发现

续表

3	开发 POC 方案
4	测试（再测试）
5	部署（如有必要）
6	演示和验证
7	成果展示

第一阶段：确定成功标准

与客户合作，确定每个测试项目的预期交付成果是什么。理想情况下，你可以和客户一起制作系统的原型，然后反向推导所需的工程任务。

尽管 POC 的大部分焦点都集中在相关的硬件和软件方面，但在"人件（peopleware）"上投入大量的时间也是至关重要的。这段时间还要与 POC 有关的客户人员建立关系。与所有相关人员讨论成功标准将有助于获得他们的认同和全面的协助。在周末将一份清单丢在客户的办公桌上或邮箱里，并不是开始业务关系的最佳方式。

第二阶段：小范围发现

一旦你准备好成功标准，就要求与使用该功能的客户人员进行沟通。花时间审查你准备的成功标准，以确保你的目标准确反映他们的业务需求。要特别注意是否有其他可以量化的业务收益。

最后，要让客户在 POC 要求上签字。这是为了得到他们的确认和承诺，即你的文件描述了他们需要的结果，能够推动采购过程的进展。当然你要认识到这更像是一个个人协议，因为你不太可能拿到任何正式的或具有法律约束力的协议。

第三阶段：开发 POC 方案

开发阶段是真正工作开始的时候。当然，你的公司会有自己的工作风格，但以下建议对任何售前团队都是有价值的。第一，在时间表上增加不少于 30% 的缓冲，因为意想不到的事情经常发生。第二，如果有必要，可以通过协商来解决一些需求。第三，划分关键的开发阶段。大多数开发人员习惯于灵活地把更多时间花费在特别复杂的问题上。通过对关键交付物进行"时间限制"，你可以帮助确保某个任务的阻滞不会影响到多个下游的交付物。这种方法对于传统的开发人员来说并不直观，他们经常会声称某个交付物"再过几个小时"就可以完成。当这种情况发生时,要坚定地告诉对方,一旦满足了所有其他需求,必须着手解决这个问题。

> **技巧提示:做好最坏的打算**
> 在开始这个过程之前,通知你们公司相关的部门你将进行POC,并向他们提供尽可能多的关于潜在客户环境的技术信息。理想情况下,对于一个复杂的或测试版本的POC,要求有一个专门的支持工程师电话支持,并安排一个备用人选。当然,你不需要对每一个POC都这样做,但对那些你在客户现场或产品存在问题长时间不能解决的POC特别必要。

第四阶段:测试

在必要的情况下,为测试留出时间。如果你的可交付成果只是一个演示,你可能需要进行最少的测试。如果使用测试是必要的,那么你应该为测试分配大量的时间。实际使用总是会发现一些未曾预见的问题。如果你无法在可用性等不太关键的测试项目中取得良好的表现,你也要维护"稳定的解决方案"的形象。

> **技巧提示:将POC过程自动化**
> 一些公司正在尝试将远程监控/AI应用于POC过程,不过还处于早期阶段。机器人负责监督POC,并跟踪工作负荷、一般活动、错误等,当发生重要情况时,它可以通知售前。这是一项很好的投资,可以释放售前的宝贵时间。

作为一个最佳实践,总是对特定的事件、成功(和失败)、测试用例结果等进行截图,以便于保存和记录。

第五阶段:部署

如果你把你的系统部署到客户的设备或站点上,当开发初步完成后,要预定部署时间。在部署过程中经常会出现一些问题,你可以在开发的同时进行解决。当在云环境中运行时,要先准备好你的实例。

> **技巧提示:总是检查一下接口**
> 根据我的经验,POC搭建方面最常见的问题是与访问客户的应用程序有关。如果你的系统依赖于与任何其他系统的互连,一定要提前确认并测试你的访问权限和密码。

第六阶段：演示和验证

一旦你完成了 POC 需求验证，就向客户介绍测试实施的情况。根据听众的性质，你可能希望使用下面第七阶段所描述的正式方法。在许多情况下，对结果的验证将是与客户的技术专家进行的非正式讨论。在任何情况下，向客户展示你的测试文档，并要求他们在你的成功标准文件上签字。

第七阶段：成果展示

POC 汇报演讲可能是向一个广泛的团体 / 委员会进行的，也可能只对决策者进行。如果只是高管，销售人员可能会发表演讲，而你将不得不帮助整理演讲内容。我们推荐一个包括以下内容的议程：

- POC 要求概述；
- POC 方法；
- POC 成果；
- 独特的业务收益，重申他们已经认同的痛苦和收益。

重点应该放在你的独特优势上。也要准备好一叠签过字的 POC 成功文件。当你和高管们打交道时，这将成为一个重要的道具。

不要忘记培训和文档

当你的客户想使用你的产品时，他们首先需要培训。培训的范围可以从一对一的个人辅导到一套在线视频教程。鼓励你的客户在使用产品之前观看视频。说起来容易做起来难，不要低估开发和交付 POC 以及同时培训客户的难度。你面临的诱惑可能是加快速度，为了完成而完成，但你需要让客户觉得他们可以轻松完成所有要求的任务。

记录在 POC 期间进行的所有工作，包括正式和非正式的会议，问题的解决，以及多次客户说"你能不能做……"等很多不可避免的事情。如果你写了任何与客户或与 POC 相关的代码，那么就把它和注释一起详尽地记录下来。你现在花几分钟的时间来编写文档，在以后的某个时间点上会节省你大量的时间。最常见的跟踪机制是带有实时文档保存和共享功能的驱动器，包括成功标准的当前状态等文件。对于一个复杂的 POC，你可能想保留一些内部笔记，以后可以交给售后 / 实施团队，包括复杂的交付物和对项目未来实施的期望。

不要忘记竞争！

到现在为止，你应该已经做好了充分的准备。你已经制订了一个全面、专业的成功计划，以满足客户的要求。然而，不要忽视竞争对手，无论是标准的同行竞争者还是 DNI（即客户选择什么也不做）。总是要为竞争压力和动态变化做些预先的准备。

如果在回答"如何取胜"一节中的第 4 个问题（你能证明你的竞争对手做不到哪些功能点吗？这些功能点是记录在案的成功标准的一部分吗？）时，你能找到一些低风险的竞争差异化因素，虽然客户不一定需要，但却支持其中的一些成功标准，那么你就应该把它包括进去。这种策略类似于第 6 章"业务价值发现"中讨论的"添加"步骤。通过提出并展示一些独特的东西，你将任何竞争对手置于一个困难的境地，因为他们不可能有时间来作出回应。你甚至有可能动摇竞争对手的核心价值主张。请看下面这个经典案例研究：

案例研究：改变规则

在 20 世纪 80 年代末，Oracle 和 Sybase 都在争夺制药巨头礼来公司整个全球研发机构的标准数据库管理系统项目。两家公司被要求在印第安纳波利斯的客户总部一起进行 POC。Oracle 公司（我的雇主）有一个优势，那就是拥有更大规模稳定的第三方临床试验应用程序。我们在多处理器设备上运行的大多数任务都比 Sybase 快——不可否认，这是由于一个分散的、工具化的架构造成的。Sybase 在单处理器和双处理器系统上的运行速度是我们的两倍，并且已经加入了参照完整性和基本的数据有效性检查，这些都是开发人员和数据库管理员（DBA）绝对喜欢的。我们之间没有什么区别，除了 Orade 刚刚在苹果 Macintosh 上发布了 1.0 版系统，允许通过卡片和电子表格访问数据。而每个研究人员都使用 Mac。我们举行了一次即兴午餐会，向几十名研发人员演示了该系统。在随后的一次公司拜访中，我们与一位名叫马克·贝尼奥夫（Marc Benioff）的年轻产品经理进行了接触，并赢得了这笔交易。一个 99 美元的附加产品在接下来 10 年内最终创造了数百万美元的收入。

不要忘记了"人"

本章前面的内容我们提到了"人件"的重要性。你很少会因为你的产品好用而赢得项目。当你赢得了人的支持，你才能赢得合同。第 19 章"值得信赖的售前顾问"为建立人际关系提供了一个框架。无论是偶尔打个电话，还是更频繁的电子邮件/Slack 交流，又或者在客户现场待一段时间，你总有机会与客户建立关系并帮助他们。仅仅因为你有一个计划，这并不意味着 POC 会自己运行。你不能只专注于完成 POC，错过许多与周围人交流的机会。早前之所以建议将时间计划增加 30%，就是为了考虑到临时的午餐会议或与客户一起喝咖啡。这都是售前工作的一部分，即使你可能想在 POC 期间做一个 100% 的工程师。

技术上的胜利

最后，对于<u>技术胜利</u>（Technical Win，TW）有几点思考。什么是技术上的胜利？你如何定义它，甚至它有必要吗？在现代解决方案销售的世界里，技术胜利是否已经成为多余的了？让任何一组销售工程师来定义他们的工作，他们很可能会提到"我们负责在销售过程中通过技术获得胜利"这句话。许多售前团队测量并公布了他们在 RFP、POC 和演示等各种任务中的技术胜利率。现在在一些销售过程中，**实现技术胜利**是退出中间阶段的必要条件。

一家大型软件公司的售前副总裁告诉我，他们的 POC 技术胜利率为 82%，但<u>商务胜利</u>（Business Win，BW，定义为形成收入）率只有 69%。我问他的团队是否因为技术上的胜利而感到兴奋。他们说没有。没有人因为技术上的胜利而得到报酬。从来没有！但你可以从统计数据中了解到一些情况。

让我们退一步，看看一个行得通的定义。技术上的胜利是指客户中有权威的人（销售术语中的"推荐者"或"批准者"）说你们的解决方案最适合他们的需求。这可能是赢得竞争性评估、对标，或者仅仅是口头或书面声明。但是，除了你的 CRM 系统中的一个复选框之外，这有什么价值呢？

一个令人不快的事实是（撇开小型初创企业不谈），TW 的比率总是会比 BW 的比率高。在我的 200 多个客户中都是这种情况。客户可以决定什么都不做；削减或转移预算；进行并购；改变市场战略；解雇你的内部支持者；或根据董事会或高尔夫球场的政治斗争决定供应商。BW 率有时可能比 TW 率低 20～30 个百分点。

案例研究：没有价值的技术胜利

英国和爱尔兰地区的售前总监克里斯托弗（Christopher）讲述了这个故事："我的团队和我们的竞争对手在英国的一家大型金融服务公司现场工作。我们进行了为期两周的现场直接比赛。在两周结束时，我们的表现超过了竞争对手，并赢得了评估委员会 11-0 的投票。这是一场技术上的胜利！但没有拿到合同。一个月后，我们发现我们的竞争对手通过承诺将他们所有美国雇员的退休资产转移到该金融公司，以低劣的技术赢得了业务。技术上的胜利又一次失去了价值。我们完全失败了。"

每当售前团队在销售过程的任何时候对外宣传其技术胜率时，他们其实都是在嘲讽销售团队。这通常以眼泪结束。

那么，衡量这个指标的价值是什么呢？就是售前个人和内部组织的提升。通过密切关注你为什么会赢、为什么会输，你可以在与客户互动的各个方面做得更好。最重要的回报通常是在 POC 指标方面。从技术胜利中得到的教训是，它**不是**售前参与销售过程的终点。售前团队有责任继续与销售团队合作，以确保业务上的成功。在业务胜利之后，售前才能名利双收。

总结

POC 既难以控制，也很耗时。不幸的是，客户仍然坚持要做 POC，因为每个客户都认为他们的需求和他们的 IT 环境是独一无二的（这是正确的！）。对于买卖双方，进行 POC 都是有时间、金钱和人员成本的。POC 应该被定位为迈向重要合作关系的一个重要步骤，而不是因为客户团队没有想法而用后即弃的活动。

像售前工作中的大多数活动一样，在 POC 的计划和发现阶段多花几分钟时间，就可以在以后的过程中，特别是当你接近决策点或月底/季度末时，你的日子会过得更轻松。《POC 指南》[1] 一书的作者托尼·马托斯（Tony Matos）用他的"概念验证的七个习惯"总结了 POC 需要注意的一切（见表 17.3）。他展示了有助于提高 POC 过程中与客户的互动效果，同时也提高技术胜利率的七个习惯。

表 17.3　售前成功 POC 的七个习惯

1	用文档记录 POC。记录什么、谁、时间、地点和方式等。这个工作很有价值
2	理解你为什么同意 POC。从技术和业务两个方面进行资格审查
3	交付业务价值。把注意力从技术上移开，把客户放在 POC 的中心
4	专注于实现 POC 成功的基本要素。了解并完成成功标准的要求内容。避免不完全的实施
5	理解 POC 的结果。掌握客户需求的更宏大的（战略）背景
6	在开始 POC 之前进行彻底的发现。仅仅因为你能做并不意味着你应该做
7	建立客户关系。培养信任。穿上他们的鞋子，通过他们的眼睛观察他们的世界。在这个上面投资是值得的

1　Matos, T..《驾驭概念验证的基本指南》（*The Essential Guide to Navigate Your Proof of Concept*）. Tony Matos 出版，2020 年。

技能培养建议

对于新售前:
- 跟着一位更有经验的同事,在一个复杂的 POC 项目中担任初级项目经理,给他打下手。
- 建立一个潜在的差异化竞争方法的清单。
- 对 POC 的硬件、软件和人件部分制订计划。
- 努力工作,更努力地计划!对于 POC,你是负责一项重要的公司投资。

对于有经验的售前或售前经理:
- 与客户经理就价值主张进行合作。
- 指导和监督缺乏经验的同事。
- 尽可能实现自动化。在 POC 完成后维护所有的关系。扩大你的人际网络。

CHAPTER 18

本章目标

- 学习一个简单的四步程序来回答大多数问题。
- 能够迅速将问题按类型归类。
- 区分问题背后的不同类型。

回答问题

> 我们认为我们已经有了答案——但是我们的问题错了。
>
> ——博诺（Bono）

关于异议处理（Objection Handling）的文章数以百万计[1]，也被称为回答问题。它通常被认为是一种销售人员的工作，但却是销售工程师的一项基本技能。在本书的早期版本中，这一章的标题是"异议处理"，后来变成了"管理问题"，最后我把它定名为"回答问题"。中间的区别很重要。

客户提问是好的、积极的活动，在整个销售周期中都应该被鼓励，因为这是兴趣和好奇心的表现。它们大多数既不是敌对性的，也不是对抗性的，而是在销售周期中推进机会和关系的一种自然手段。售前的爱好就是解决问题和帮助别人，因为我们天生就是取悦者。因此，在被问及问题时，我们会回答。我更倾向于认为：**销售人员负责处理反对意见，而销售工程师负责回答问题。**

在这一章和本书中，我把质疑（Objection）和问题（Question）不作区分，作为同义词使用。如果深入探究的话，两者之间的区别在于，一个与另一个相差一步。

---

[1] 在谷歌上快速搜索"销售异议处理"，结果超过3 300万条。

问题是直接的，例如："你们有能力监测加密的网络流量吗？"质疑通常是以陈述的形式出现——销售面临的两种经典表述是"你的价格太高了"和"我们没有预算"。这些陈述在技术上相当于"那个用户界面看起来非常复杂"和"你没有我们需要的功能"。你可以将这些转化为相关的问题，变成"你能向我解释你的用户界面设计原则吗？"和"你怎么能完成这组任务呢？"

售前的一个基本原则是：你的意图比你的能力和知识更重要。仅仅表现出愿意帮助客户的态度，就可以帮助弥补你在技术知识方面的一些不足。这种积极的态度体现在你的语言和非语言沟通中，可以使客户的接受度产生惊人的变化。

倾听、接受、澄清和执行——LACE战略

回答问题可能是售前工作中压力较大的部分之一。首先，有一个基础的方法论很有帮助，当你被问到一个问题的时候，大多数的脑力体操都是通过习惯而不是100%的有意识的思考。否则，你可能会过度考虑每一个问题，而这总是以泪水收场，因为你的猜测把你引向灾难。

我们在这里使用的基础方法是倾听（Listen）、接受（Accept）、澄清（Clarify）和执行（Execute）（缩写为LACE）。表18.1提供了每个步骤的快速总结，表18.2提供了一个说明性的回答过程。

表 18.1　LACE 的基础知识

阶段	细节
倾听	向客户表明你在积极倾听并努力理解
接受	在情感上接受问题，并表现出同理心
澄清	• 确保你理解问题 • 谁来回答？ • 先获得更多信息
执行	• 沟通答案 • 确认理解

表 18.2　实战中的 LACE

问题：你们的产品是否支持反向聚合网络传输（RPNT）[*]？

阶段	细节
倾听	[点头，微笑，停顿]
接受	"RPNT？当然支持！"

阶段	细节
澄清	"我估计这可能是你每天需要做很多次的事情吧？" [看一眼销售，确认你应该继续回答。]
执行	[等着看客户是否提供更多信息。] "是的，我们支持 RPNT。我的许多客户认为这是我们产品的一个重要和独特的功能。" [暂停一下，看看客户是否想要更多的信息或提供更多的信息。]

* 这无疑会在你们产品的下一个版本中得到支持。

现在将每个步骤分解得更详细。

倾听客户

我们大多数人认为自己擅长倾听。而事实并非如此[1]。我们是花时间听自己内心的声音："这个人说完后，我要说点什么呢？"，而不是真正地在听对方说话。有效的倾听由于以下事实而变得更加复杂：你不仅要积极地倾听[2]，而且你还需要让说话者相信你确实在认真倾听。

在回答问题之前，第一个重要步骤是非常仔细地听，并观察提出问题的人。在说话者提问时，看着他们，然后通过采取某种形式的行动证明你在听。这个行动可以是做笔记、点头，甚至是小声嘀咕"好"或"嗯哼"。这样说话者通过你的肢体语言感觉到你在关注他/她。在远程视频互动中，你甚至可能需要过分强调其中的一些反应，以确保客户感到他们的信息正在被接收。每个人都希望被倾听！

第二步是在回答问题之前先停顿一下。对于没有经验的售前来说，一个常见的错误是辨识出了客户的问题，然后立即开始回答。有时，他们甚至会因为急于提供解决方案而打断客户的话。年轻的售前（公平地说，也包括销售人员）热衷于展示他们的知识，让自己看起来很聪明，任何积极倾听的伪装都被抛到了一边。短暂的停顿有很多好处[3]：

- 这表明你正在认真考虑这个问题。
- （来自客户方的）其他人可能代表你处理这个问题。

---

1 问问你的配偶、爱人、孩子或亲密的朋友"我是否擅长倾听？"这个问题吧！
2 积极倾听并不仅仅适用于销售，这并不是很新的理念。Carl Rogers博士是心理治疗研究的奠基人之一，他在20世纪40年代提出了反思性倾听（reflective listening）的概念。在接下来的几年里，他的学生Richard Farson将其重新命名为积极倾听。
3 来自gong.io的营收分析显示：卓越的销售团队停顿1.5秒，而表现一般的人只停顿0.3秒——沉默是金！

- 如果问题不在你的专业领域内，另一个团队成员有机会在**接受阶段**回答它。

接受问题

一旦问题被提出，你停顿了一下，就是接受（或承认）的阶段了。这种接受并不意味着你同意这个问题，而且现在也不是防卫或争论的时候。相反，你可以把它看成是一种情感上的接受。对于一个简明扼要、直截了当的非威胁性问题，你可以用一句话来回答。接受阶段明显很短，你的回答可能只是简单的点头或口头说"好的（OK）"。然而，在其他情况下，如果你觉得问题背后可能有情绪或判断，这个阶段是绝对必要的，即使你可能在短短几秒钟内就能回答完这个问题。

你以口头和非口头方式表示接受。非语言的接受可以包括一个微笑和用你的手臂收拢问题（想象有人轻轻把一个球抛到你胸前）。口头接受应不超过一两句话。表18.3给出了一些例子。

表 18.3　接受/响应示例

客户	接受阶段售前的回应
"这么简单的任务居然需要这么多步骤？"	"很多第一次看到这个的客户都有这个感觉。"
"去年我们没能启动这个项目，我很沮丧。"	"啊，我能想象那会有多郁闷。"
"我们是否必须改变我们目前的流程来适应你的产品？"	"这是个合理的担忧。看起来你担心的是……"
"如果你没有这个X功能，那么这个演示是浪费时间。"	"了解了。"

关于接受阶段的提醒是不要做过头。你的回应需要听起来很真实，像你会说的话和你的真实意思。这需要练习。如果是公式化的、机械的感觉，就会损害到双方的关系，并在问答过程中引入一些摩擦。

澄清一切

现在，问题已经提出来了，你也已经处理并承认了它。我们现在必须把输入和输出都弄清楚。澄清输入意味着你要对这个问题以及**为什么**会提出这个问题有百分之百的了解。澄清输出意味着你和销售团队的其他成员知道**谁**能回答这个问题以及**如何**回答。

> **案例研究：我过去的一个悲伤和痛苦的错误**
>
> 那时我们正在向一个IT团队首次展示我们的应用系统。虽然他们不是最终的决策者，但我们需要他们对技术的认可，并连同我们和客户业务方面的胜利来拿下这个机

> 会。一切都很顺利，我们已经接近会议的尾声。其中一位IT领导问了一个最后的问题："我们的基础用户是否能够定制他们的屏幕和菜单？"
>
> 我们回答说："当然可以，他们都能够定制！"
>
> 这引起了他们的注意。"哦，这很糟糕。如果有一个非标准的用户界面，就会给服务台带来困难。我们不希望这样。"笑容变成了皱眉。这是个糟糕的答案。
>
> 我们太急于指出我们认为的竞争优势，以至于没有花时间去理解问题的背景。一个更好的回答可能是："你希望业务部门的用户有这个选项吗？"

在理解输入方面，你必须对问题的含义和提出问题的原因有足够的把握。本章的后续部分，我们将讨论几种问题分类的方法。这可以归结为避免发现的三种破坏性行为：告诉、接受和猜测（见第5章）。在第5章的案例研究中，我们猜测并认为我们产品的积极特征会被客户以同样的方式看待。

不要过分考虑这个阶段的问答，因为你并不总是需要澄清。问题可能很简单，也可能不需要回答。但是，如果你对问题的背景有任何疑问，那么你应该澄清它——至少在你与客户建立起更好、更可靠的关系之前。澄清问题的方法有很多。其中最常见的三种是重复（repeat）、复述（restate）和改述（rephrase）。

许多销售方法论建议你应该总是向听众把问题重复一遍。我建议采用一种更符合实际情况的方法。当然，如果面对大量的听众（现场或虚拟）或者使用了麦克风，那你应该重复问题。如果听众人数较少，可能就没有必要了，还可能会被认为很烦人。请记住，这种技巧的艺术在于使问答听起来就像一场对话。你可以在你的回答中加入一个简单的问题作为重复的形式。比如：

- "是的，我们在斯德哥尔摩和新加坡确实有办事处。"
- "不，没有要求在每个桌面上都安装代理。"

复述是转述的同义词。你可以对一个长而复杂的问题或一个措辞不当的模糊问题使用这种技巧。其目的是寻求对问题的确认，并准确地确认所要求的内容。你不是在改变你的客户的话语或他们的情绪。经常，你会用这样的短语开始你的回答：

- "让我来理解你的问题是……"
- "如果我没弄错的话，你的关键要求是……"
- "我想确保我提供最准确的答案，所以你能否……"

你希望从客户那里得到一个是/否的回答，或者在某些情况下，得到更多的信息以更准确地组织你的回答。这种方法背后的心理学原理是：（a）再次显示出积极的倾听，

（b）向客户提供一个交换条件，即用一个更好的答案来换取更多信息。

改述与复述不同，你是有意识地改变客户的话语，甚至是他们的意图，以软化或重新引导他们的情绪和感受。可以说，这并不总是售前的强项，特别是那些有工程师背景而不是销售背景的人。

到了这个阶段，你应该对这个问题有了清晰的认识，并知道你应该**如何回答**。这个"你"可能是参加会议的整个销售团队，而不仅仅是你个人。回答问题是一项团队协作，所以在提供答案之前的最后一步是确保团队清楚**谁**将回答这个问题。

最安全的策略是：当问题被提出时，谁在台上，谁就有机会首先回答问题。因此，在演示过程中，售前应该回答任何问题。如果销售人员介绍了公司概况或引导了关于使用许可的对话，则由销售人员回答。请注意，最初的反应可能是转给团队中的其他人，比如："米歇尔，这听起来像是一个价格的问题，你能回答一下吗？"

技巧提示：说说外部人员

外部人员是指不在直接销售团队中的任何人。这包括产品管理、营销、支持和典型的第三方合作伙伴。除非他们比你更资深/更有经验，否则默认的规则应该是："不要回答任何问题，除非我们[销售/售前]把问题传递给你。"在这种情况下，我建议销售人员扮演主持人的角色。

案例研究：不要越界

客户对销售工程师和销售人员的角色和责任有一定的期望。因此，当你越到对方的车道时，无论客户和销售伙伴，可能都会感到困惑。

马丁（Martin）作为售前，在一家大型硬件公司工作了20年。萨尔瓦托尔（Salvatore）是公司负责该区域的第11位销售。他们现在正在第一次共同参加客户的会议。在会议即将结束时，客户对一个特定的产品配置提出了一个问题。马丁专业地回答了这个问题，然后围绕各种配置选项讨论了许可和打包价格的问题。每当出现定价/选项的问题时，马丁就会率先发言，他似乎是跳到了萨尔瓦托尔的前面。这次会议令人满意地结束了，客户同意进行一次小规模的初步购买。马丁很高兴。萨尔瓦托尔却不高兴，并对马丁表示不满："马丁，如果你介入经典的销售人员领域，如定价和打包销售，那我的价值是什么？为什么客户希望我参加会议，或者下次还想和我交谈？你对我们的价格了解得如此透彻，这很好，而且我确信我将来会需要这种专业知识，但下次，你需要给我机会。作为回报，我保证永远不回答关于吞吐量和延迟的问题。"

> 马丁道了歉，双方的关系开花结果。两年后，萨尔瓦托尔和马丁成为中欧地区的最佳团队。

执行回答

如果你现在认为在回答问题之前你已经做了很多预处理，那么你是完全正确的。所有的预处理工作使得实际的回答更容易定位、表达和传递。在回答客户的问题时，你有两重职责。第一是提供答案（这是很明显的）；第二是确保答案**落地**——这意味着它既令人满意又被客户认为可以接受。反过来看，如果客户不理解你的回答或者觉得你没有领会他们的意思，那么再好的回答也没有用。

回答的首要准则是用最少的字来表达足够的信息，让人觉得他们的问题得到了解答。这是一种微妙的平衡。我通常建议，如果可能的话，在开始完整的回答之前，先说"是"或"不是"。如果"是"或"不是"的回答对销售工作来说是积极的，而不是消极的，那么这样的回答将有助于定下基调。从这个角度来看，当你问一个问题，回答超过30～40秒时，你的注意力会有什么变化？

有几种技巧可以帮助作出更复杂的反应。第一种是画图（见第15章"白板和视觉销售"）。这种策略就是传说中的"一图胜千言"[1]，在实体和虚拟环境中都非常有效。客户最终会对你的回答留下视觉印象，所以更有可能来内化和记忆。第二种是讲述一个简短的客户故事（见第16章"讲故事"），讲述处于类似情况下的客户如何使用你的解决方案解决他们的问题。

这个阶段也可能是你意识到你不知道问题的答案的时候。在大多数情况下，你可以说你不知道答案，但你会在接下来的24小时或更短的时间内找到答案并作出回复。但是，如果你在一次销售会议中不得不说"我不知道"好几次，那么有些人——要么是你，要么是客户——就走错房间了。如果你是客户会议中的领域专家，则是一个例外。说"我不知道"，特别是在某些文化中，会使你和销售人员失去很多可信度。

一旦你完成了你的回答，你应该评估客户的任何非语言线索（点头之类的），并确认对方是否接受这个答案。如果客户口头上表达了"这听起来不错"这样的情绪，你的工作就完成了。典型的确认语句是：

- 这回答了你的问题吗？

---

[1] 实际上，售前平均需要6分钟才能看完一个1 000字的答案——所以在这种极端情况下，图片肯定是个好办法。

- 这是否解决了你的担忧？
- 你觉得这在你的环境中行得通吗？
- 还有什么需要我补充的吗？

我通常建议不要使用"这个回答有道理吗？"或"我讲清楚了吗？"，因为它们都可能暗示着对客户和售前心态的一些判断。

一旦你回答完了这个问题，那么就应该继续前进。喋喋不休地提供额外的解释或更多的事实——不管是来自你还是团队中的其他人，都不会有什么好处。律师们喜欢说"已经问过了，也回答过了"，以阻止一连串的提问。

> **案例研究：她真正的意思是什么？**
>
> 一旦问题得到了回答，那么就应该继续下面的内容。萨拉（Sara）是一家大型云计算供应商的解决方案架构师，她讲述了一个关于如果你不继续前进会发生什么的故事：
>
> "我们在给客户的评估小组做技术架构报告。他们是一个知识渊博的团队，所以我们安排了我们的领域专家卡尔（Karl）参加会议。我以前从未与卡尔合作过，但我知道他是出了名的直率。在我们演讲的过程中，有人问了我一个问题，我给出了一个我认为完全可以接受的答案。客户说喜欢这样的回答。然而，卡尔跳出来说：'萨拉想说的是……'然后继续告诉客户一些内部信息，这些信息与我所说的相矛盾，并在客户中引起了相当大的混乱。至少还有两次，卡尔插了进来，抢在我和销售人员（我们都是女性）前面回答客户的问题，破坏了我们与客户建立的信任，最终导致这个机会推迟了。我离开会议时，对这位售前的这种行为感到非常愤怒——卡尔不明白他的角色是支持我们，而不是在客户面前反驳和纠正我们。"

上面我们已经介绍了LACE的基本策略。接下来，我们必须根据问题的类型和类别来微调我们的回复。这需要更多的经验和情境的灵活性。

对问题进行分类

对问题进行分类与LACE的聆听和接受阶段是同时进行的。你可以用两种方式对问题进行分类。第一种是按问题的类型；第二种是按提问的人。

按问题类型分类可以用一个简单的交通灯[1]概念来完成，如表18.4所示。

---

[1] J.P. Knight，一位铁路信号工程师，发明了第一个交通信号。1868年，它被安装在英国议会大厦外。见https://en.wikipedia.org/wiki/J._P._Knight。

表 18.4　交通灯问题类型

颜色	定义	举例
红色	负面的。被称为阻挡者或展示终结者	由竞争对手的教练、DNI 的支持者或受到威胁的技术人员提出
黄色	中立或不能确定。有些东西感觉不太对	任何人都可能提出。谨慎对待，表示尊重。不要假设
绿色	正面的。它有助于推动销售的进展	经常由你的教练或高层支持者提出

红灯是那些可能会凸显我们的能力缺失、竞争劣势或业务术语不匹配等问题的问题。如果你没处理好红灯，它将在以后的过程中困扰你，并可能对任何正在完成的事情起到刹车制动作用。红灯问题可能是故意提出的，也可能是偶然出现的——其背后不一定是有害的意图。你的工作是把红灯变成黄色甚至绿色。这可能无法在一次会议中完成，用颜色来比喻的话，有时红色在变成黄色之前会变成粉红色。

绿灯是那些积极的问题，强调你的能力、产品组合的广度、客户案例数量等。因此，必须像对待其他问题一样对待绿色问题，并给予它应有的时间和尊重。

如果一个问题不是红色或绿色，那么默认情况下，它是黄色的。大多数问题都是黄色的，直到你了解你的客户并建立起更好的关系。黄色[1]意味着"慎重行事"。给问题着色的目的是帮助你评估你的回答的相对优势和劣势，并确保你不会因为猜测或假定对方意图而陷入困境。谨慎行事是值得的。

对提出问题的人进行分类可以进一步指导你的回答。请记住，这些是指导方针，而不是僵硬的规则。尽管你可能经常觉得自己一定程度上是个心理学家，在读懂人或情境方面很出色，但不要把你的全部反应建立在一个想当然的类别上。

我们可以把 99% 的问题大致分为六类，如表 18.5 所示。

表 18.5　问题的大体类别

类型	描述
标准型	常规的、典型的问题或陈述
教练型	你的内部支持者或教练提出的引导性的正面问题
竞争型	竞争对手的教练或支持者提出的引导性的负面问题
顾问型	由外部人员提出的问题，其目的是为了让自己看起来聪明并协助决策过程
西摩型	来自内部技术人员的问题，他想看到更多你的演示、白皮书、规格介绍和手册
敌意型	来自某个人的问题，他只是想刁难

---

[1] 在世界的某些地方，黄色=琥珀色。

标准问题

这些年我了解到的一个惊人的事实是：81.9% 的问题都是由于有人想得到问题的答案而提出的。没有什么比这更深刻、更复杂的事情了。这也是我不喜欢"异议处理"这个标签的原因之一。与第一印象相反，这些问题是最好的提问类型。这是一个极好的机会来消除客户内心的疑虑或担忧。你消除了未知的东西，又教育了客户。这个问题可能是困难的；可能是容易的；可能是任何颜色的。但是除了想得到一个答案，背后没有其他任何意图。

教练的问题

由你的内部教练或支持者提出，应该是绿色的。你可以在会议前建议教练在会议上提出几个相关的问题。这种做法在公共论坛上很常见，主持人可能会向嘉宾提出一些预先准备好的问题，引导到积极的一面。这是同样的策略。在回答教练的问题时，你必须像对待其他问题一样，停顿一下，思考一下，不要显得太急于回答。一旦你回答了，就留点时间让听众理解这个回答的意义。

竞争性问题

竞争对手的教练可能会提出这样的问题，通常是红色或黄色。它们与教练问题完全相反，是为了让你看起来很糟糕。通常你要仔细探察，特别是你就在现场的时候，你看看这个问题是否是从文件或电子邮件中读出来的。这意味着后续还有更多的问题或者行动。像对待其他问题一样对待它，即使你感到压力和被攻击，你也要保持冷静和镇定。提供足够的信息来回答这个问题（仅此而已），并寻求对方对答案的确认。如果你不知道答案，则提出将该问题发布到"停车场"[1] / 后续行动项目列表中，以便后续跟进。

顾问的问题

顾问参加会议并提问是为了在他们的客户面前表现出专业形象，并为客户提供公正的建议。他们可能对你的产品系列或至少对你所处的市场领域有一定的专业知识。另外顾问和你一样，也有他们自己的任务，需要不断地在客户面前推销他们的服务。如果你知道一个咨询机构参与了评估或决策，那么要尽一切努力预先向顾问介绍情况，并把他们变成教练或中立。通过向顾问们介绍情况，让他们了解你的竞争优势，你可能会在会议中得到他们的支持，那样他们就会提出绿色的问题。

---

[1] 译者注：把问题放在停车场，就是把问题先放一边，回头再解决。

除非顾问严重失实，或者误解了我们的能力，否则不值得与他们直接对抗。相反，最好是谈论你的客户用你的产品在做什么。这样的信息任何顾问都难以反驳。

西摩的问题

西摩（Seymour）是这样的客户技术人员，他总是希望看到你的幻灯片、演示、技术规范和文档等更多内容。通常情况下，他们会问一些技术性的、复杂的问题，而这些问题参会的大多数人并不感兴趣。这些问题通常是由求知欲、好奇心或想显示自己最聪明等动机驱动的。对待西摩问题的最佳策略是在你结束会议后向他们承诺提供尽可能多的信息，然后再进行跟进。西摩的问题可能是任何颜色的，所以忽视它们会给你带来危险。

敌意的问题

很少会有人在会议中完全对抗，提出非常尖锐、表面上充满敌意的问题。这种情况并不像销售坊间传说的那样经常发生。有时候，那个人不想待在会议室里，会把气撒在你身上；另一些时候，他们装傻充愣，只想用红色的问题把你埋坑里——尽管这可能感觉是一种人身攻击（可能就是）。处理这种问题最好的方法是结合下面的技巧：

- 赞扬提问者的知识；
- 让销售人员充当缓冲；
- 在会议中寻求其他客户的帮助；
- 安排一个单独的会议来讨论他们的具体问题。

> **技巧提示：我想要更多的问题**
>
> 如果你觉得你没有与你的客户进行充分的互动，可以试试教育行业的这个技巧[1]。不要这么问："大家还有没有问题？"这是一个封闭式的问题，结果往往是"没有"或只是单纯的沉默。相反，应该说："大家还有什么问题要问我的吗？"这个简单的改变使问题的数量增加了40%。为什么？因为这既是一个开放性的问题，也暗示了对问题的期待和鼓励。如果它对青少年有效，那么应该对任何人都有效。

---

[1] 感谢Allison Care女士。

总结

回答问题是一个复杂的话题，你需要意识到许多不断变化的部分和细微差别。尽管你现在知道 80% 以上的问题只是因为有人想得到答案而提出的，在发现其他 20% 的问题之前，仍然需要将注意力放在这些问题上。倾听和观察。你可以从提问的方式和未问的问题中学到很多。

技能培养建议

对于新售前：

- 练习 LACE 框架，并在低风险情况下进行实验。
- 列出前 10 个或前 20 个常见问题的清单。然后，为每个问题创建一个 LACE 回复。
- 利用停顿和深思熟虑的沉默。耐心是关键。
- 笑一笑，慢一点！

对于有经验的售前或售前经理：

- 黄灯是一个更深入了解客户的机会。练习如何回答。
- 镜像（重复/改写最后说过的话）是发现和谈判中的一项优秀技能。把该技能扩展应用到其他活动中。
- 解除西摩的武装，并和他成为朋友。
- 保持微笑！

CHAPTER 19

本章目标

- 提供被信赖的售前顾问的初步定义。
- 了解如何定义和计算信任分数。
- 了解如何在销售周期中使用信任分数。

被信赖的售前顾问

> 赢得客户信任的技巧是不使用任何技巧。
> ——杰瑞·温伯格（Jerry Weinberg）

"被信赖的顾问（Trusted Advisor，TA）"[1]，这6个字，却有成千上万种定义。这是一个典型的"我一看就知道"、但意思却模糊不清的短语。然而，成为你的客户、合作伙伴、同事和销售人员所信任的顾问，应该是每一个售前和销售人员追寻的最终目标——如果你知道如何定义和衡量信任的话！

本章探讨了成为 TA 的总体收益，首先对这个角色进行了定义，将信任分解为信任方程的 5 个驱动因素，并提出了一种在购买周期中衡量和使用信任的方法。在"与高管建立关系"一章中，我们将信任方程的各个组成部分映射到实际的日常案例中。

信任的量化收益

我们是工程师，我们喜欢能够测量和量化的东西。

---

[1] 译者注：国内普遍翻译为"值得信赖的顾问"，我们翻译为"被信赖的顾问"，从"值得信赖"到"被信赖"还有很远的距离。

然而，信任是一个如此复杂、如此具有挑战性的概念，让人难以把握它对销售周期的整体影响。我们可以从可衡量的产出入手。在一次行业会议上，我们的一位客户与另一位客户进行了一系列对话，从中受到启发，决定在销售、售前、技术支持和服务领域实施一个全面的 TA 计划，目的是培训公司里所有经常接触到最终客户的相关团队和人员。首席运营官坚持要用一个实验组和一个对照组来运行这个项目，以测量差异，并将时间跨度定为 12 个月。这感觉就像一个真正的科学实验。最终这是一个成功的实验！他们报告了以下结果，当你阅读表 19.1 中的列表时，花一分钟想象一下，如果同样的事情发生在你和你的团队身上，会对你的公司产生什么影响？你会尝试这样做吗？

信任是驱动销售引擎的燃油——这显而易见——类似这样的数据让我们中最多疑的人也应该相信这种方法的价值。许多其他只在售前团队中实施该计划的客户也报告了四到五位数的投资回报率。这种投资回报率来自于这样一个事实，即更多的行动和过程可以并行而不是按顺序发生——因为每个人都相互信任——这就加快了购买过程。

表 19.1　信任的量化收益

测量指标	量化结果	注释说明
RFP	减少 38%[1]	• 来自战略客户的 RFP 减少 60% • 有更多机会直接获得业务
月度经常性收入（MRR）	增长 16%	全面提高 MRR
流失率	减少 16%	• 留存率行业第一名 • 成本大幅降低
折扣率	减少 15%	打折的项目合同越来越少。总体折扣率下降了 6%
客户案例 / NPS	47% 的增长	留存率行业第一名
售前留任率	100%	售前绩效领先
销售流失率	<20%	所有组别中销售人员流失率减少 25%
服务满意度	增加 0.6 分	客户调查结果从 3.8 增加到 4.4

定义：什么是被信赖的顾问

TA 不是一个你可以给自己的标签或头衔，或可以放在你的电子邮件签名里。只有客

---

[1] 译者注：在很多西方国家，应答RFP的数量是一个负面指标，因为信任我们的客户不会发布RFP，而是直接与我们谈判采购合同。因此应答RFP越多，说明我们的业务拓展越被动，缺乏高质量的客户和项目机会。

户才能授予这个称号[1]。这一点很重要，因为 TA 的核心意味着从客户的角度审视几乎所有的事情。

我们可以从拆解这个词组开始。首先，我们要获得**信任**。是什么让客户信任你？这不仅仅是你的技术知识和能力，因为这些是客户对任何售前的基本期望。对于售前来说，信任就是把履行你的承诺、说真话，并以客户和雇主的最佳长期利益为准则（即使这可能与你自己公司的短期最佳利益相冲突）都结合在一起。

现在我们转到**顾问**方面。我们应该都曾遇到过这样的情况：我们给别人提供个人或专业建议，而他们却毫不理会。在你提供建议之前，你的客户必须愿意倾听你的意见。是什么让他们愿意听你的呢？至少有一部分的信任。下面举一些个人的例子。

1. 玛格丽特（Margaret），是我当地办公用品商店的复印经理。在过去的几年里，她通过提供优惠券、多包装和特别优惠，为我在打印机用品和活页夹上节省了一笔小钱。给复印店的钱少了，我省的钱多了。我刚刚在她的店里买了一台新的笔记本电脑和打印机，而不是从 Best Buy 这样的大型商店。信任！

2. 汤姆（Tom）和尼克（Nick），我在亚洲的商业伙伴。10 多年来，我们基于一次握手和一份三页纸的书面协议开展了数百万美元的业务。信任！

3. 克里斯（Chris），当地一家奥迪汽车经销商的销售经理。（我知道这种故事不新鲜，但请继续阅读。为了保护"有罪"的人，我用了一个化名）。我们租了一辆新车，商定了条款和价格，但是需要等几天才能交货。当我们再来这里办手续时，月供金额已大幅提高。此外，在我们不知情的情况下，还新增了一堆保修、服务和维修合同，并表示"如果你想要这辆车，就接受这些选项。"我们拒绝了，换了另一家店，而这家车行也因为这次经历而失去了我们的多次推荐机会——没有信任！

尝试回答这三个问题，以更好地了解信任和建议之间的关系：

- 问题 1：你能做什么来向你的客户证明你的行为符合他们的最佳利益？（它不一定要涉及省钱）。
- 问题 2：想一想最近你提供（好的）建议但被忽视的情况。为什么会发生这种情况？（"那个人是一个完全的白痴"——这**不**是你应该寻找的答案！）
- 问题 3：想一想最近你提供了（好的）建议而且被接受了的情况。为什么会发生这种情况？

对于"被信赖的顾问"，我们能找到最好的落地定义（不使用信任或建议这两个词）

---

[1] 然而，粗略地搜索一下 LinkedIn，就会发现有 200 多万人的工作头衔或描述中包含某种形式的 TA。

是："一个有知识的人，他不加评判地倾听我，诚实地分享他们的想法，并以我的最佳利益行事。"

> **技巧提示：记住是谁给你发工资**
>
> 尽管你应该始终以客户的最佳利益为出发点，但这并不意味着你应该不断地代表客户对你的公司采取对抗性立场。如果你开始采取可能在伦理上、道德上或经济上不利于客户的行动，你可能要重新评估你的立场。记住你的薪水来自于你的雇主。

信任方程简介

$$T = \left[\frac{C+R+I}{S}\right]P$$

我们可以参考查尔斯·格林（Charles Green）在《值得信赖的顾问》一书中使用的定义作为分析信任的起点[1]。他将信任定义为由可信度（Credibility）、可靠度（Reliability）、亲密度（Intimacy）和自我导向（Self-orientation）来衡量。最初这个定义主要是针对服务和咨询行业。当我们要售前应用这个概念时，我们有必要对这些要素进行定义。如果你想获得信任的高分，从数学角度分析，要提高可信度、可靠性和亲密性的得分，降低自我导向的得分！在得到该书作者允许后，我改编了他的公式，增加了**积极性**（Positivity），并得到了一个令人兴奋的助记词——CRISP。我的客户念成"CRISPy"。你可以在《被信赖的顾问销售工程师》[2]一书中找到有关这个主题的更多实用细节。

可信度（C）

作为售前的最大好处是，你会自动为销售场合带来一些可信度。当你和销售人员在一起时，你可能被认为是更可信的人，因为你不是"那个销售人员"。你可以通过评估你的言行是否可信，以及你最终是否被证明是"正确的"来进一步分解可信度问题。最重要的信誉陷阱之一是你觉得你必须在会议中的每一分钟都要证明你的价值——有时候，最好

---

[1] Maister, D. H., R. M. Galford, and C. H. Green，*The Trusted Advisor*，第20版，纽约：Free Press出版，2021年。
[2] Care, J..《值得信赖的顾问销售工程师》（*The Trusted Advisor Sales Engineer*）. 自行出版，2020. 亚马逊网站有售。

的可信度来自非常认真地倾听，然后再说话。

可靠度（R）

几年前，我在英国参加了一个管理课程，叫作"按你说的做"（Do As You Say：DAYS）。从那时起，这个缩写就一直伴随着我。如果你是认真地想成为一名 TA，对你来说，履行你的承诺、兑现你的诺言并不难。**事实证明，困难来自你们公司中的其他人影响了可靠性的兑现。**你可以承诺在 24 小时内给予客户答复，但如果产品管理部门不给你答复，你就会陷入困境。

亲密度（I）

亲密性衡量的是你对客户了解和理解的程度，包括个人和专业方面。这并不一定意味着你知道他们的配偶、孩子和最喜欢的咖啡饮料的名字（尽管这可能有帮助），但你了解他们的个人利益需求和对任何情况/销售工作的感受。你要设身处地为客户着想，倾听对个人具有重大意义的话题。亲切感来自了解他们早上醒来的原因，理解他们的动机。"I"这个个子高高的"我"意味着你可以预测，或者至少可以预见别人的反应。

自我导向（S）

S 是方程的分母。因此，S 的得分越低越好。这个指标衡量了你在多大程度上考虑了你自己和你的公司，而不是客户的成功。当你发现自己考虑的是销售而不是解决问题，考虑的是业绩而不是发现问题，考虑的是当前的这个短期合同而不是长期战略，那就是一个高分的（因此也是糟糕的）S。在一个以销售为导向的文化中，考虑到售前每个月或每个季度都有帮助销售人员完成任务的压力，这是售前想变成 TA 最大的挑战。另一位客户将高 S 定义为：先考虑自己的奖金，而不是先考虑客户的利益。

积极度（P）

我们都知道有些人把时间花在寻找问题和议题上，而不是找到一个健康的平衡，包括新的项目机会和创新。你可以成为一个 P 值很低的 TA——许多金融、法律和医疗专业人士都属于这种类型。不幸的是，许多售前也是如此，尤其是在与他们的销售同事交谈时。当你指出一个机会中的负面因素时，也要强调相应的正面因素。这同样适用于与你的客户合作。

销售工程师的自动信任优势

销售工程师角色的一个积极方面是，你很少从可信度或可靠性方面的最低分数开始。例如，在没有任何其他因素的情况下，当一个销售人员和一个销售工程师一起走进客户的会议室时，销售工程师比销售人员更受信任。这是因为销售人员被认为是来销售东西的，而售前被默认为是来帮助客户的[1]。

正如本书其他地方所述，客户，特别是他们组织中的低层，会与你分享他们做梦都不会告诉销售人员的信息。你的工作是收集这些信息，并在不违反客户信任的情况下与销售团队分享。最重要的是，你要记住你的技术可信度必须保持纯洁，不受质疑。一旦客户发现你直接或间接地误导他们，"忘记"告诉他们一些事情，那几乎不可能再重新获得他们的信任。最好说："我不知道"，或"我知道这个对你非常重要，我会去研究一下，这样我就可以给你一个100%准确的答案。"

创建自己的信任量表

要计算你对某个客户的信任分数（T-score），你需要一个公认的量表。请注意，在个人的基础上进行这项工作要比在公司的基础上容易得多。因为公司不能信任你，而个人则可以。

对于每个特征，你应该使用表19.2中的准则，制定一个符合这些规则的评分系统。请注意，S 和 P 有不同的评分标准。

表19.2 信任评分标准的准则

特征	高（好）分	低（差）分
公信力（C）	5	1
可靠性（R）	5	1
亲密关系（I）	5	1
自我导向（S）	1	5
积极性（P）	1.33	0.5

---

1 一些售前明确使用了其他面向客户的头衔，去掉了他们工作称谓中的销售部分，如"咨询工程师"或"安全工程师"。但我认为，大多数客户清楚地知道售前是销售组织的一部分，不管你的工作头衔是什么。

然后，针对每个特征，完成表19.3。你需要看一下两个独立的组成部分，也就是右边的两列。第一列是基于你在该特征的 1～5 的行为时的表现。尽可能多地寻求行为和具体的例子。第二列显示了当你在该特征上为 1～5 时，客户是如何表现的。例如，如果可靠性 R=1，你的行为特征可能是你错过或迟到大多数会议，没有跟进，而且很少有充分的准备（简而言之，你将很快被迫寻找另一份工作）。客户的反应可能是抱怨、投诉，或要求将你排除在服务客户的销售团队之外。

表 19.3　信任特征的评分表样本

值得信赖的销售工程师工作表 T-score

信任因素 （选1项）	☐ 可信度 ☐ 可靠性 ☐ 亲密性 ☐ 自我导向 ☐ 积极性	
分数	你的行为	客户行为
1		
2		
3		
4		
5		

技巧提示：一些打分建议

1. 大多数组织通常会将3分定为期望的职业行为。有些组织会根据其文化，将标准定得更高或更低，因此在创建企业 T 型图时，必须获得多方面的输入。

2. P 有一个不寻常的范围，即 0.5～1.33，作为一个乘法系数。对大多数客户关系情况来说设 P=1.00 分，只在特定情况下向上或向下调整。否则，就很容易通过声称有特别积极的客户关系来提高分数。

计算信任分数

选择一个你的客户。观察他们的行为，为每个特征选择一个分数。有两个指导性原则。

1. C、R、I、S 打分都取整数。如果不是整数，可以向上或向下四舍五入到"最差"的数字。(例如 I 中的 3½ 变成 3，S 中的 3½ 变成 4)。

2. 如果两者之间存在差异，请使用客户行为得分而不是你的得分。(如果你认为你的行为是 C=4，但客户的行为是 C=3，那么 C=3)。

然后填空并计算出分数。

$$T□□.□□ = \left[\frac{C□+R□+I□}{S}\right] * P□.□□$$

举个例子，假设你认定 C=3，R=4，I=2，S=2，P=1.00，那么你的分数结果为：T=4.5。

$$T[4.5] = \left[\frac{C[3]+R[4]+I[2]}{S[2]}\right] * P[1.00]$$

通过计算，你会发现最低的分数是 0.3，而最高的分数是 20。大多数初始分数将落在 2～4 之间——只要你对这种客户关系持现实态度。如果你选择设定 P=1.00，那么范围就被限制在 0.6～15。T-score 是一个非线性近似值。2 分和 2.5 分之间差别不大，但 5 分和 7 分之间却有天壤之别。提高 T-score 的关键是检查每个特征并制订计划(通常是一组任务或活动)，以提高方程式中五个不同因素中的每一个。

> **技巧提示：重点在哪里**
>
> 售前有很强的可信度和可靠性，较弱的亲密性，自我定位和积极性得分一般。从数学的角度来说，最快的短期改善方法显然是降低你的 S 分。

在采购过程中使用信任

大多数项目机会计划和客户经营计划在某种程度上会包括客户的人员名单、他们在采购过程中的角色(如批准者、推荐者、影响者，或教练)，以及许多其他属性。然后，应该再增加两列——一列显示你与该人的 T-score；另一列显示销售人员与该人的 T-score(如果他们愿意接受这个方法)。你可以从中获得一些有价值的分析结果，例如：

(1) 看看客户组织中是否存在信任差距；

(2) 识别重叠的领域(售前和销售不需要对每个客户都有很高的 T-score)；

(3) 选择谁可以为某些事情接触客户。

一旦你实施了几个月的 T-score，你就会在你的客户群中发现具体的障碍和阻力。表 19.4 整理了来自 20 多个售前团队的数据，可以发现以下结果。

表 19.4　将 T-scores 映射到客户活动中

范围 /T- 得分	得分解读
<2	差，最低的信任，没有信任关系
2～4	正式的业务关系，友好但不深入
4～5	客户会开始在内部推广和宣传你（以较低风险）
5～7	良好稳固的关系。客户将采取积极行动，并为你做有一定风险的事情
7～10	被信赖的顾问 I。你的目标
>10	被信赖的顾问 II

> **案例研究：应用CRISPy**
>
> 这里有一个实际的 T-score 应用案例和反馈。美嘉（Mika）是在一家大型硬件公司工作了 20 年的售前老员工。她介绍说："我们的业务停滞不前。我们以同样的方式向同样的公司销售同样的产品和服务已经很多年了。这越来越无聊，也缺乏任何真正的挑战。当我们进行新财年规划时，我和我的销售人员决定使用 CRISPy。我们增加了一个额外的准备层，并在明确提高所有信任分数的基础上绘制了我们的客户互动。我们也将 CRISPy 作为我们汇报的一部分。这是一种看待人际关系的全新方式，令人耳目一新。工作又变得有趣起来了！我们完成了每一个月度和季度目标，并在第四季度开始时进入佣金加速阶段[1]。工作了 20 年，我以为我什么都懂，现在我很高兴我被证明是错的。我团队中的每个人现在都在谈论 CRISPy"。

一些售前的具体情况

正如我们必须将功能与商业利益联系起来一样，我们也必须将可信顾问的理论和分数与更实际的应用联系起来。回顾你所有直接和间接面向客户的活动（如书面沟通、发现、演示和介绍）。对于每一个活动，考虑如何应用 CRISPy。尽可能地具体化和规范化。这是一种不同的、有价值的思维方式。关于这个过程的更多信息，你可以参考《被信赖的顾问销售工程师》的配套书籍。[1]

如前所述，售前为自己的可信度和可靠性感到自豪。约有 58% 的售前将可信度和可

---

[1] 译者注：对于超额完成销售任务时，公司提供高额奖励。

靠性作为他们最重要的两个属性（无先后顺序差别）。我把这两个属性归类为"硬"属性。它们更容易影响和衡量。建立自己的优势有很多可说的，但当涉及信任时，你也需要在亲密和自我定位这两个"软"属性上下功夫，再加上积极性。要想了解你与其他近万名售前的对比情况，请参考表 19.5。

表 19.5　售前如何评价自己*

最强因素	比例（%）	评论
可信性	44	售前的顶级实力
可靠性	23	如果你没有这个，你将无法生存（与客户或与销售人员）
亲密关系	14	对我来说，这是最具挑战性的事情，尤其是远程交流时
自我导向	19	我们是来提供帮助和解决问题的；我们不是来卖东西的

* 截至 2021 年第三季度，有 9 786 个答复。资料来源：MTS 研讨会调查。

总结

本章概述了成为可信赖顾问销售工程师的计划，以及衡量、监测和报告的相关指标。我们已经讨论过，仅仅是定义被信赖的顾问对公司（和客户）的意义，然后试图衡量这种信任，就能使你的销售工作产生重大变化。成功实施这样一个计划的头号障碍不是售前，也不是客户，而是那些带着业务指标的销售人员。他们担心这将在某种程度上拖后一些项目。这很可能发生在你实施该计划的第一个季度，但这是一个典型的短期小痛苦换取长期大收益的案例。

技能培养建议

对于新售前：
- 根据四个主要因素从最强到最弱给自己打分。
- 记录你在各种面向客户的任务和活动中应用 CRISPy 的具体例子。
- 写下你对可信赖顾问的定义。
- 思考：在个人生活和职业生涯中，你为什么信任他人？

对于有经验的售前或售前经理：

- 为这五个因素创建一个可量化的信任量表。
- 将 T-score 纳入你的客户计划。
- 将 T-score 的使用范围扩大到销售人员和合作伙伴。(他们对你的信任程度如何？反过来呢？)
- 对于管理者：拥抱并应用 T-score，使用 CRISPy。定期检查 T-score 评估结果并提供反馈。

CHAPTER 20

本章目标

- 了解高管们对你的要求和期望。
- 知道如何研究和计划高管会议。
- 学习如何进行高管会议并在会后进行跟进。

与高管建立关系

> 高管就是没有时间听你说话，却有一整天时间和你聊天的人。
>
> ——泰勒·罗兹（Taylor Rhodes）
> 某科技公司 CEO

与高层管理人员会面可能会使偏技术的售前非常紧张。然而，一旦你意识到高管有不同的优先事项，这些会议就会变得容易管理。本章涵盖了与不同公司高管打交道的基本原则，以及他们的决策过程。我还将把"被信赖的售前顾问"一章讲过的信任方程的实际相关内容融合在一起。

高管的定义

在本章中，我宽泛地使用了高管（Executive）这个词。不要只关注你的客户组织中最高级别的管理人员——那些被称为 CXO(首席信息官、首席财务官、首席技术官等)或 XVP(执行或高级副总裁)的人——因为这是不现实的期望。在过去的几年里，我们随机调查了我们的研讨会学员，了解他们每季度参加的真正的高层管理人员会议的实际比例。通常情况下，在企业和公共部门的业务中，答案是低于2%，在中小企业中低于8%。在本章中，高管是指来自你的目标客户组织的技术部门或业务部门，对人事、预算或战略有很大权力的任何人。在一个大型的财富500强企业中，这可能比CIO低一个或两个级别（被称为CIO-1或CIO-2）。

高管们想从你这里得到什么？

我们与MTS的客户和他们的咨询伙伴合作，调查了这个问题[1]。我们对22个国家的2 179名大公司的中高层管理人员进行了调查，他们广泛代表了全球除中国以外的所有主要技术市场。我们提出的问题是："你希望供应商的售前团队具备哪些主要技能？"答案见表20.1。

表 20.1 高管们对售前的主要技能要求

问："你希望供应商的售前团队具备哪些主要技能？"

高票答案依次是：

排序	期望的专业技能
1	了解我的业务
2	我可以信任，为我和我的公司做正确的事情
3	能够清晰有效地与我沟通
4	能够与我的团队一起设计创新解决方案
5	能够提供深厚的技术知识

深入观察这些回答可以发现，前四个回答是一致的，超过85%的参与者选择了这些答案。深度技术知识排在第五位，得分约为40%，然后是其他期望的长尾。这个排名意味着，大多数售前引以为豪的技能——拥有技术知识——被许多高管视为门槛条件。他们期待的是必须具备咨询性技能，列在第一位至第四位的答案都体现了这个要求。这是一个相当大的转变，因为在互联网繁荣时期或之前，深厚的技术知识无疑是第一位的。这表明在过去的20年里，售前的角色要求发生了很大的变化，但销售人员的角色要求却几乎没有任何变化。

残酷的现实并不总是与这些希望和愿望一致。虽然有点刻板，但高管们认为技术人员可能会讲得过于详细，远超他们想听到的细节程度（因为这就是他们的内心看法——想象

---

[1] EMC公司（现在的Dell-EMC）最初在2011年以这个问题为重点，委托麦肯锡进行了一次较小的调查。这些数据似乎非常有价值，以至于我们在10年后重新使用了这个概念。

一下一个网络工程师与首席信息官会面的情景！）。人们不期望售前在着装或演讲技巧方面像销售人员那样讲究[1]，也不希望他们更内向而非外向。

召开高管会议，要么是因为你自己的销售团队，要么是因为客户的某个人，认为你有宝贵的信息或见解，应该提供给该高管。高管们希望你能做好准备，做好简短汇报，并能以简明、专业的方式传授你的智慧。你的任务是满足并超越这些期望。

> **技巧提示：高管们也是人！**
>
> 尽管与高级领导人会面的情景可能看起来令人生畏，但请记住，他们和你一样，都是有血有肉的人。在不诉诸陈词滥调的情况下，知道"他们和你一样一只脚穿一只袜子"，把注意力放在人身上而不是职位上。表现出适当的、文化上正确的尊重和谦逊，但记住你为什么出现在他们面前。

大多数高管是以利润和投资为导向的，金钱是他们业务驱动力的通用货币。他们的部分工作就是以他们认为会产生稳健回报的方式为公司投资资产。如果有一个销售人员到你家里拜访，声称可以像他们为你的邻居所做的那样，能够将你每月的水电费减少35%，你肯定会想知道所有的财务细节。

计划会议

以"一加三"的策略开始，对高管来说，这是神奇的数字。这个策略的意思是：在理想情况下，与任何高管互动，你应该专注于一个主要信息；然后，你可以用最多三个关键点来加强这个信息（复习一下第10章"完美的演讲：结构"的 RM+3KP 部分）。"一"的高管规则适用于所有形式的互动——邮件、短信、口语，特别是幻灯片和演示。任何有超过三个要点的幻灯片都不被欢迎。高管们的工作就是通过将大量的数据提炼成有意义的、有洞察力的决策，从而作出风险适中的选择。通过总结关键点并消除干扰和噪声，你就更有可能获得他们的全部注意力。

会前准备

你的内部教练或第三方往往会支持和组织这次会议。可以推测，如果高管从会议中得

---

[1] Clarify公司的前全球销售工程副总裁Don Smith曾经有一套售前的基本规则，其中一条就是"永远不要穿得比你的销售同伴好"。

不到任何好处，会议是不会召开的。但试试总没有坏处。请你的支持者为你说话，但不要设定不合理的、过高的期望值。从信任方程来看，他们正在为你在可信度和积极性因素上建立了一个良好的开端。如果这是与同一高管的第二次或第三次会面，那么之前一定发生了一些好的事情。作为一个前IT主管，大多数人都能进入我的办公室一次，但再允许你来，意味着我学到了一些东西，或者你帮助我做了一个决定。

  研究你将与之会面的人。寻找任何公开发表的文章、讲演或报告，然后仔细阅读它们。除了在谷歌上搜索有关该高管的信息之外，还可以查看任何专业网站，如LinkedIn和Xing。根据他们的年龄特征，你也可以从个人或公司的博客以及Twitter等应用程序中了解一些情况。访问Facebook和Instagram等更私人的应用程序，像跟踪一样，似乎有点令人毛骨悚然，所以要小心你做这些事情的方式。良好扎实的研究，包括在电子世界和真实世界的调查（不要忘记向那些认识他们的人问"多告诉我一些他/她的情况"），你可能会发现一个"钩子"。钩子是一个共同点或共同的兴趣爱好，你可以用它来开启关系或作为故事的一部分插入。这也有助于推动信任方程式中的亲密关系因素。

案例研究：研究的力量

  胡安（Juan）和罗宾（Robin）的销售/售前团队成功地安排了一次与一家大型体育设备供应商的新任首席安全官（CSO）的介绍性拜访。作为会议准备的一部分，罗宾研究了新首席安全官的背景。他发现这是新首席安全官的第一个商业职位。她之前的所有经验都是作为一家咨询公司安全部门的管理合伙人。进一步的在线研究表明，她在行业内因其在数据泄露的法律分析方面的专长而闻名。恰好，胡安和罗宾的网络安全产品线里有一个鲜为人知的产品，可以帮助进行这种分析。罗宾很快熟悉了该产品，而胡安则找到了一个客户案例。会议开始20分钟后，一切进展顺利，CSO问道："我想你们没有处理数据泄露的东西吧？"罗宾向她快速介绍了产品及其功能，用她自己的话说，这让她"看起来像个摇滚明星，并立即创造了可信度"。胡安提到了标杆客户的名字，这次普通的会议变成了一个十分成功的销售会议。现在，双方的关系已经稳固。在接下来的几年里，两家公司之间建立了强有力的战略伙伴关系——这一切都基于一些简单的客户研究。

  你要对语言、文化和地理位置敏感。例如，纽约的金融服务公司高管可能会简短、敏锐、直奔主题，花在寒暄和介绍上的时间最少（所以可信度和可靠性超过了亲密关系）。相比之下，在亚洲文化中，前20分钟或30分钟可能是简单的介绍，交换名片，以及一系列礼貌的恭维。一个美国高管可能只关心"前面的底线"，而一个德国高管仍然希望得到同样的关键点，但不允许你为达到目的而偷工减料。你还要知道，高管的注意力会因职位不同而有很大差异。总的来说，首席财务官、运营官和安全官可以比销售或营销的高级副总裁更长时间地保持注意力。观察你自己公司内部高管的习惯。不仅有必要预先准备好你的讨论要点，而且高管需要了解你为什么要开会。就像任何其他会议一样，确认预期的会议长度和要讨论的主题。你可以在会议的业务部分开始时说："会议15分钟之后，我想我们可以……"你也可以把这个任务留给销售人员／销售经理或你的经理（如果在场）。

> **技巧提示：时间就是金钱！**
>
> 高管拥有的最宝贵的资源是他们自己的时间。虽然会议计划有30分钟，并不意味着你会得到整整30分钟的时间。在最好的情况下，假设你有5分钟用于介绍，5分钟用于总结，剩下20分钟的内容。在最坏的情况下，你的会议时间将被削减一半。为此做好计划，不要把最关键的内容留到议程的最后。你可能还没进行到那里会议就不得不结束了！

跟着钱走

你所遇到的许多高管都承担着某种形式的预算或整体损益（P&L）责任。虽然传统的售前专业培训课程不包括基本的财务基础培训，但我强烈建议你参加一些，以便你能够阅读资产负债表和损益表，特别是如果你是看大客户的售前，每年都要和同一小批大客户打交道。我们并不期望你生成一些复杂的总体拥有成本的电子表格。不过，在与那些关心财务状况的人打交道时，具备财务知识还是有帮助的。你应该知道该公司是否在盈利，其利润率是增加还是减少，以及任何重要的财务比率是否与正常情况有明显的不同。

在美国，上市公司的财务数据可以随时从美国证券交易委员会EDGAR3[1]数据库的年度报告、10-K和10-Q文件中获得。所有主要的国际股票市场都有类似的网站。另一个好的方法是阅读年度报告和最近的几次业绩公告，或者阅读分析师会议的记录。业绩公告经常会强调公司的关键战略举措。因此，如果你的解决方案与这些举措相一致，那你就有明显的优势。

跟随金钱的第二个方面是了解高管的薪酬是如何与业绩挂钩的。薪酬驱动行为，所以了解他们的业绩衡量标准，无论是收入、毛利还是股票价格，都有助于将你产品组合的影响与他们个人的成功联系起来。除非你已经是他信赖的顾问，或者信任要素中至少有一个高分的亲密关系，否则这可能是一个更好的话题，可以让你们的某个高管在以后的会议中提出。一个首席执行官不可能在第一次会议上与一个地位较低的售前分享他们业绩考核指标的细节。

---

1 见https://www.sec.gov/edgar.shtml。你也可以看到内部人员买卖股票的情况。

设定会议的目标

尽管我们有了很多信息，做了最充分的准备，会议确实还需要有一个目的和至少一个总体目标。写下这些目标，并与你的销售伙伴分享，以便达成一致。我使用记忆法 MARS-BARS（表 20.2）来帮助我记忆。

表 20.2　使用 MARS-BARS 来设定目标

MARS	销售会议的最低可接受结果
BARS	销售会议的最佳可达成结果

销售拜访的最低可接受结果（Minimum Acceptable Result of Sales call：MARS）意味着，如果这个目标实现了，客户团队将认为这个会议是成功的。一个默认的 MARS 可能是得到下一次会议的机会，而没有什么可怕的事情发生。销售会议的最佳可实现结果（Best Achievable Result of Sales call，BARS）是一个争取实现的目标。如果出现这种情况，你可能会在停车场做后空翻，而且销售人员还要请你吃饭。请原谅我的双关语，这是一个需要记住的甜蜜缩写词。

目标可能是围绕着获得对未来行动方案的同意或批准。还有一些目标仅仅是获得所需的信息以完善你的解决方案和建议。还有一些目标是消除董事会或其他高管的障碍或反对意见。

> **技巧提示：要现实一点！**
>
> 　　如果你遵循 SMART 的目标设定方法，那么 R 代表的既是相关的也是现实的。如果销售人员告诉你，他们的 BARS 是带着采购合同离开会议，这是不现实的。在 30 多年的经验中，我只有两次带着实物或数字签名的采购单离开高管会议。这种情况发生的可能性极小，但你可能会获得他们对采购合同的批准。

你是专家

对你的方法和执行要有信心。你是销售团队（或客户）认为适合参加会议的领域专家。这次会议是你展示高可信度并进一步提高它的机会。做一个假想实验：假设有 2 个售前，一个很紧张、几乎不能把两个连贯的句子放在一起，另外一个沉着、冷静、自信、相信自己所说的，你更有可能听谁的？更相信谁？

如果你有时间和机会，试着进行一次彩排，并与你的经理或主管进行演讲 / 演示 / 讨论的角色扮演，多练习来保证效果。成为一个喜欢和高管沟通的售前，对于个人职业发展和个人品牌提升，都会有良好的回报。

执行会议

作为计划过程的一部分，你需要决定你的角色是教育/咨询还是销售导向。我的经验是，相对于以销售为导向，以咨询为导向并降低自我定位的售前会取得更大的成就，获得成功的概率会更高[1]。通过教育甚至是温和地挑战高管人员，你会强化一种为对方提供帮助的现场氛围。把直接销售的工作留给销售人员。

> **技巧提示：重新审视神奇的数字**
>
> 对于面向幼儿的体育教练来说，很早就学会的一个技能是让父母（经济买家 EB：Economic Buyer）满意。其中一个技巧是确保你的学员对家长提出的"你今天学到了什么？"的问题有一个简单的答案。每次训练结束后，教练会快速总结本次课程学习的内容。用这个类比是想说明，高管人员在离开会议时应该对他们学到了什么很清晰。

展示观点

大多数高管通过查看和接触进行学习。这种学习方式意味着一张图片或一个动作，而不是传统的幻灯片上的一千个字，更能传达技术信息。这方面的一个例外是在演示你的产品时。通常情况下，你可以在回答问题时告诉高管们产品功能，而不是向他们展示实物。这种告诉与展示的方式是使用第16章"讲故事"中讨论的对话式客户案例故事的一个完美例子。虽然我没有客观数据来支持这一论断，但我坚信：在一个合格的销售周期中，你越晚向高管演示，效果就越好。

作为对表20.1所示的"售前需要什么技能"调查的补充，我们请教了一些高管：他们是更喜欢正式的电子演示还是非正式对话呢？约有81%的人投票支持非正式的谈话。在一些国家被称为"肩并肩销售"，这种方法建议坐在客户旁边，用一张纸、小册子、白板

---

[1] 首席信息官和其他技术领导人发现自己处于更重要的领导地位，在促进向远程工作的转变、重新配置供应链、使工厂自动化等方面发挥了关键作用。Capital One 金融公司的首席信息官 Rob Alexander 说："我们看到本需多年的导入进程现在被压缩到了几个月就要实现。我们需要成为全面发展的商业领袖，拥有跨越多个学科的深厚专业知识和成长的心态。"听起来多像一个销售工程师！（华尔街日报采访，2021年9月21日）

或平板电脑来表达你的观点。进而我们推断，他们也会向员工推荐这种方法[1]。

> **技巧提示：我最喜欢的战术**
>
> 当与销售、售前或营销主管会面时，我最喜欢的方法是掏出一套笔，说："我把笔记本电脑忘在车上了。不如先聊一聊，然后把我们所想的东西画个草图怎么样？"想象一下，这些可怜的高管们每个月要看到多少张幻灯片。这是一种不同的方法，如果稍微用一点技巧，就能帮助你和你的公司看起来令人难忘和与众不同。我的MTS公司历史上最重要的交易之一就是在新加坡环形码头回旋镖酒吧的一张餐巾纸背面搞定的。

如果由于文化、习俗或环境的原因，你需要做一个基于幻灯片的演示，那么请应用"少即是多"的原则。完美的演讲稿就是你再去掉一样东西，你就会毁掉它。你需要足够的东西来说明你的观点，并说服观众接受你的MARS-BARS，而不是其他。我并不是建议你学习极简主义的乔布斯，在每张幻灯片上只有一张图片和一个字；只是不要为了所谓的以防万一需要，而增加更多的内容。虽然事后可能需要参考和补充材料，但不要将其纳入你演讲的可见部分。相反，从参会的高管那里得到演讲速度以及是否在一张幻灯片上停留或继续前进的线索。

> **案例研究："去复杂性"的实践**
>
> 我曾经为一家价值数十亿美元的公司工作，该公司销售数百种不同的企业软件产品，在任何领域都不是特别知名的市场领导者，到现在他们也不是。公司的销售组合涵盖了IT基础设施管理、安全和整体治理方面的解决方案。要向我的朋友们解释这一切是令人难以置信地困难，更不用说要讲给繁忙的客户业务主管了。最后，经过几次令人困惑的解释，我决定用房子来类比，这肯定是一个大家熟悉的事物。我一边画着房子，一边解释说：我们的管理产品监控着水、气、电等公用设施的使用，并通过适当地使用保险丝、恒温器等，确保房子继续按照业主的期望运行，即使他们不在这里。安全产品锁住门窗，并提供报警系统、二氧化碳和烟雾探测器，以保证居住者的安全和健康。我们的治理产品确保了账单的支付、维修的进行、许可证的申请和税费的缴纳。这个比喻一下子打动了客户，他们甚至拿起笔，通过增加安全门、狗、闭路摄像机等来扩展这个故事。

---

[1] 我学会了一个新的短语"避免YAPP"，YAPP的意思是<u>又一个PPT</u>（yet another PowerPoint）！

回答问题

高管们喜欢清晰和直接，他们中的大多数人都希望能够推动议程，并提出很多问题。高管可能会向你提出很多问题，甚至比高度技术性的听众的问题还多。这些问题会有一个明显的主题，并且是好奇心、挑战和澄清的混合体。在高管面前，你能做得最好的事情通常是回答问题。

担任很多公司 CXO 和董事会成员的戴维·凯洛格（Dave Kellogg）举了下面的例子[1]：
- 问题：用 1～10 打分的话，你认为团队的表现能得几分？
- 糟糕的回答：嗯，你知道，团队一直在努力，非常努力。事情并不完美，但他们最近真的很团结，而且我认为情况正在改善。空缺职位都招到了人，工作正在取得进展。
- 好答案：7 分。
- 最佳答案：7 分，尽管我们有一两个问题需要解决。

你应该回答这个问题，因为高管人员希望得到答复。你应该简明扼要地回答，因为他们很有可能会有一系列的问题想要追问。上面的最佳答案之所以是最好的，因为它既回答了问题，又给了高管人员选择"拉线"的机会，如果他们愿意，可以了解更多。这是他们的决定。尽管你仍然可以采用第 18 章"回答问题"中的大部分策略，特别是确保你理解为什么要问这个问题，但你必须走一些捷径，以保持高管的耐心，让会议继续进行下去。

会议结束后的跟进

作为会议后工作的一部分，你应该讨论后续行动计划。现在不再是一切与客户的沟通都需要通过销售人员来进行了，特别是如果你和那位高管之间已经建立了私人或技术联系。现在是你提高你的可信度、证明你的可靠性的机会。多年来，你已经建立了一个联系人名单，上面都是你曾与之会面过的高管。如果高管需要更多的数据或有更多的问题，你没有理由不亲自响应他的需求。也许有 20% 的可能性，你会收到后续的联系请求，或收到 LinkedIn 的好友请求，进而建立长期联系，这对你现在和未来的职业生涯都有帮助。

从更有战略意义的角度来看，要着眼于长远。请记住，你所见到的所有高级经理和总监都可能会被提拔。我现在认识的几个 CXO，他们在我多年前作为初级售前第一次见面时就只是个人贡献者（individual contributor）。这些关系一直保持到现在，非常有用——不

---

1 见 https://kellblog.com/2012/01/17/the-one-key-to-dealing-with-senior-executives-answer-the-question。

仅仅是在销售方面。

在战术层面上，最难接受的一件事是，尽管你可能赢得了技术战役，评估小组告诉你，你是他们的第一选择，但你仍然可能失去这笔交易。一些高管仍然喜欢在专属高尔夫球场上或在昂贵的晚宴上作出决定。这种类型的结果远远超出了售前的范畴，非常令人沮丧。尽管有技术上的胜利，但在签署合同之前，交易还没有完成。要保持警惕，在业务胜利发生之前，不要脱离客户。

非正式的高管联系

准备好在各种日常环境中遇到客户的高管，例如机场航站楼、体育赛事、咖啡店排队，甚至在当地的聚会上。社交性的聊天可能在某些时候会涉及"你在哪家公司工作？""你在什么行业工作？"这样的话题。即使在个人和工作之间有明确界限的国家，你仍然可以温和地与他们接触。无论你是为财富100强的大型知名公司工作，还是为一家小型初创公司工作，都要用你的公司名称和一两句话的简短标志语来回答。**不要**用被销售培训师亲切地称为"电梯式推销"[1]的方式，因为这是个错误的场合。随后的对话可能有各种可能性，通常都是纯粹的社交互动。如果你得到的回应是"你是怎么做到的？"或"多说点吧"，那么请简要回答，并确保你是在进行对话而不是演讲。最后给你的新高管朋友提个问题，看看会发生什么。

总结

与其他任何售前活动相比，高管会议更需要高度聚焦，并围绕你的核心信息和目标进行。它是高风险、高回报的。使用"一"的高管规则，使你的演讲或谈话保持简单，并记住你最多有三个谈话要点来补充信息。像尊重他的职位一样尊重他，珍惜高管的时间。避免冗长的演示或介绍，在大多数情况下，把时间花在他们从你的公司进行采购的业务收益和投资回报上。最后，要使用 FAB 方法（见第 6 章）。

为会议做准备、计划、再准备，牢记你的 MARS-BARS 会议目标。我还建议你在会后使用信任方程进行复盘汇报，看看你是如何影响到五个信任因素的。

1　这是对一个想法、产品或公司的简短描述，以一种任何听众都能在短时间内理解的方式解释这个概念。它不需要60秒或更长的时间，比我们和别人在电梯里的平均时间还要短。我相信，你应该把电梯式推销留在电梯里。

技能培养建议

对于新售前：

- 做好准备。在计划会面时长的一半时间内演练你的演讲稿。
- 应用"一"的高管规则。
- 保持简单，围绕核心信息。不要喋喋不休。
- 与客户团队一起设置你的 MARS-BARS。

对于有经验的售前或售前经理：

- 了解客户公司的使命和财务状况。
- 将你的产品收益直接映射到收入、成本和风险上。
- 减少对正式演示材料的依赖。
- 建立关系并应用信任方程式。

CHAPTER 21

计算和证明商业价值

本章目标

- 介绍价值销售的最后步骤。
- 引入价值工程和云财务管理（FinOps）。
- 解释情感投资回报率的重要性。

> 价格是你支付的东西；价值是你得到的东西。
> ——沃伦·巴菲特（Warren Butfett）

客户购买任何数量可观的技术产品通常都需要一个<u>商业计划</u>（business case）。即使高管人员有充分的预算[1]，他们也需要证明这项采购具备商业价值。用业务价值发现的语言（第6-7章"业务价值发现"）来说，他们需要的产出将是时间、人员和金钱的节约，以及成本的降低、收入的增加、使命的实现或风险的降低。

我们知道，除非我们的解决方案被用来解决一个问题，否则它们的内在价值是零。只有当我们帮助客户将解决方案用于解决问题时，它们才变得有价值。在一切皆为服务的世界里，客户希望我们能够帮助他们在**使用中创造价值**。对于大多数客户来说，业务问题包含了对可衡量的价值创造的明确或隐含的要求。

本章介绍了采用最后价值步骤的重要性，价值工程和云财务管理（FinOps）的兴起，以及情感投资回报

---

[1] 大多数高管都有一个可自由支配的支出限额。例如，他们可能每月可以花费2 500美元或每年3万美元，而不需要任何正式的批准程序。但后续需要采购/财务部门的监督。

率的影响。这些绝对是本书中涉及的一些高级话题。

证明价值

让客户对解决方案的货币收益感到满意是至关重要的。不要因为经济效益在你看来很明显就自动认为他们明白了。丽莎·明奈利（Liza Minnelli）在《卡巴莱》[1]中扮演莎莉·鲍尔斯（Sally Bowles），她唱道："金钱让世界运转，让世界运转"。金钱是商业的通用货币，所以销售团队需要在购买过程的最后阶段强调经济性。

一旦我们确定了一个合格的客户机会进而展开沟通，我们需要提供技术验证，然后将能力的成功交付映射到可衡量的客户价值的证据上。这意味着我们需要回答一个有点哲学性的问题：什么是价值？我们如何定义价值？为了给我们的客户设计价值点，你需要知道什么？做什么？

我们必须开始把自己更多地看作是价值工程师（Value Engineer）。实际上，这意味着我们需要专注于成为业务问题的解决者，而不是只把自己当成销售工程师。如果你给客户建议的是服务型或消费型的能力（例如云服务），这一点尤其正确。我们将在本章接下来的部分中展开论述，但这里有一些与客户价值有关的东西需要思考。

组织通过以下方式创造价值：

- 降低成本；
- 扩大规模，提升速度；
- 提高生产力；
- 提高利润率；
- 或所有这些的组合。

实际上，这意味着他们可以选择做以下一项或多项工作：

1. 提供独特的服务和能力；
2. 提供卓越的客户和员工体验；
3. 修复和精简内部流程；
4. 将客户旅程数字化，提供无缝体验；
5. 推动卓越运营和持续创新。

当我们探索做数学模型计算并为客户创造可衡量的价值时，这里有一些（有争议的）

---

[1] 《卡巴莱》（Cabaret），1972年上演的音乐剧电影，由Bob Fosse导演。

与价值有关的事情需要考虑：我们提供给客户的产品、解决方案、服务和能力的内在或隐含价值为零。想一想这个问题吧。我们的解决方案只有在被正确使用时才变得有价值；只有提供积极的商业成果而创造价值才实现了价值。这是你的禅修时刻。

客户如何评估价值？

作为销售工程师，我们需要了解客户的价值评估流程并为其提供输入。对我们中的许多人来说，我们的主要联系人往往是在技术或运营层面。我们可能很清楚我们的技术联系人在评估、概念证明或比较提案时使用的价值评估类型。技术团队，包括 CIO、CISO 或 CTO 在内，他们把节省的时间、生产力的提高、总体拥有成本，以及简单的投资回报率等视为重要的指标，作为评估的标准，然而，我们是否了解并影响客户如何评估我们建议的解决方案是否创造价值的过程？任何实质性的投资都会被提交给采购主管、首席财务官和（潜在的）组织中的其他 C 级高管。

在这一点上，你可能会说："等一下。我和客户的业务领导没什么联系。我的销售代表虽然非常努力但是也没法接触到他们。因此我不可能影响像首席财务官这样的人。"即使我们不能直接接触到首席财务官和其他业务主管，我们也必须用他们认为可信和有价值的语言和数字来宣传我们创造价值的潜力。我们可以向客户技术团队中的关键人员，提供业务领导需要的信息，进而影响他们。当我们的支持者与首席财务官的影响圈内的人分享这些信息时，会产生连锁反应。

典型的评估方法

一个好消息是，大多数客户使用的价值评估方法并不是很多。在各种类型（包括政府和非营利组织）和规模的组织中，最常见的评估指标方法[1]有：

- 总体拥有成本（Total Cost of Ownership，TCO）；
- 投资回报期（Payback Period，PP）；
- 投资回报率（Return On Investment，ROI）；
- 净现值（Net Present Value，NPV）；
- 内部收益率（Internal Rate of Return，IRR）。

另一个好消息是，所有这些指标都试图回答同一个问题："这是一个好的投资吗？"

---

[1] 你还可能看到一些更复杂的衡量标准，如投资资本回报率（Return On Invested Capital，ROIC）和成本规模利润（Cost-Volume Profit，CVP）。

更具体地说，我们必须能够回答这个问题（提供证据）："这个解决方案给客户的企业带来的总成本和收益是多少？多久能实现？"

技术组织倾向于使用 TCO、PP 和 ROI。而业务职能部门和组织，如财务部门，更倾向于使用净现值和内部收益率。

技术团队喜欢 TCO、PP 和 ROI，因为它们相对简单明了。这些指标更准确地反映了针对正确问题部署正确解决方案所创造的价值。例如，TCO 衡量的是购买价格加上操作运营该解决方案的总成本。如果我们将全部收益与总拥有成本相比较，我们就会得到一个直接的成本—收益比或投资回报率分析。此外，我们做一个简单的计算，即总收益何时会超过解决方案的总成本。在这种情况下，我们可以得到一个简单的投资回报分析和盈亏平衡点。然而，尽管 TCO 和 PP 是直接的，但它们忽略了商业决策者更关注的一些关键变量。这就是 NPV 和 IRR 的作用。

业务团队，如财务部门，使用净现值和内部收益率等工具的原因可以用一个词来概括：时间。例如，首席财务官不只是对一个解决方案的总成本与全部收益的比值感兴趣，CFO 还想知道这项投资需要多少时间才能得到回报。在这个意义上，时间对 CFO 来说就是金钱，因为这是一项投资，快速收回成本比需要多年才能提供正回报更有价值。

时间对于价值的重要性

降低投资成本（尤其是前期成本）和加快投资回报的价值是什么？自然，价值实现的时间（Time To Value，TTV）会更快。在一切皆服务的勇敢新世界中，TTV 是云相关或消费型投资的吸引力之一——较低的前期成本、更快的部署和更快的收益，带来更快的价值实现时间。

在这里，对时间的评估成为量化评估的一个关键方面。例如，对于 CFO 来说，像 NPV 和 IRR 这样的评估被认为是比简单的 TCO、PP 或 ROI 分析看待成本与收益更保守的方式。这是因为 NPV 和 IRR 可以帮助 CFO 们对产生这些预期收益所需的时间进行非常严格的审查。有句古老的格言有助于说明这一点："我今天手中的黄金比未来任何承诺的黄金更有价值。"[1]

这对我们来说意味着什么？我们为客户提出或展示的任何利益或价值创造的期望，都只是期望而已。换句话说，总是存在着这些利益不会完全实现的风险，因为未来包含许多未知数。首席财务官将对任何未来利益进行**折现**，以考虑风险和实际中相关的变量，如通货膨胀、机会成本、资本成本和其他因素。我们与客户分享的任何未来利益，在未来每多一年，都会被折现得更低，因为客户可以获得的钱，以及今天立即使用的钱，比你承诺的未

---

[1] 另一个说法是"一鸟在手，胜过二鸟在林"。

来利益更有价值。这就解释了为什么**更快的收益**比更长时间实现的利益对客户更有吸引力。

> **案例研究：预算和啤酒**
>
> 作为奖励，我讲一个数字人性化的例子（第16章"讲故事"中讲过）。
>
> 安德斯（Anders）是欧洲一家媒体公司的工程主管。该公司的首席财务官给安德斯的目标是将他们的云计算支出优化10%，以提高该公司的视频点播服务的利润率。当安德斯与他的团队分享这一消息时，一线工程师们的反应是："那又怎样？10%是多少？这哪是什么大事啊！"
>
> 安德斯解释说："一月份的云计算支出为37.5万欧元。因此，简单的计算意味着10%的优化将节省37 500 欧元，足以为一些急需的招聘提供资金。"工程师们再次互相看了看，又一次集体耸了耸肩。
>
> 安德斯有了一个主意。他向工程师们解释说："每月37 500 欧元相当于1万多瓶啤酒（在安德斯所在的城市）！超过400箱的啤酒！"现在，安德斯引起了团队的注意！因为每月3.75万欧元是一大笔啤酒钱！

现在我们不用任何金融术语来总结这一切。无论你的客户是企业、政府机构，还是非营利组织：

- 当钱被投资时，它需要实现（回馈）一个好结果；
- 高管和经理人用成本和回报而不是（难以量化的）利益来衡量这些投资；
- 时间——产生正收益所需的时间——是一个关键变量；
- 成本（或预算或资本）正在投入；
- 效益（或结果或价值）正在产生；
- 如果回报率高于客户的最低预期**资本回收率**（hurdle rate），我们就是在创造价值；
- 如果回报率低于客户的最低预期资本回收率，我们就是在**破坏价值**。

本章的目的不是让你成为净现值或内部收益率等方面的专家。然而，你应该意识到，你的客户正在使用这些方法来评估对你的投资。另外，你应该意识到，虽然数学看起来很复杂，但对我们来说，理念就是"如何向我的客户展示最快速、最可靠的实现我的解决方案收益的方式，而且收益超过初始投资的成本？"

计算价值

许多销售和项目机会误入歧途是因为客户内部对你的解决方案的收益有不同的看法。

你有责任填补这种理解上的缺口，并确保你和客户共享同一套可衡量的结果。为了说明这一点，我将介绍表 21.1，这也是第 7 章中表 7.2 的例子。

表 21.1　时间、人、金钱的利益

定义"它"	由 ServiceNow 系统跟踪，从工单的创建到关闭，相关信息都有记录
目前的状态？	需要 4 个人花一个星期去设置，每个月做 2 次 每次耗用 4 人 × 5 天 =20 人 / 天
未来状态？	一个人花一个上午，一次耗用 0.5 人 / 天
短期价值？	每次节省：20–0.5=19.5 天 每年节省：19.5 × 2 次 / 月 × 12 个月 × 8 小时 / 天 = 3 744 小时
长期价值？	可能是相同的数量，不会减少
生命周期长度？	最多 2 年

为了更简单、更直接地计算，让我们直接将 3 744 个小时转换为两个完整的工作人年或两个全职等量（Full-Time Equivalent，FTE）的人数。我们还将假设一个人的全部负担成本（Fully Burdened Cost，FBC），即工资加管理费用 / 福利等，为 12.5 万欧元。

在最极端的情况下，主持工作的主管可以终止这两个人的工作，从而节省 25 万欧元。当然，售前的职责绝不是向客户建议他们可以解雇员工，但你可以建议："你可以把这两个人部署到更有生产力和影响力的项目上。"通常情况下，这两个人的时间会被重新分配到其他项目上，而你就可以声称获得了生产力提升的回报。我还没有见过一个经理不相信他们会得到与两个新员工成本一样的金钱回报。关键是，销售团队的人必须说："因此，这是一个大约 25 万欧元的生产力增益。你觉得对吗？"然后得到客户的同意。

> **技巧提示：展示成本节省**
>
> 帮助客户看到总的成本节省。在我们的例子中，你应该列出 250 000 欧元，以直观地加强你的陈述。为了增强心理上的影响，将该金额写成 250 000，而不是 250K。

继续研究这个例子。我们已经将开发过程加快了四天。这意味着最终产品或服务的销售准备时间比以前提前了四天。现在我们可以研究量化更快上市时间的结果，如表 21.2 所示。

表 21.2　以更快的时间进入市场来增加收入

定义"它"	当销售人员可以销售新产品的第一天，从此我们就可以确认它的收入
目前的状态？	IT 部门交付最终打包的产品的时候。每月两次
未来状态？	提前四天

		续表
短期价值？	平均而言，一个新产品每月产生 100 000 欧元的收益。我们会得到 4/30 × 100 000 欧元的一次性收益，每月两次。这就是每月 26 667 欧元的加速收入，相当于一整年 320 000 欧元	
长期价值？	保守地说，这个收益第一年就可以得到，以后就看变化情况了	
生命周期长度？	一年	

关键语句变成："看来，通过加速开发过程的启动，你的 IT 团队将把这些产品更快地推向市场，所以你的销售人员提前四天来销售这些产品。根据你的数字，这意味着每个月的收入将增加 26 667 欧元，或者一整年将增加 32 万欧元。你觉得这么说对吗？"

我们现在有一个 25 万欧元的生产力收益和一个 32 万欧元的收入增益。这是收益的一个方面。另一方面是客户为实现这些收益所需的每月或每年的支出。

客户需要投资

为了实现收益，客户就需要花钱。虽然计算准确的合同价格（通常）不是售前的工作，但你通常会有一个大概的投资金额。根据你的定价模式，这个花费可能是每月支付，也可能是一次性的预付金额。这些例子忽略了任何一次性的启动或关闭费用、维护费用等。

第一步是用"信封背面"[1]计算投资回报期，详见表 21.3。在这些成本科目中，第 1 行和第 2 行都具有经济可行性，因为回报周期（大约）是 6 个月或 12 个月。第 3 行显示了在项目生命周期结束时收支平衡，所以它不可能是投资的合格候选项目。第 4 行的 2 年投资回报率几乎为零。每个客户都有他们的投资回报标准，很少超过三年[2]。第 1 行的关键陈述是："根据这些粗略的数字，我们看到投资回报期大约是 6 个月。这看起来合理吗？"这就为 CFO 的最终问题提供了答案："我将在多长时间内实现收益？"

表 21.3 投资回报期计算（每年）

	全部客户成本（美元）	客户实现的收益（美元）	投资回报期
1	285 000	第 1 年 57 万	285/570 = 0.5 年或 6 个月
2	570 000	第 1 年 57 万	570/570 = 1.0 年或 12 个月
3	820 000	第 1 年 57 万 + 第 2 年 25 万	2 年后收支平衡
4	1 500 000	第 1 年 57 万 + 第 2 年 25 万	没有达到投资回报平衡

---

1 意思是迅速完成，以提供一个粗略的估计。
2 在处理建筑物和机器等"硬货物"时，投资回报期可能更长。这就取决于折旧模型和其他更先进的金融概念。

表 21.4 的月度回报率计算要简单得多。如果你的客户在平均一个月内节省/赚的钱比他们在你这里花的钱多，那么回报率就是正数。在我们的例子中，每月的收益是（570 000/12 =）47 500。然后，两个重要的因素变成了绝对收益和百分比收益。

表 21.4　月度回报率计算（每月，仅第 1 年）

	客户每月费用（美元）	客户实现的收益（美元）	绝对收益（美元）	回报百分比（%）
1	60 000	47 500	(12 500)	负数
2	40 000	47 500	7 500	18.75
3	23 750	47 500	23 750	100.00
4	12 500	47 500	35 000	280.00

在这些例子中，第 1 行不是一个经济上可行的案例，而第 2 行收益是正的，但没有说服力。第 3 行和第 4 行似乎都有很好的回报。我们的警告是，一切都取决于规模，因为每月 35 000 的收益与数亿的预算相比可能是微不足道的。我们对第 4 行的陈述是："基于你的数据，这个项目会带来一个极其积极的回报，每月约 35 000 或 280%。"再一次，我们回答了 CFO 的问题。

需要强调的是，你正在寻求客户对大致数字的广泛认同。如果你的商业计划取决于人力成本是 12.5 万还是 11.5 万，那么它就不可能得到批准。希望的结果是，当你提出你的建议方案时，你可以直接将技术特征与业务结果和经济效益联系起来。

客户如何制定预算？

如果我们向客户展示了我们可以以某种方式为他们创造价值的证据，那么客户的反应可能听起来像这样："好吧，我看到了这是一个机会，但我不能只为这个制定预算。"但是，这并不完全准确。事实上，客户可能有特定的预算期或在何时和如何要求新的预算方面有限制要求。尽管如此，新的资金仍在不断地被分配给**有价值**的投资。

在为新的投资制定预算时，客户至少有三种途径可以选择，或者是这三种途径的组合。

第一，他们可以使用<u>资本预算</u>（Capital Expenses，CapEx），而资本预算通常来自组织在资产负债表上作为资产持有的现金。使用 CapEx 的投资将是自有资产，在资产负债表上显示为短期或长期资产。因此，资本预算本质上是用一种资产——现金——换取另一种资产——比如说你的解决方案。

第二，客户可以用他们的运营预算或<u>运营费用</u>（Operating Expenses，OpEx）来支付投资。OpEx作为一种持续的费用支付，反映在组织的损益表上。这些投资，在作为服务或与云相关的投资中很常见，不拥有所有权，因此不反映在资产负债表上。然而，作为每月、每季度或每年的支出，这些都反映在利润表上。

第三，客户可以利用融资来为资本支出、运营支出或两者的结合提供资金。融资有许多积极意义，因为客户可以将融资作为资本或购买力的来源。多年来，由于全球金融危机后的利率一直保持在历史最低水平，因此，具备良好条件的借款人融资成本是相当低的。利用融资，客户还可以通过清理其资产负债表上的旧资产来释放价值。他们将这些资产卖回给融资公司，以获得一次性的现金支付，或者让金融服务公司将这些资产租回给企业，作为节约或改善现金流的一种方式。

以下是一些要点，总结了客户如何考虑是否、何时以及如何为他们想要创造价值的投资制定预算。

支持将资本支出用于技术投资的客户有以下特征：

- 在其资产负债表上有高流动性或大量现金；
- 在相对较高的盈利水平上运作；
- 拥有高水平的购买力或获得资金的机会。

支持使用OpEx用于技术投资的客户有以下特征：

- 拥有更精简的资产负债表，但有高的短期现金流；
- 需要灵活性、速度、创新和敏捷性；
- 有相对可预测的利润和现金流。

支持使用融资的客户有以下特征：

- 需要增加购买力和周转资金；
- 希望保留现金或流动资金（或利用低成本的资本）；
- 想通过出售或转换资产来释放其资产负债表上的价值。

价值工程和FinOps

价值工程（value engineering）是至关重要的，因为它有助于使你的项目优先于其他投资。"无为而治"（DNI）或其表亲"资本替代使用"（Alternate Use of Capital，AUC）"赢得"如此众多的交易的主要原因之一是：客户决定将其预算花在其他地方。一个拥有预算的主管，他的待办事项清单上可能有50～60个潜在项目。每个项目都有相应的时间、金钱、人员成本，以及一些固有的风险。之后会有一个团队对这些项目进行排名，而投资回报率就是其中标准之一。即使所有的 60 个项目都显示出积极的回报，也不是所有的项目都会被资助。他们会有一条投资与否的切割线。如果项目高于该线，它就会得到财务上的批准；如果项目低于该线，就会被推迟。

在最简单的情况下，整个销售团队的工作就是确保你的项目在投资分割线之上，并能被选中。在有大量 IT 资本支出预算的时代，你仍然可能获得技术上的胜利，但最后输给 DNI 或 AUC。一旦公司过渡到云计算 OpEx 模式，最初的财务进入门槛就会降低。因此，更多的项目是基于"更快失败"而启动的，由此切割线会深入到项目列表中。也许有 35 个项目启动，而不是 20 个。现在有一个更大的压力，那就是更快地获得成功。

对于较小的项目来说，通常不需要复杂的财务计算，简单的粗略计算或基本的电子表格就足够了。然而，对于更重要的或跨多年的项目来说，复杂的计算就开始发挥作用了。这不是典型售前的领地，因此产生了一种新售前的亚类型，即**价值工程师**（Value Engineer，VE）。这些人是具有财务 / MBA 背景或对该领域有天然倾向的售前。

价值工程师通常与客户一起工作，形成第一轮经济论证，然后协助其内部论证过程。价值工程师的一些关键职责示例如下：

- 在交易的后期阶段访谈潜在客户，建立一个共同的商业计划。与销售人员和资深售前合作。
- 为不愿续约的客户进行价值实现估算（比前一时期节省多少）。
- 向经济决策者 EB 介绍商业计划。
- 就如何构建一个支持商业计划的复杂交易的商务结构提供指导。
- 与市场营销团队合作，建立客户案例研究的价值组成部分。可以使用客户或第三方数据。
- 帮助客户团队制定销售策略，并根据销售管道的情况确定具体的商业计划的需求。

VE 在大型项目中起着关键作用。他们实际上是将技术组合与客户结果联系起来的领域专家，并能消除客户对其投资的担忧。

云财务运营

随用随付的云计算模式导致了**影子 IT**（shadow IT）的增加和整体支出的变化。影子 IT 指的是在 IT 部门不知情的情况下，在 IT 部门之外其他部门或供应商管理的项目。最常见的是诸如 SaaS 应用程序、云存储或消息应用程序等技术。一个业务部门直接购买技术服务是因为这比等待 IT 部门的批准要快。这成为财务部门、采购部门和 IT 部门的一个主要问题，因为他们无法估计每月的开支。于是，FinOps 就诞生了。

FinOps 是云财务管理的简称。它是将财务责任引入云的可变支出模式的实践，使分布式团队能够在速度、成本和质量之间作出商业权衡。就像 21 世纪初出现的 DevOps 一样，开发人员和技术运维人员就使用敏捷管理原则形成了一致的意见。目前 FinOps 对于正在交付和使用更多 XaaS（一切皆服务）订阅和 / 或消费模式的供应商、合作伙伴和客户来说都是一门新兴学科。

大多数财务举措都是围绕着省钱展开的。但 FinOps 是关于赚钱的[1]。云可以推动更多的收入，带来客户群的增长，为更多的产品功能和更快的发布速度提供支持，甚至可以帮助关闭数据中心。FinOps 的意义在于消除障碍；授权工程团队可以更快地提供更好的功能、应用和更快的迁移；并促成跨职能部门的对话，讨论在哪里投资以及何时投资。有时，企业会决定勒紧裤腰带；有时，它将决定增加投资。但现在团队知道他们做出这些决定的原因。如果客户有了 FinOps 的团队或职能，你可以将建议解决方案与客户的 FinOps 实践联系起来，这样就能最大限度地提高你赢单的可能性，使你的方案超过投资切割线，并获得所有批复。

在讨论通过 FinOps 实践纠正云运营中的低效时，经常使用的一个比喻是**损耗**（friction）。云计算支出中的浪费就像机器中产生热量的损耗——很多能量被浪费了。物理世界中的损耗不仅是简单的能源浪费。如果不加以缓解和管理，这种损耗会导致不必要的开支、停机和损失。在 FinOps 的背景下，由于在云服务上的低效或浪费的支出，损耗使客户无法实现他们所期望的业务成果。这种类型的损耗是资源的浪费，因为资源（通常是企业运营费用中的金钱）被花费，但这种花费未能产生任何价值。

我们都知道，客户对所有权、服务和获取方式的期望已经发生了变化。在一切皆为服务的心态下，个人客户和他们的组织正在接受新的消费和运营模式（许多由 FinOps 驱动），在期望的结果和业务需求的满足之间几乎不存在任何损耗。今天，客户希望在他们期望的**结果**和他们实现价值的**时间**之间的损耗越小越好。

时间就是金钱。在云端一切皆为服务的世界里，这一点从未像现在这样真实和关键。基于相对固定的季度或年度预算的长期规划已不再适用。相反，我们以小时、分钟和（在某些情况下）秒来衡量云计算的支出。传统的财务流程假定企业的预算和支出周期较长和 / 或较慢，这对云服务来说是行不通的。现在，云是我们大多数客户支出的重要部分，由过去长期投资在资产负债表上作为资本支出记录，迅速转变为业务驱动的支出在损益表上作为运营费用记录，许多首席信息官对这种情况有点措手不及。

向云计算的迁移使得一个多世纪以来运作良好的传统财务流程显得缓慢和过时。传统

---

[1] 见 www.finops.org。

上，采购部门主要是对任何实质性的 IT 支出进行把关，因为他们必须批准所有大型设备的采购。然而，随着企业进入云端，"现收现付"模式——也被称为可变支出模式——允许工程师和业务用户绕过这种采购审批程序。现在，云计算支出已经达到了非常高的水平，企业不得不分配、解读和控制这些成本。不幸的是，由于主要的云服务供应商提供了超过 30 万个 SKU，云财务管理是一个不会自己解决的问题。

客户云计算支出的一个常见问题是，成本不断攀升，直到某个临界点（或与成本有关的事件）。然后，首席财务官就慌了。突然间，领导层的全部注意力都集中在这个"失控的云计算支出"上。这种"支出恐慌"导致了对财务责任的立即推动和控制。财务和采购部门对云计算账单的复杂性表示失望，并由此产生了降低成本的强烈愿望。甚至——这种情况真的发生了——推动**重回**数据中心的战略，完全放弃云。

这一切让人不太舒服。所有这些领域对客户和技术供应商来说都是全新的。这就是为什么在这种类型的讨论和客户互动中**变得**自如和自信对售前来说是很有价值的。云服务的世界不仅仅是关于原始能力和性能，越来越多的是关于资源优化、管理、单位经济指标和业务成果。作为销售工程师，我们在许多专业领域都有公认的信誉。因此，我们的客户现在希望我们有能力让他们参与到日益重要的挑战中，使云在经济上的表现能够支持积极的商业回报。

情感投资的回报

与《卡巴莱》中的莎莉·鲍尔斯相反，披头士乐队告诉我们："你需要的只是爱，爱是你所需要的一切"。虽然约翰、保罗、乔治和林戈说的不是复杂的技术，但他们说的很有道理。作为销售工程师，我们发现客户的关键业务问题，将这些问题转化为通用的货币，并将我们的技术解决方案与这些需求进行独特的匹配，使每个人的回报最大化。我们这样做是因为我们已经了解到，只谈技术通常会使我们失去销售机会，并使销售人员感到烦恼。我们知道，我们的客户必须向组织中的某个（些）人说明购买的理由。每一个资深的售前都可以给你讲一些这样的项目故事：

1. 你提出了一个令人信服的商业计划来取代现有的供应商。
2. 你的解决方案比竞争对手便宜 20%。
3. 你的解决方案的回报率是以周而不是以月来衡量的。
4. 但是最后什么也没有发生！

这是因为客户并不总是作出符合逻辑的决定，特别是在涉及风险的时候。有整本书专门讨论这个问题，如丹·艾瑞利（Dan Ariely）的《可预测的非理性》[1]。我相信你能想到一些你自己的个人和商业决定并不完全是100%由经济回报和电子表格中的数字驱动的。你的客户需要一个理性的商业计划来作出购买决定（金钱让世界转动），但他们也需要其他东西。他们需要记住他们要从你这里买什么，以及为什么要从你这里买（这就是爱）。

客户买的不是解决方案，客户买的是结果。经典的例子是，家庭装修的消费者并不是真的想要 1/4 英寸的钻头，他们需要的是 1/4 英寸的孔。这意味着你必须了解客户需要的具体的结果，以及客户将如何得到它们。我们谈论的是创建一座从当前状态到未来状态的桥梁，或从"A"到"B"。延伸这个桥梁的比喻，一个坚实的财务回报是桥梁的底座和基础设施。然而，为了让客户开始这个旅程，他们需要知道：

1. 在桥上通行是安全的。
2. 其他人在他们之前就已经安全通过了这座桥（除非他们在寻求领先优势）。
3. 到达之后景色很美。
4. 到达桥另一端的付出和收获是什么？
5. 他们在经济上有能力（支付通行费/车费）过桥。
6. 你将成为他们的向导。

案例研究：爱情与金钱

作为一名IT主管，我曾经收到过一个300万美元的提案，可以在79天内收回成本（至今我仍然记得！）。尽管所有的常识和经济推理都支持这个投资，但我无法执行它，因为我们到年底没钱了，而且我无法创建一个新的预算。首席财务官不会资助它，额外的支出会使每股收益减少1分钱，对股价会造成影响。客户无所作为有很多原因。商学院或价值销售课上不会教你这些。然而，我对这个提议青睐有加，以至于我在下一个财政年度的第一天就以几乎类似的条件执行了这笔交易。我的公司飞奔过了桥。

不要在电子表格上花太多时间而忘记了"人"。对客户来说，从你这里购买可能是一个改变职业生涯的决定。

总结

正如我们在演示中从功能过渡到收益一样，我们需要从收益过渡到明确的预期财务

---

[1] Ariely, D..《可预测的非理性》（*Predictably Irrational*）. Perennial Press，2010.

结果，从而形成一个完整的商业计划。即使你的建议可能会产生一个有吸引力的积极回报，这个回报也不能保证获得资金支持。你必须确保你的客户认可财务结果，并能将这些结果纳入他们的内部审批程序。当你的客户自己或与你合作评估出这些数据，而不是简单地接受你的版本时，这个内部程序会运行得更顺畅。最后，不要过于关注经济指标，而忽略了销售中人性的一面。人们仍然会从他们信任和尊重的人那里购买。

技能培养建议

对于新售前：

- 迈出最后一步，明确说明结果。
- 在你的技术交流中陈述这些成果。
- 研究有助于项目论证的行业标准指标/计量方法。
- 别忘了关注"人"。

对于有经验的售前或售前经理：

- 向价值工程师或商业顾问学习。
- 了解更多关于 FinOps 和你的客户的内部实践。
- 被信任的顾问身份可以帮助你收集客户中其他人无法得到的数据。

CHAPTER 22

本章目标

- 制订一个售前入职的成功计划，使你的坡道时间更短、更有效。

- 学习实用技巧，帮助你在入职头六个月内取得成功。

- 使用30/90/180天的学习方法来帮助构建你的成功计划。

新售前：如何入门/入职

> 一张白纸不是空的，它充满了潜力……它是在等待你的杰作。
>
> ——A.A.帕塔瓦拉（A.A.Patawaran）

你是一名全新售前。祝贺你，欢迎你加入世界上最好的职业之一。现在你该怎么办呢？作为入职培训的一部分，你现在应该有一套精良的技术装备，如笔记本电脑、平板电脑和家庭办公室设备。你还可以使用公司的内部网络，可能已经参加了正式的训练营培训。任何优秀的经理都知道，未来90天是一个关键时期。本章将帮助你为你的入职阶段制订一个成功计划，并最大限度地参与你的项目机会，完成销售任务，并成为售前团队中富有成效的一员。本章对那些有经验的、正在改变自己角色的售前也有帮助。

爬坡过程

爬坡（ramping）是指员工获得有效完成其工作的必要技能所需的时间。爬坡时间是销售体系的一个重要指标，因为它直接影响到获得收入增长所需的准备时间。如果你不雇用足够的销售人员和售前，要实现在一年内翻倍的计划是非常挑战的[1]。在过去的 10 年里，招聘一个售前平均需要 3 个月的时间，然后再花 8 个月的时间来提升他们的能力（关于这一点，请看第 31 章"面试和招聘过程"）。如果你的平均销售周期是 7 个月，那么一家公司需要在预期获得新人带来的合同收入前 18 个月招聘一名售前。这是一个非常保守的数字，但大多数公司只为此计划 10～12 个月。在进行年度规划时，时间安排是销售运营的一个问题。一个小公司可能需要贷款或出售股权来为未来售前人员招聘（也就是你）提供资金。对于大型公司来说，最初的爬坡时间是一个沉没成本，几乎没有任何收入增加的前景。因此，无论你做什么来加快你的爬坡时间，都会使你和你的招聘经理看起来很有专业能力。你实际上是通过为雇用你的决定提供更好的投资回报率来解决当前的痛苦。

这就意味着你需要负责你的入职和爬坡过程，要主动而不是被动。制订你的成功计划，无论你能做什么来影响一个项目机会，不管是通过直接负责项目机会支持，还是从更资深的售前那里分担部分任务，都是加分项。

与你的经理一起制定目标

一旦被录用，应该立即与你的经理见面，讨论你需要什么才能成功。成功标准是每个售前职业中的一个标准部分，无论是内部还是外部。你的公司应该对你在某些关键阶段的能力有一整套期望。表 22.1 是一个计划制订过程的例子，可以作为你们第一次和以后一对一讨论的基础。你必须清楚地了解这些期望。

表 22.1　与你的经理沟通的成功计划大纲举例

1. 我怎样定义成功？
- 销售任务或收入要求，包括时间、奖金、奖金加速规则
- 达到"任务百分百完成俱乐部（100% club）[1]"或其他奖励标准
- 我当前的工作职责描述，以及更高一个职级的工作职责描述

2. 我需要什么才能成功？
- 产品专业知识
- 演讲和其他外向型技能（如演示、白板）
- 一般技术技能（如编程）
- 在公司总部与关键的支持团队和个人会面

1　理论上你可以将价格翻倍，尽管这不是一个可持续的逐年增长的商业模式。
2　译者注：很多国外企业对于全部完成预定销售任务的销售人员和售前人员，认定为其成为 100% club 的成员，通常会有额外的奖励，比如免费旅游、高管颁奖等，但其实不是一个真实存在并动作的俱乐部。

续表

- 了解我在销售过程中的作用
- 了解非正式程序（这里的事情实际上是如何运作的）
- 学习如何使我的经理取得成功

3. 我如何获得成功所需要的信息？

- 推荐的产品培训
- 推荐的专业技能培训（发现、异议处理、谈判）
- 建议的技术培训
- 问题升级流程（技术、销售、产品）
- 文档
- 获取公司内部知识（Slack、小组、Chatter）
- 谁是我关注领域的内部领导者（和知识来源）？
- 谁是外部领导人？

4. 培训政策

- 参加内部培训的时间和后勤安排（入职后）
- 外部培训费用的报销政策（行业协会、MBA、认证）
- 技术装备：我如何更换/申请更多？

技巧提示：记录你的经历

如果你是第一批加入这家公司的售前，或者是一个新的地域或业务部门的新员工，请记录你的经历。把积极的和消极的事情写成日记，并与你的经理和入职或赋能团队（enablement team）分享。它可以作为下一个员工的入职指南，并有可能改善他们的入职体验。此外，这也是一个展示额外价值的好方法。

要求你至少每两周与你的经理进行一次一对一的会面。用这次会议的一部分时间来讨论你的计划和未来2～4周的工作。即使你每天都能见到你的经理，也要在日历上留出一些时间来讨论计划进展情况。如果你是远程工作，这些会议更是必不可少，即使是他们期望你是一个高度积极的自我激励者。这些定期回顾将使你能够收集反馈意见，请求帮助，并为了达到完全的售前生产力水平，看看你的学习是否需要任何小的修正。你应该知道，你经理的经理会定期询问你的进展情况。

了解成功要素

现在你已经设定了你的目标，下一步是发现需要利用什么来实现这些目标。这些信息大部分将来自你的经理和入职团队，但要准备好一个迭代的方法。关键信息领域包括以下内容组合：

- *产品知识（技术知识、演示、介绍）；*

- 组织结构和流程（谁做什么，去哪里找东西）；
- 公司概况（关于你的公司和市场定位的基本细节）；
- 销售流程（完成交易必须完成的步骤，加上销售期间的角色和职责）；
- 业务或特定行业的知识（垂直或领域专业知识）。

确定这五个领域中每个领域的关键技能（加上你认为相关的任何其他领域），并了解别人期望你什么时候拥有这些技能，以及什么时候允许你获取这些知识和课程。你的背景和这些要求可能会有差距，所以要讨论你如何在这些方面进行改进。通常，新售前会缺乏技术经验或销售经验。如果你的培训假定你在这两个领域有基本的能力水平，那么要确保你能达到或超过这些要求。在入职过程中，当你不具备必要的基本能力水平时，过早地参加培训，会浪费你的时间。你可能不能理解那些高级的内容。

参加新售前训练营

销售培训/能力提升团队可能会举办一个训练营课程[1]，让你尽快了解你将要销售的产品。遗憾的是，许多售前组织将90%的时间集中在纯技术培训上，只有10%的时间集中在其他方面，比如如何进行有效的产品介绍、处理问答和竞争差异化。在参加培训之前，建立一个个人目标清单。建立你需要了解的知识清单，并在这种介绍性培训涉及的项目上打勾。与你的经理和其他几个更资深的售前一起回顾这份清单，寻找差距，尤其是在你的入职培训即将结束的时候。

新兵训练营的一个重要优势是，它创造了一个由新人组成的小群体，他们都处于相同的情况。这是一个强大的纽带，我鼓励你尽可能多地与你的"同学"互动，并在你完成训练营后长期保持这种联系。你会发现你的"公司同龄人"会解决你的许多"我该怎么做……？"的问题，你也会为他们做同样的事情。特别是，尝试与其他地区/国家的售前建立关系，并主动与他们分享资料。

制订一个30/90/180天的计划

下一步是不要看你的总体爬坡过程，而是要研究如何取得成功的具体细节。我建议将目标分解成可管理的部分，在30天、90天和180天内完成。（我很自豪地告诉你：你正在阅读的这本书是许多公司售前入职过程的一部分）。这种方法允许你通过设定并完成具体

---

1 在一些公司中被称为"极客周"，令人敬佩。

的里程碑来优化你的爬坡时间。

与你的经理、销售人员和同事合作，建立你对成功的定义。最主要和最可衡量的标准是实现分配给你的销售收入目标。这些目标可以是月度、季度和年度数字，分为总收入和增量收入。现在，你应该清楚地知道你需要做什么才能成功赢得合同、实现考核目标。接下来，观察销售团队中更有经验的成员（包括销售和售前），将他们的最佳做法融入你的日常活动中。

> **技巧提示：展示你 CARE**
>
> 每个有经验的售前都会坦率地承认：在他们的职业生涯中，他们曾从其他售前那里获取材料并重复使用。因此，售前提升的第一条规则是 CARE。这个自以为是的缩写代表着复制和重新利用一切（Copy And Repurpose Everything）。当你看到或听到其他售前做一些令人难忘的、有趣的或引人注目的事情时，就借用它，并使之成为你自己的"资产"。

即使不是必须的，目标设定也是你成功计划不可或缺的一部分。如果你不知道你要去哪里，那么任何地方都会成为你的目的地。你对成功的定义应该使你既能实现你的公司目标，也能实现你的个人目标。你可以把它写成使命宣言的形式：

> 通过利用卓越的销售技巧和深入的产品知识，提供优质的客户服务，实现第一年业绩目标的 120%。

虽然卓越和优秀是主观的，但上述情况是一个良好的开端。作为售前，如果你能完成这个数字，建立一个良好的人际网络，提升产品技能——所有这些都与扎实的专业技能结合起来，你的职业生涯就会有一个飞速的开始。

30-90-180 天的整体结构

这个结构提供了一个简单的机制来组织你的早期发展。首先，将任何目标和培训计划与 30 天、90 天和 180 天的期限相联系。在本章前面的例子中，我们看了五个关键信息领域（产品、组织、公司、销售、具体技能）。你可以把时间和这五个因素融合在发展计划里。接下来，考虑目标和出差带来的机会之间的依赖关系。例如，如果你在公司总部度过第一个星期，你可以开始在组织和销售两个因素上做一些工作。

一个好的计划应该是清晰、可操作的。不要把你不理解或不知道如何执行的项目放在计划中。此外，如果你认为某些项目没有用处，（温和地）质疑它们为什么会被默认纳入你的计划。这些项目通常与销售人员有关，如定价或合同。计划应该总是包括日期。应该利用培训作为建立关系的机会——比如当与来自支持服务、企业营销或产品管理部门的新人见面共同培训时——这样你就可以一举两得了。定期检查你的任务清单，如果它们还没有放到你的日历计划里，就为它们确定时间。度过 6 个月的时间会比你预期的快得多。

最初的六个月

商业领袖和成功导师达伦·哈迪（Darren Hardy）说："启动不是大多数人的问题，停滞、持续和结束才是问题"[1]。你无疑会给新的工作带来巨大的热情和承诺；在头六个月里的努力将为你的持续成功奠定基础。以下是由其他售前收集的一些想法和建议，以帮助你使头六个月成为成功的坚实基础。

找一个导师

找到一个真正的导师（mentor）可能很困难。如果能够找到一个愿意帮助你的职业生涯的人，对你会有很多好处。各种研究表明：被指导者获得晋升的可能性要大五倍，指导者计划将多样性提高了 9%～24%，而且 89% 的被指导者会在以后的职业生涯中指导他人。人才发展协会指出，超过 70% 的财富 500 强公司都有一个正式的导师计划。

许多公司会给你分配一个伙伴（buddy），以帮助你度过爬坡过程。这个伙伴不会是你的经理，而是一个更有经验的售前，希望能对售前团队有所贡献。这个伙伴可能是也可能不是导师。请注意，许多组织现在都要求高级售前帮助更多的初级售前，才能有资格晋升到大师或首席售前的级别。这是一个明确的双向利益的问题。我的一般建议是：根据"如果你不要求，就得不到"的原则，积极地寻找导师。寻找那些与你有共同兴趣的人，或者担任过与你类似职位的人。如果你向他们征求关于提高技能和推动事业发展的建议，大多数人都会受宠若惊（谁不喜欢提供建议呢）。这样的问题表明你对他们很看重。这并不意味着你把目标限制在售前组织中。我的一些最好的导师来自于销售和市场营销领域。

阅读手册

真的！如果你与公司的研发工程或营销团队打交道，阅读相关的手册是必不可少的。他们已经开发了培训材料、营销材料和产品文档，正是为了避免处理不断涌现的一次性问

---

[1] 见 https://darrenhardy.com/。

题。如果你用文档中已有的问题来打扰这些人，你会失去信誉，他们也会失去耐心。但是，如果你把客户的问题、产品的反馈和建设性的想法带给他们，你就会有一个愿意倾听、愿意接受的对象。

在与高度技术性的客户人员接触时，理解所有文档（包括视频）的内容是至关重要的。总有人想知道每个选项的作用，以及勾选/不勾选每个配置框的效果。他们会问你一些晦涩难懂的设置或发布说明中提到的一个标志。了解最新的错误修复、最近的升级和用户论坛上的最新活动也会大有益处。

观看视频

大量的培训可以通过观看（在工作流程中的）视频进行。除了标准的公司视频外，你还会发现你公司内部的大师们录制的独特的演示和介绍。如果你的公司有预先准备的视频库，你应该对这些演示的内容非常熟悉。订阅所有每周或每月定期培训的视频或播客。

加入售前社区

现在每个主要城市都有一个售前社区[1]。这种俱乐部为来自所有公司的售前们提供了一个聚会和分享"玩具"的机会。这是一个很好的社交活动，也是一个真正的学习机会。还有源源不断的线下/线上项目活动录像你可以观看。这是向最出色的人学习的一种方式，显示你有多 CARE。

掌握产品

在最初的 6 个月，你要在技术和专业技能学习之间保持平衡。一旦你掌握了你的产品的基本功能，以及如何演示或展示它的最佳效果，你就需要向其他客户介绍如何把它用起来。不要过于关注功能，而忘记了你的客户群所获得的成果和结果。

在"工厂"工作

如果你可以选择在总部工作，而不是在家或在远程办公室工作几个月，那就抓住机会吧！除了获得人际关系方面的优势外，你可能会参与一些特殊的项目，如 beta 测试、开发演示环境或竞争分析等领域。这些可以建立起你的核心技能，并为你提供独特的知识，

---

[1] 译者注：在中国，"售前青云荟"是知名的专业售前社区，为广大售前人员提供了分享、社交、求职、招聘、职业技能发展的平台。搜索"售前青云荟"微信公众号了解更多信息。

你可以带到客户销售一线。

练习，练习，练习

我的德国祖母总是说："Übung macht den meister"，意思是熟能生巧。成为一个"演示骑师"[1]，知道如何在各种情况下使用、展示和谈论你的产品。如果你有一个庞大的产品家族，那么应用 80/20 规则，把重点放在关键的 20% 上，成为专家。此外，还要针对最坏的情况进行练习，知道如何从崩溃、连接中断、设备故障以及可能降临到你身上的其他几十种灾难中恢复。

了解你的客户故事

在你有自己的参考客户故事之前，应用 CARE 原则，使用公司和当地的客户案例资料（见第 16 章"讲故事"）。在你职业生涯的早期，客户故事对于帮助你理解你的价值主张至关重要。此外，学习具体的用例（use case）并讲述其带来的好处，可以提高你的技术和业务可信度。

使用你的产品（如果你可以的话）

如果你能在你的日常工作生活中使用你的产品，那就这样做。这种技巧主要适用于销售人员和专业人员使用的应用产品。然后，你将了解你的产品是如何工作的。取决于你产品的质量，这被称为"吃你自己的狗粮"或更优雅的"喝你自己的香槟"。例如，我在甲骨文公司工作时，通过建立我自己的基于 PC 的常旅客里程跟踪系统获得了良好的回报。我向许多首席信息官和业务部门的客户展示了这个叫作 SQL*Flier 的系统，而不是展示一个枯燥的临床试验药物不良反应系统。

从每个人那里获得反馈

每当有人看到你的工作时，就请求他提供反馈意见。客户的反馈是宝贵的。你可以问客户，你是否满足了他们的需求，他们认为什么对他们是最相关的，以及是否有什么遗漏或多余的地方。通过参与这种形式的讨论，你可能会了解到你做了哪些有效的沟通，而哪些没有做到。如果你得到的建设性反馈集中在出错的地方而不是正确的地方，不要

---

1 demo jockey，这已经成为一个带贬义的词。在某些情况下，了解和展示有关产品演示的细枝末节并没有错。只有当你每天多次这样做才是错误的。

感到难过。人们告诉你这些是因为他们想帮助你提高。如果你喜欢把反馈过程更加结构化，可以尝试使用 T3-B3-N3 方法（见表 22.2）。这种结构对销售人员的效果特别好。要求九项反馈似乎令人望而生畏，所以请放心，大多数人最多做到四或五项。

表 22.2　T3-B3-N3 反馈结构

T3	前三名（Top3）	你看到我做的你最喜欢的三件事是什么？
B3	倒数第三名（Bottom3）	我最不应该再做的三件事是什么（以及为什么）？
N3	下一个（Next3）	下次我做这件事时，应该尝试哪三件事？

总结

你有很多事情要完成，你的坡道时间度过得会比你预期的快得多。从你的目标开始，然后制订和完善计划以实现这些目标。爬坡期有点像蜜月期，因为人们会更宽容地对待错误（错误在人们的意料之中）。此外，你将有机会尝试和学习许多新事物。专注于建立你未来成功所需的技能和关系。与你的经理和导师分享并不断回顾你的计划，不要害怕寻求帮助。

技能培养建议

对于新售前：

- 关注入职期间和入职后的成功定义。
- 谨防对太多的项目和活动说"是"。你要有一个计划！
- 找一个导师。
- 不断地回顾和重新评估你的计划。

对于有经验的售前或售前经理：

- 不要忘记人际关系。尽可能多地认识人。
- 思考你的个人品牌（见第 23 章"创建你的个人品牌"）和差异化问题。
- 协助指导者 – 被指导者的选择过程。
- 支持你的新员工。不要认为沉默是一种积极的现象。

CHAPTER 23

本章目标

- 了解如何发掘和创造你的品牌。
- 学习发展和提升个人品牌的实用技巧。
- 将个人品牌与常见的销售职业道德问题联系起来。

创建你的个人品牌

> 我们所有人都需要了解品牌的重要性。我们都是我们自己公司的 CEO。
>
> ——汤姆·彼得斯（Tom Peters）

从事售前工作的奇妙之处是没有一天是相同的。客户和销售人员总是想要一些新的、不同的东西。总是有新的问题需要解决。总有不同的方法来解释你的技术。你有很大的灵活性来完成你的工作，这意味着你可以将你的个性注入这个角色中。不断的挑战和变化可能是令人振奋的，但也会使售前沉浸在日常的战术活动中，而忽略了长期的职业发展战略和个人提升。在客户面前侃侃而谈，也时常斩获一些项目，这也让售前飘飘然起来，觉得自己俨然站在职业的山巅，而忘了自己技能的持续发展……

品牌建设听起来像是营销部门的工作。然而，创建和提升你的个人品牌是成为一个受人尊敬和备受欢迎的售前的重要部分。本章涵盖了拥有个人品牌的重要性、如何创建个人品牌、以及发展个人品牌的一些技巧。本章还讨论了售前人员的职业道德，以及为什么这些个人职业道德对你在销售领域的长期成功至关重要。

定义个人品牌

Brand Direction 公司的负责人亚当·里奇（Adam Ritchie）说："个人品牌（personal brand）的第一个词是个人，它再加上一个 ity，去掉品牌，这就是它的真正含义——个性（personality）。这就是秘密。"[1] 我对售前个人品牌更实用的定义是："当你不在房间里的时候，你希望人们怎么评价你？"把答案看成是简短的一两句话，准确地描述你的工作和信念。它是你的独特价值主张（就像你的产品有一个独特的价值主张）和竞争优势融合在一句话里。这种陈述，就像一个伟大的演示，最好是简短的、令人难忘的、有趣的和令人信服的！

要构建你的品牌宣言，首先要收集一些形容词、描述词和短语，作为充实你品牌描述的基础。通常是在见到你之前，人们会首先想到你的品牌。虽然市场营销的纯粹主义者会反对，但我将品牌和声誉的经典定义混合在一起，为售前品牌建设创建你的个人价值主张。

> **技巧提示：品牌与声誉**
>
> 如果你是一个市场营销的纯粹主义者，那么声誉就是一个品牌所赢得的东西。品牌是你隐含的和明确的向世界展示自己的方式。声誉是你的品牌的合法性和你的既往表现的总和。

建立品牌基础

可以说，销售工程师们并不总是对营销工作抱有极大的尊重。它似乎是一个太过"感性"的职业，成果难以衡量。因此，让我们把品牌、声誉和价值这些抽象的概念变成具体的、可用的东西。在这个过程中，我们将参考我几年前经历的品牌创建过程的部分内容，作为一个例子。这个过程有点个人化，甚至可能推动我的一些信任因素。请看图 23.1 作为参考。

收集你认为适用于你的形容词、短语和描述词。写下你的贡献，然后向其他人征求意见。你能问不同角色的人越多，就越好。你还可以问问你的直系亲属的想法。确保你处于积极倾听的状态，不加判断地接受所有的意见。只有在你不理解的时候才问对方为什么这么说，而不是在你不同意的时候。这对你来说是免费的、宝贵的反馈。

---

[1] 见 Brand Direction 公司和它的网站 https://aritchbrand.com/。

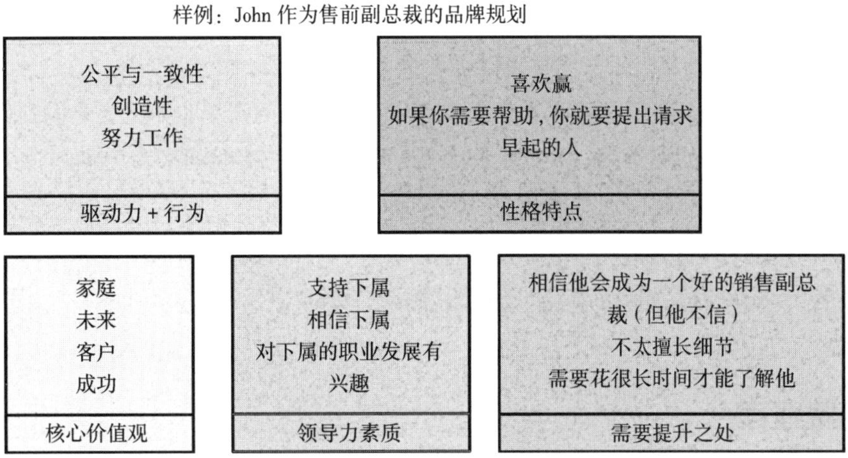

样例：John 作为售前副总裁的品牌规划

公平与一致性 创造性 努力工作	喜欢赢 如果你需要帮助，你就要提出请求 早起的人
驱动力 + 行为	性格特点

家庭 未来 客户 成功	支持下属 相信下属 对下属的职业发展有兴趣	相信他会成为一个好的销售副总裁（但他不信） 不太擅长细节 需要花很长时间才能了解他
核心价值观	领导力素质	需要提升之处

图23.1　一个品牌模板样本

这个过程产生了一个内容碎片的集合，包括：

- 你相信什么；
- 别人怎么说；
- 梦想和计划；
- 残酷的现实和"需要改进"的地方。

然后用你最喜欢的视觉组织工具绘制这些碎片。例如，我混合使用老式的便笺和Jamboard(一种图形/白板程序)，将这些内容分成五个部分：

1. **核心价值观**。我把家庭、未来、客户和成功列为我信念结构的关键因素。展开说，任何与我见面超过30分钟的人都知道我为我的家人感到多么自豪，只要有一点机会，我就会展示至少一个孙子的照片。我对展望未来比审视过去更感兴趣，我相信客户对我的收入有百分之百的贡献。在家人的帮助下，我才能够取得并享受成功。

2. **驱动力/行为**。这些行为包括公平和一致性，努力工作，以及具有创造性。介绍一下这个内容的背景信息，我的 DISC[1] 行为特征是"黄色"或"I"。这意味着我是一个有影响力的人，通过说服他人来完成事情。然而，这也说明我是一个随和外向的人，而且完全不注重细节。

3. **领导力素质**。作为公司的全球售前副总裁，我希望我的团队相信我是他们的后盾（我总是公开支持他们），我相信他们，并且我对他们和他们的事业真正感兴趣。每个人都有领导者素质，即使你目前没有相应的头衔。

---

[1] DISC最初是100多年前在哈佛大学创立的，作为一种广泛描述人类行为的个性特征的方法。更多信息请见https://discinsights.com/disc-theory。

4. **性格特点**。你在这个部分里会有一个广泛的列表。我自己的前三名是：喜欢赢（又称竞争性）；如果你想要帮助，你很可能需要向我提出请求；以及早起的人。

5. **需要提升之处**。你也应该在这个框中列出一个长长的清单。你需要意识到你的品牌的优点以及缺点。我的例子是：不太擅长细节；可能需要一些时间来"了解他"；并认为他将是一个好的销售副总裁（但他不信！）。

你现在有足够的输入来开始思考你的品牌宣言。你应该注意到描述词和你的可信顾问记分卡中得分最高的行为和行动之间有很多重叠之处。

创建品牌宣言

到目前为止，我们一直在收集数据和意见反馈。这就是品牌建设的发现阶段。现在，我们必须提出一个解决方案——这意味着建立品牌宣言。这个领域是你需要发挥一些创造力和利用别人想法的地方。在互联网上快速搜索一下就会发现，75%以上的个人品牌宣言都是销售或营销人员的。除了无聊的工作描述外，很少有销售工程师的个人品牌宣言。你是在开辟新天地！

试着写一些能抓住你的品牌精神的句子。你可能需要将其中的2～3个句子连起来。这里有一些通用的例子——具体细节由你决定，因为它们是非常个性化的。

- "我帮助客户实现并加速他们的数字化转型之旅。"
- "我与销售团队合作，超额完成我们的业务目标。"
- "我为解决商业问题带来了技术的魔法。"
- "我帮助我的客户将[我的公司名称]的最佳解决方案应用于他们的组织。"
- "我得到了技术上的胜利。"
- "我的客户将我视为他们可信赖的顾问。"
- "我帮助我的中小企业客户成为市场中的独角兽。"

关键是将你的一部分——你的个性——引入你的品牌宣言中。

案例研究：两个家庭成员运动方面的个人品牌

在英国，我在大学里打曲棍球。我通常是球场上技术最差的球员，周围是来自英国、爱尔兰和荷兰各个地区和国家队的成员。这往往是一个令人谦卑的经历——那么我为什么会在球队里呢？好吧，我在场上的品牌是"我努力工作，我鼓励我的队友，我还能进球"。这个品牌的前两部分并不特别，尽管我声称我必须比大多数人更努力地工作，以弥补我技

> 术的不足。第三部分,"我能进球",是关键的差异化因素,让团队的其他成员感兴趣。
>
> 这与我的儿子马特(Matt)形成鲜明对比。他在美国大学的一级联赛里踢了四年足球。当被要求描述马特时,他的队友会说:"他非常努力,以身作则,让我们都成为更好的球员。"我的品牌是短暂的、战术性的、以结果为导向的。而马特的品牌将持续一生。

使用和践行品牌

为了进行比较,请注意销售人员和你的经理是如何把你介绍给其他人,特别是客户的。虽然你的头衔可能很吸引人——我的角色从销售支持工程师(三级)到首席工程师——但令人兴奋的部分是他们如何描述你的工作以及为什么这对客户很重要。

作为一个即时的练习,现在你停下几分钟,写下一个标准的两三句话的简历,让销售人员可以在客户面前介绍你。让别人介绍你并说你的好话,总比自己介绍自己要好。下面是我在写这一章的前一天无意中听到的一个例子。

> 大家好,我想介绍一下我的技术搭档,摩根(Morgan)。他的头衔是解决方案架构师。摩根带来了 10 年的行业经验,和你们中的一些人一样,他也是从一个 [某 IT 职位] 开始的。他现在负责我们几个最大客户的数字化云转型。我知道他们非常乐意与你讨论这个问题。接下来就交给你了,摩根。

请注意销售人员是如何为摩根奠定基础并提升品牌的。
1. 摩根是他们的合作伙伴,以技术为导向;
2. 摩根设计大型解决方案;
3. 摩根有十年的经验,曾经做过甲方;
4. 摩根就像你一样,与一些大客户合作。

正如可信赖的顾问这个概念鼓励你变得 CRISPy,个人品牌理念使你能够让品牌"活"起来。我把我目前的个人和企业品牌的图片放在我的桌子旁边。每当我对某一行动方案产生怀疑时——例如,我很想写一封粗暴或讽刺的电子邮件,或者我对一个客户感到沮丧——我就会阅读品牌表,深呼吸,然后继续努力。几年前,作为一名在高压下工作的首席信息官,我给这一时刻起了个绰号:WAB——绕着大楼走(Walk Around Building)。

最后的思考是要围绕焦点。你不可能成为所有的人的一切。一个售前不可能成为公司产品家族中所有产品的主题专家,也不可能精通多个垂直领域的语言。特别是作为一个新员工，你需要找到一个利基，并围绕这个利基建立你的品牌，然后再向外扩展。你最好从"英国银行业的头牌售前"或"与 CIO 对话的最佳售前"开始，而不是以"公司里演示做得最好"为目标。

对于那些有 20 多年经验的售前，要开始考虑留下你的遗产和印迹。个人品牌是一个不断发展和变化的终身项目。你是如何影响他人的？你是否在提升全球销售工程师的整体职业水平？值得深入思考。

售前的诚信与道德

你可能会惊讶地发现：在品牌或行为声明中完全没有提及诚实和正直。这是因为——用我的一位前经理的话说——这就像付钱让人消耗氧气一样。当涉及客户时，你是销售队伍中的技术良心。你的工作是解释和展示最终将被出售的东西。绝不能有任何侥幸，否则你作为工程师的信誉将受到威胁。因此，在与销售人员、客户、合作伙伴，甚至是竞争对手打交道时，你必须保持最高水平的诚信。

售前职业原则的第一条是**永远不要撒谎**。这个谎言可能是为了获得公司奖金的谎言，你故意说了一些不正确的话。也可以是疏忽的谎言，即你忽略了你应该说的东西。一旦陷入这种情况，你的可信度就会降到零，客户（和他们的组织）就不会再信任你。你的同僚和你的经理也会对你产生怀疑。没有人会选择与一个不诚实的专业人士打交道。

什么构成了谎言？这通常发生在产品的功能或可用性方面[1]。例如，你告诉客户某个功能是可用的，然后，你发现它不是，或者产品正在被放弃。在这种情况下，你应该明确通知客户你做了一个错误的陈述。有时候，你通过以下方式来掩盖一个负面信息：告诉客户一个功能，但这个功能可能取决于另一个行动或产品。另一种常见的情况是，你的销售伙伴做了一个错误的技术说明。道德问题是要确定这些情况中哪些是微不足道的，哪些严重到影响你的客户获得成功。这些情况并不罕见。重要的是你如何处理它们。

案例研究：拯救销售人员

我们一位学员的故事："我们正在介绍我们硬件的技术细节。参会的一位客户高级经理问我们是否可以在盒子上支持 128 个用户。热情的年轻销售人员抢在我面前回答说：

---

[1] 现在，大多数机构明确禁止售前谈论未来的版本和发布日期。幻灯片上会有各种形式的关于前瞻性陈述的法律免责声明。不要出售未来。

> '是的，我们可以。'我回答说：'不，我们不能！最大的限制是 64 个，所以我们需要两个盒子。这很重要。事实上，我们昨晚刚刚进行了一些额外的培训，现在的最大限制是 64 个用户。你将需要并行地运行两个盒子。这可以为你提供负载平衡和故障转移的支持，而这些支持是你用一个盒子无法得到的。'我立即纠正了这个错误的说法，挽救了销售人员和项目，使每个人的可信度都得到了保证。对所有人来说都是一种胜利。"

一般来说，如果情况会对你的客户的时间、人员或金钱产生实质性的影响，你应该提出这个问题。如果这个问题是每月 5 万美元的总体支出中额外的 50 美元，那就不值得一提了。另一方面，如果它将会把上线日期推迟几周，或者需要更多的设备或人员，那么你的信誉就会岌岌可危了。一个很好的建议是：如果你的公司愿意支付成本的差额（而不影响你的业绩和收入），那么就没有必要向客户提出这个问题。在任何情况下，你都应该与你的经理和销售团队的其他成员讨论这一情况。你的公司、行业、文化和职位可能会有其他独特的道德伦理问题。你的客户也有规则。例如，有些客户坚持认为，你甚至不能在公司食堂给他们买一杯咖啡，以避免被认为是不当影响。对于与你的产品无关的道德问题，你应该运用第二条职业原则："把你今天卖给的人当作你明天要卖给的人。"

对于更广泛的担忧，可以考虑职业原则 #3：如果你的朋友和家人明天在报纸的头版看到这个消息，你会感到舒服吗？

总结

你的品牌影响着你的事业，影响着你的幸福，也影响着你周围的人。

想一想"当我不在房间里时，我希望别人怎么说我？"这适用于你的管理链、你的销售团队、你的客户和你的合作伙伴。这是一种强大的扩展你的能力的方法，并通过你的言行得以加强。再加上坚实的道德基础，你的客户将永远对你高看一眼，并认为你是值得信赖的顾问。

我们以数字战略家兼首席执行官、LinkedIn 专家高迪·陈（Goldie Chan）[1]的话作为结束："创建正确的个人品牌不仅会帮助你在你的领域中被人熟知并持续获得工作，而且它可能是你职业生涯中'你是谁'和'感谢你的到来'之间的区别。"

---

[1] 见https://www.goldiechan.com/。绝对值得一读。

技能培养建议

对于新售前：
- 为你的个人品牌创建描述词列表。
- 为你的个人品牌写一个品牌宣言（或几个）。
- 建立你的优势。
- 寻求反馈（并听取）。

对于有经验的售前或售前经理：
- 微调你的品牌。时代在变。
- 看看12～18个月后的潜在差异化因素。
- 重新审视你的明显优势。
- 思考遗产。你如何改善其他售前的工作？

对于所有售前：
- 活出你的品牌，每一天。
- 遵循三条职业规则。

CHAPTER 24

本章目标

- 讨论伙伴关系的不同形式。
- 学习如何处理好伙伴关系。
- 制定合作伙伴培训策略。

与合作伙伴合作

> 独自一人,我们能做的太少;团结起来,我们可以做很多事情。
>
> ——海伦·凯勒(Helen Keller)

合作伙伴是售前武器库中最有影响力和最能增加力量的工具之一。当你想推动一个机会,还有什么比让别人来承担这个责任并代表你做这件事更好呢?这是一个典型的投资回报率的范例。你的一些短期投资会产生一个不断增长的长期收益。本章对你可能遇到的不同形式的合作关系作了高层次的介绍,并对典型的关系作了概述。本章最后介绍了一个简单的赋能策略,使你的合作伙伴投资更有价值。

伙伴关系的不同形式

销售伙伴关系被宽泛地定义为两个或更多的企业实体之间为共同利益而努力的功能性关系。这个共同利益是一个满意的客户和一个收入来源。有许多不同形式的伙伴关系。这些形式从偶尔转售你的产品和服务、给你介绍一个新客户的第三方,到一个100%由合作伙伴主导的内部工程师团队（你可能会听到"间接"这个词），由合作伙伴工程师而不是传统的销售工程师组成。无论内部和外部的业务安排如何，负担仍然主要落在内部技术团队身上，以支持合作伙伴，促成项目成交。

伙伴关系也不仅仅是一起跟进项目机会。第三方可以直接转售你的产品，在你的产品或服务之上建立他们的产品或服务，或者只向潜在客户推荐你的产品。毫无疑问，合作伙伴为你的销售队伍提供了额外的筹码。不仅仅是你的销售队伍在销售，还有另一个可能更大的组织代表你进行销售，你可以从中受益。潜在的不利因素是：又多了一个利益相关者，决策、战略，甚至收入分配都变得更加复杂。

对于售前来说，有一个合作伙伴参与到你的机会中来，就打开了一个充满各种可能性的世界。例如，你现在可以使用他们的演示中心（许多较大的第三方拥有比一般供应商更好的卓越中心[1]）、硬件、软件和其他人员/资源，这些都是以前无法实现的。

这种模式的顶端是一个完全以合作伙伴为中心的技术供应商，因为100%的机会都分配给了合作伙伴，并通过合作伙伴推动。现场团队很少直接与最终客户接触，因为外部合作伙伴是进入最终客户的唯一渠道。在这种环境下，机会以多种方式获得。合作伙伴可能会被激励去创造和追求他们的项目机会，并把这些机会在你的公司注册登记，或者是公司发现的每个机会都会向外分发到合作伙伴那里。许多小公司开始采用这种策略，然后慢慢地将他们前10%的战略客户转移到直接模式中，以便更好地控制他们的关键客户。其他公司则忠实于100%合作伙伴主导的理念，这两种结构都被证明是成功的。

下一种模式是混合战略。有完整的现场销售和售前团队专注于所有客户。还有一组平行的合作伙伴，他们也在积极向这些客户销售。合作伙伴和主供应商之间的业务接口是在业务经理或拓展经理一级。他们的工作是制定战略和协调共同追求项目机会的资源。通常情况下，只有一个小[2]的负责营销和支持职能的合作伙伴售前团队。

在这个模式最底端，与较小的公司合作，是临时的合作伙伴战略。没有正式的销售安排（尽管有一个商业/佣金类型的协议），最初的机会跟进策略是"边走边看"。一旦合作伙伴的机会规模变得足够大时，这种安排很快就会演变成正式的形式，至少对顶级的合作伙伴来说是这样。因此，渠道团队就诞生了。

---

1 卓越中心，centers of excellence，指很多大型公司里专门设立的展示厅（馆），用来陈列和介绍公司产品解决方案。
2 小的意思是指不到售前总人数的5%。

24 与合作伙伴合作

> **技巧提示：跟着钱走**
>
> 销售副总裁会告诉你："报酬驱动行为"，这句话在合作伙伴的动态关系中是最有意义的。谁做什么能够得到报酬，将比任何组织结构图更能推动合作伙伴的参与。这听起来可能有点愤世嫉俗，但除了100%间接驱动的团队，在合作伙伴跟进项目机会时，应该如何运作和实际如何运作之间通常存在差距。

有许多介入合作伙伴管理的组织结构，每个公司都有不同的情况和优先事项。就像雪花一样，没有两个合作伙伴的组织是相同的。

与合作伙伴互动

每一个售前都需要与合作伙伴互动，即使这不在你所声明的角色和责任的范围内。这种互动可能是直接的，因为你参加了与合作伙伴的销售会议。这种互动也可能是间接的和幕后的，因为你帮助合作伙伴为会议做准备，或者它可能是以支持为导向的通用赋能（enablement）和培训。在任何情况下，你都是在与合作伙伴一起工作，使他们准备好与客户见面并代表你开展业务。实际上，他们是代理售前。

定义客户所有权

销售人员花了大量时间争论谁"拥有"某个客户。所有权（Ownership）是由谁制定整体战略，领导销售，并根本上对客户的决策有最终决定权来决定的。传统上，所有权是由谁把谁带到项目机会中来决定的。例如，如果你正在跟进一个机会，决定引入一个具有独特专长的合作伙伴来共同参与，你就把他们带入了交易。当一个大型的系统集成商（SI）正在竞标一项交易，并要求你参与，他们就把你带入交易。

我一直喜欢一个更柔和的理念，就是成为某个客户机会的"主要（prime）"角色而不是所有者。如果你是主要的售前，你要制定时间表，分配任务，并向你的合作伙伴寻求更多的帮助和资源。不要害怕向合作伙伴寻求帮助或建议——这是你们一起工作的原因。请注意，你们可能会花相当多的时间来为实质性的交易协调人员和时间表，而不是去销售。你可能会有成为一个被美化的项目经理的风险。

你也应该为客户设定期望。客户会期望你成为客户团队的主要技术代表和他们的主要非销售沟通接口人。这由你决定，你也可以把这个沟通点的位置让其他人代理。经营这些机会给你带来巨大的优势，你可以为未来积累优势。尽管营销和业务发展团队可能会发

219

布一系列的新闻稿和博客文章来宣布合作协议，但只有在一线落地，这种公关才会变成现实。再多的营销活动也无法建立起由成功的双赢交易产生的巨大信誉。

特别是在较小的公司，销售人员为一个机会所选择的合作伙伴与你的选择之间可能存在差距。如果有作决定的权力，销售代表可能会根据客户的接触程度来选择合作伙伴（比如可以安排高管会议的合作伙伴），而售前则会根据技术和业务匹配度来选择合作伙伴。当你参与选择时，最好是在销售周期开始时共同进行合作伙伴选择，以最大限度地提高获胜的可能性。这比其他一切都要优先考虑。

> **技巧提示：伙伴中也有伙伴**
>
> 当与系统集成商或大名鼎鼎的咨询公司合作时，要仔细留意他们的权力结构。确保你正在与正确的内部合伙人/董事总经理打交道。要关注那些在现场与客户打交道的高级经理和管理合伙人，少关注公司关系。

有时你可能会因为政治原因而被强推给一个合作伙伴。你的副总裁遇到他们的副总裁，他们决定无论如何都要在下一个机会上合作，以示诚意和"伙伴关系"。这种情况比你想象的要多，而且是一种既成事实[1]。在这种情况下，要充分利用这个机会——至少你可以依靠一些高管人员的支持来完成交易！

互动规则

基本的、道德的<u>参与规则</u>（Rule Of Engagement，ROE）是要忠实于你的合作伙伴。一旦宣布了合作关系（并且客户看到了它的行动），你就不应该与其他竞争对手合作，甚至不应该独立工作。一位同事曾将这一过程描述为相当于一场婚姻，只是有时会出现先坏后好的情况。实际上，这个过程一直持续到客户选择了一个伙伴而不是另一个。回到可信赖的顾问的概念，当你放弃一个伙伴时，你会失去所有的信任，因为所有五个因素，即可信度、可靠性、亲密性、自我定位和积极性都会受到长期的打击。消息会传开，会损害你未来的销售事业。即使你只是作出这个决定的团队的一员，而不是领导者，你也会受到影响。

对于典型的一线售前来说，你需要平衡当地合作伙伴的需求和你积极追求的直接销售机会。我的建议是：除非有一个伙伴脱颖而出，否则你应该是机会主义的。审视你的目标市场，与你的销售同行讨论可能的合作伙伴，然后在任何机会**出现之前**积极主动地与他们接触。请记住，特别是对于咨询公司来说他们关注的是计费工时，所以你可能需要

---

[1] 这意味着交易已经成为定局。所以要处理好。

通过早餐、午餐和晚餐来与他们建立关系[1]。

你还应与合作伙伴商定支持的程度和响应速度。你的日程表排得满满的,会有很长一段时间不在办公室,你的精力会在其他机会支持或合作伙伴支持上保持平衡。期望你的响应时间等同于技术支持热线是不合理的,所以预先设定基本规则是至关重要的。你会注意到其他合作伙伴对你也是这样做的,这是一个公认的商业规则。投资回报率还应该包括你可以向合作伙伴提供哪些服务。例如,一些合作伙伴可能希望你对建议的设计提供咨询;另一些合作伙伴可能要求你创建整个解决方案的设计。

从管理的角度来看,一方面,合作伙伴管理的要求叠加在每天的日程表上,对一个小型的售前团队来说是难以承受的。在面对自己销售团队的月度或季度收入预测时,一线售前很难看到合作伙伴参与的好处。售前经理需要与销售经理一起,提前计划每季度(和下一季度)管理合作伙伴的方法。在需要他们之前将他们拒之门外,这将限制长期增长,甚至在短期内限制销售管道。另一方面,太过关注合作伙伴,会使售前没有时间支持目前的项目,并影响业绩目标的实现。对于年轻的团队来说,这是一个微妙的平衡。你经常会从一个极端摇摆到另一个极端,很难找到中间地带。

> **案例研究:政治与合作伙伴**
>
> 在大型企业中,围绕渠道的政治因素可能会导致每12~18个月一次的大规模战略调整,通常取决于高级管理人员的奇思妙想以及分析师和风险投资公司的意见。例如,我看到一个对合作伙伴友好的公司,其40%的收入是通过渠道实现的。在新财年开始时,几乎在一夜之间就疯狂地转向了消极的合作伙伴策略。新的首席收入官(CRO)创建了垂直销售团队,直接处理每一个销售机会,并切断了合作伙伴关系以增加收入和利润。结果是灾难性的,因为合作伙伴转向了直接竞争对手。垂直领域19%的收入增长被公司其他领域30%的下降所抵消。整个合作伙伴支持团队在下一个季度辞职了,合作伙伴的基础设施也消失了。6个月后,董事会终止了首席收入官的职务,并扭转了方向。不幸的是,这几乎太晚了。花了两年时间才重建了团队和信任。

对合作伙伴进行分类

无论你是否有一个合作伙伴团队,一个常见的方法是对你的伙伴进行分级。经典的类

---

[1] 食物和饮料是所有信任关系的通用催化剂。

别是金、银、铜，上面再撒上一些钛。金牌级别代表他是你的首要合作伙伴，他们获得大部分可用的时间、人员和资金，并拥有比其他所有伙伴更多的优先权。银牌合作伙伴有资格获得季度更新、当地活动和用户群的邀请，以及对超过特定规模的项目或预先确定的客户群的支持。铜牌合作伙伴获得标准的线下培训和必要的交易支持。此外，公司还增加了重金属超级级别，如钛金和白金，以根据规模、收入或营销贡献来奖励合作伙伴。

你或你的销售伙伴的部分薪酬，可能来自于将合作伙伴从银牌提升到金牌的追加销售。值得注意的是，不同级别在<u>营销发展基金</u>（Marketing Development Fund，MDF）、带折扣的活动入场券、认证、目录列表等方面存在差异。你可以把它们看成是产品不同级别的功能差别。

你可能无法正式创建这样的层级，但你当地的售前团队肯定可以在心理上以这种方式对你的合作伙伴进行分类。请记住，一切都要看当地的情况，所以美国总部的高级别合作伙伴可能不是西班牙或葡萄牙本地市场的重要玩家。一个当地的合作伙伴反而可能是金牌级别的。

从长远来看，几乎每个直销组织都会建立一个平行的合作伙伴关系组织。该组织最初由业务拓展角色和营销/活动协调员组成。然后，随着资源需求的攀升和售前经理的抱怨，就会配备专门的合作伙伴售前，甚至建立专门的合作伙伴售前团队。

为合作伙伴赋能

与合作伙伴一起销售的明显缺点是，必须对他们进行培训、支持，并定期更新。这是一项耗时的活动。大规模的销售组织有专门的合作伙伴小组和专门的售前来专门负责与外部合作伙伴合作。在较小的公司内没有这样的小组，或者只有技术能力极差的业务拓展经理。这种结构给一线售前带来了更大的压力，因为他们要负责对合作伙伴的售前进行入职培训和技能提升。

每年，供应商都会拨出大笔资金来为他们的合作伙伴赋能。这笔钱在内部用于基础设施、销售材料和员工，在外部用于活动、促销、奖金，甚至更多销售材料。遗憾的是，大多数合作伙伴赋能战略都是建立在"一刀切"或随用随取的方法上。这两种方法对售前组织来说都不是特别有效。

合作伙伴带来了规模效应，他们为你的销售工作提供了巨大的杠杆作用。无论你有3个还是3 000个合作伙伴，关键是要为他们的售前团队开发一个可重复的赋能过程。在一个小公司，你可能需要从零开始建立你的系统，而在一个大公司，你可以重新利用已有的资产。与其只是提供一大堆材料，不如通过了解他们需要学习什么以及如何实现这一目标，为建立最有效的合作伙伴技术团队制订一个计划。把自己放在他们的位置上，问自己："如果我是这个合作伙伴的售前，我需要知道什么，我应该能够完成什么任务，（1）使我最有效地销售产品；（2）使我对其他人的依赖降到最低？"这是建立合作伙伴认证计划的第一步。你实际上是在支持一个新售前入职，只不过他们是为一个合作伙伴工作，而不是为你的公司工作。

回到重金属哲学，你可以用类似的类别来衡量你所期望的外部合作伙伴售前的知识深度。根据你期望他们完成的任务，而不是根据现有的材料，对合作伙伴进行培训并与其合作。表 24.1 是一个合作伙伴售前能力的分级建议。

表 24.1　按类别概述技术期望

级别	任务和期望
铜牌 /1	● 对客户和机会具备识别和技术资格评估的能力 ● 做一个 10～15 分钟的概要能力介绍 ● 提供一个开箱即用的录像演示 ● 将功能与标准的业务收益联系起来 ● 需要帮助解决 RFP 和大多数客户的问题
银牌 /2	● 能够给客户做第二次拜访，向业务和技术团队进行基本演示或介绍 ● 处理大部分的 RFP ● 能够进行复杂或定制的配置
金牌 /3	● 能够在大多数环境下安装和配置产品 ● 能独立、顺利地进行 POC ● 提供深入的产品演示或介绍 ● 向技术听众使用白板进行交流

当你签约了一个新的合作伙伴，他们很可能对你的产品、定位和价值主张知之甚少。交给他们一系列的网站链接、手册和市场宣传资料，内容很好，但没有起到直接的培训作用。在与合作伙伴的第一次会面中，如果没有任何有效的入职培训计划，售前应该提供以下内容：

- 个性化的单页产品总结陈述，合作伙伴可以学习和适应性修改；
- 你们公司能解决的常见业务问题的痛点表；
- 概要技术需求；
- 一个"我该给谁打电话？"的通讯录（仅供内部联系）；
- 主要竞争对手分析；
- 一个 6～8 分钟的白板演讲样本；
- 预先录制的培训和演示视频的访问权限。

目前的趋势是提供一系列的点播和互动视频培训课程。一些硬件公司有令人惊叹的虚拟现实系统，以实现对其设备和样板数据中心机架的全息展示。随后是书面材料、在线实验室，最后是考试。通过这些测试就可以获得基本级别的专业认证，这就可以保证合作伙伴的技术技能水平，并围绕你的产品创建一个生态系统。此外，我们售前喜欢获得更多的资格和认证！

合作伙伴售前的特殊职责

合作伙伴售前的角色在售前界是独一无二的。你的目标客户既是外部合作伙伴，也是被说服与这些合作伙伴合作的内部售前和销售团队。你的最终目标是通过合作伙伴引导尽可能多的业务。你在内部和外部与合作伙伴经理（相当于销售人员）一起推销你的合作伙伴。这是一个时间和优先级的微妙平衡。你在公司内部工作的时间可能和你在公司外部工作的时间一样多。

典型的职责将包括：

- 与合作伙伴经理合作，在市场上寻找和招募合作伙伴，向客户提供创新的解决方案。
- 培训合作伙伴的技术团队，使其同时具备销售和技术能力，以便在市场上取得成功。
- 让合作伙伴了解最新的产品和技术知识以及市场差异化因素。
- 就成功实施完整解决方案所需的集成策略、企业架构、平台和应用基础设施提供建议。
- 在机会和项目中与合作伙伴的技术代表合作，补充他们的技能并保证高质量的交付。
- 作为合作伙伴的技术引导者，把他们带来的现场客户反馈，代表他们反馈给相关部门。
- 提升合作伙伴的级别，使其对你的产品系列投入更多的精力（如从铜牌升至银牌）。

> **技巧提示：成为受信任的顾问伙伴售前**
>
> 与你的合作伙伴联系人保持联系，即使目前没有业务。只有在你需要的时候才与合作伙伴接触（或者他们也对你做同样的事情），这表明你的自我定位很高，亲密程度很低（见第19章）。你要成为他们在有线索可循时第一个想到的人。当你不和他们在一起时，发生的积极事情越多，关系就越牢固。

> **案例研究：乘数效应**
>
> 在 MTS，我们有自己的合作故事可以分享。例如，一家中等规模的技术公司（500 名销售人员、250 名售前）希望为其整个销售团队进行销售方法和相关专业技能的培训。现有的供应商提交了一份提案，建议对所有 750 人进行（重新）培训。他们的竞争对手为了寻求差异化，联系了我们，并希望与我们一起合作进行联合投标，围绕他们专有的销售流程，提供基于角色的专门培训。
>
> 我们通过使用视觉销售和"为什么要重复过去 5 年的错误？"这个信息为中心的方法共同赢得了业务。随后的客户汇报内容显示，他们选择我们的首要原因是我们是一个"销售和售前合作的光辉典范"——这一点也正是客户希望我们两家公司能教给他们的东西。如果我们各自投标，两家公司都不会赢得这项业务，但我们获得并保留了一个忠实的客户。自从最初的成功之后，两家公司已经在其他多个联合投标中建立了伙伴关系。
>
> 这也是一次令人谦卑的经历，尽管我们做了精心的计划和策略，但客户从我们这里购买的原因是如此简单，以至于我们忽略了这一点！

总结

如果合作得当，合作伙伴可以为你的销售活动发挥巨大的杠杆作用。为合作伙伴培训新入职的售前，这些时间和资源上的投资，将在长期得到回报，因为这些合作伙伴为你带来更多的业务。利用合作伙伴社区提供的所有资源，如卓越中心、营销活动、高管访问以及他们的技术能力。像对待客户一样，在合作伙伴的技术和业务队伍中建立关系。制订一个与合作伙伴售前互动的个人计划，而不是依靠临时性的想法。

请记住，你的公司投资建立了合作伙伴团队，利用合作伙伴增长渠道业务。如果你是一个真正的合作伙伴售前，你就是这个群体的一员！

技能培养建议

对于新售前：

- 把合作伙伴培训的关键部分整合起来。重新使用入职培训过程和材料。
- 制定你个人与合作伙伴互动的流程和策略。
- 培养合作伙伴内部的技术和业务联系人。

对于有经验的售前或售前经理：

- 与几个关键的合作伙伴合作，并成为他们的首选支持人员。
- 不断地重新利用内部材料，以减少合作伙伴对你和售前同事的依赖性。
- 考虑是时候创建一个专门的合作伙伴售前团队了吗？
- 在合作伙伴的市场活动中寻求演讲和宣传机会。

对于合作伙伴的销售工程师：

- 花时间与你的合作伙伴经理沟通。
- 参与联合销售会议，启动合作伙伴关系，判断技能差距。
- 向负责客户的售前和销售团队介绍你的合作伙伴的能力。

CHAPTER 25

本章目标

- 要善于识别、化解、打败你的竞争对手。
- 了解五个主要的竞争战略。
- 处理好竞争性客户。

竞争策略

当你的敌人正在犯错时，千万不要打断他。
——拿破仑·波拿巴（Napoleon Bonaparte）

每一个销售机会都涉及竞争的因素。它可能是客户只是象征性地看了一眼你的竞争对手，以勾选一些采购合规的方框，也可能是为争夺业务而进行的一场恶战。你经常为了将潜在客户转化为你的付费客户而与你们公司最匹敌的竞争对手战斗。在本书中，我一直强调解决方案销售的重要性，并将由此产生的价值定位传递给你能接触到的更高职位的客户高层管理人员。这是一个完美的学术世界。尽管技术、投资回报率和你对业务问题的理解都很好，但竞争环境往往类似于徒手肉搏战。这是你和你的销售伙伴在对抗"敌人"。更多的时候，拥有最佳策略的团队拥有优势，这正是本章要讨论的主题。

竞争格局

要想制订比一般竞争战略更多的计划，你需要知道还有哪些竞争对手在参与机会。即使你在整个销售周期中推销你的优势，淡化你的弱点，你也应该在做这些事情时考虑到潜在的竞争对手。你需要为你的竞争策略设定一个目标。

你的头号竞争对手

在我们的业务价值发现研讨会上，我们进行的一项练习是收集和列出一组竞争对手。我们通常会在黑板上列出 3～5 个名字。然后，我们要求学生思考他们在过去一年中积极参与的所有项目机会，以及最终的结果。结果是：在大多数技术公司中，所有丢单的销售机会中，有 30%～50% 是由同一个竞争对手造成的。它就是我们之前讨论过的那家鲜为人知的"公司"，叫作<u>无为公司</u>（Do Nothing, Inc., DNI）。你没有赢得销售，你的任何经典竞争对手也没有。相反，这个项目消失了，或被推迟了，因为预算被用于其他地方。客户没有花钱解决所发现的问题，也没有人获得收益。在过去 25 年里，我在不同行业和市场领域参与的每一次销售统计都支持这些数字[1]。花几秒钟思考一下这个数字。在进入管道顶端的每五个机会，就有两个具有一些基本资格，但从未出现在管道的底端。

因此，售前需要开始考虑客户所认为的风险概念。图 25.1 表明：当客户认为作出改变的风险（R1）比不作改变（R0）和维持现状的风险更大时，那么惯性（和 DNI）就会获胜（因此 R1 > R0）。因此，你的售前竞争战略的一个新维度是在 DNI 和从你那里购买之间创造一个积极的风险差距（所以 R0>R2）。差距越大，购买的动力就越强。理想的情况是，你应该增加选择 DNI 的风险（因为每个人都能从中受益），**同时降低与你的解决方案合作的风险**，如从 R1 ～ R2。

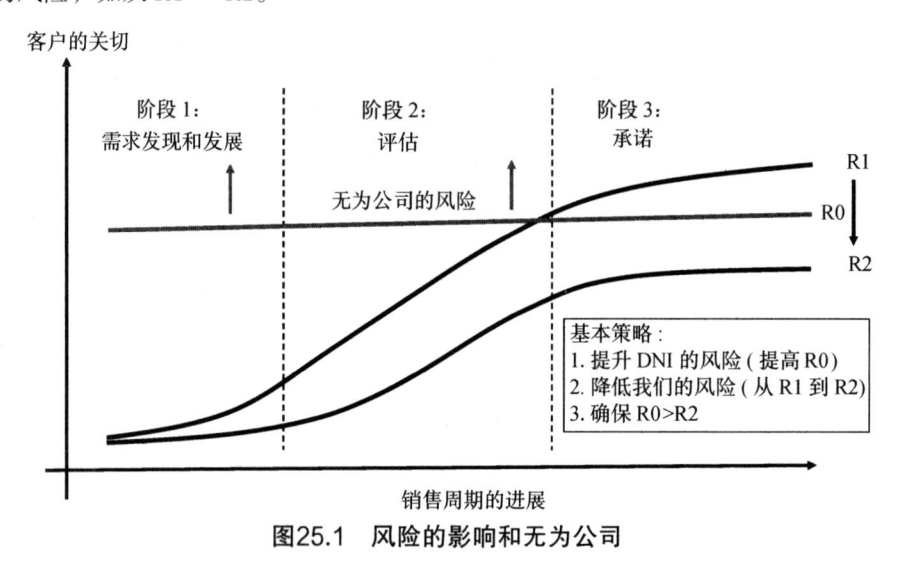

图25.1 风险的影响和无为公司

---

1 根据Challenger公司的报告：38%的B2B采购尝试以没有决定而告终。见https://www.challengerinc.com。

25 竞争策略

实际上，你需要采取一种策略来打败 DNI，就像你要打败你的一个更经典的、有名有姓的竞争对手一样。吓唬客户不是你的职责，但你肯定可以尽力让他们充分认识到如果他们不采取行动可能会发生什么。"如果你不采取行动会发生什么？"接着是一个长时间的停顿，这是一个伟大的用于发现的问题。

识别你的竞争对手

尽管销售周期的很大一部分时间是用于开发和设计你的解决方案，但你必须考虑竞争环境的因素。在早期阶段，你可能要与几个竞争对手反复竞争。再加上十几个你每年只遇到一两次的较小的、只有单个功能点的解决方案的竞争对手，赛道变得拥挤不堪。就像每个专业的体育团队都会在比赛前侦察对手的情况一样，一个有能力的销售组织也应该这样做。因此，在任何机会中第一步当然是要弄清楚你的竞争对手是谁。

最直接的方法通常是最好的，就是问客户一个直接的问题，比如"这个项目你们还联系了哪些供应商？"我建议销售团队在这个问题上分工合作，由销售人员询问他们的主要联系人，你问你的联系人。在人少的时候或一对一的沟通中提出这个问题，而不是在一大群人面前。这样你更有可能得到回答，因为人们会对在同事面前透露这些信息感到自责。你的信任分数越高（见第19章），你的机会就越大。

> **技巧提示：那么这让你感觉怎么样？**
>
> 有些客户非常不愿意透露任何有关竞争环境的信息，因为他们担心这可能会在某种程度上给你在销售周期中带来筹码，这可能是真的！但这并不意味着他们绝不会。在与客户的销售或营销人员打交道时，你可以打出内疚牌，问问他们，当他们的客户不愿意告诉他们任何关于潜在竞争对手的情况时，他们是什么感觉。然后保持沉默，看看会发生什么。

有时，客户不愿意分享任何关于竞争环境的信息，特别是在第三方（如集成商或管理咨询机构）参与的情况下。这时，就需要发挥创造力，采取其他方法[1]。比如：

- 检查客户发送的电子邮件的抄送名单；
- 检查任何共享驱动器的权限；
- 在客户现场时，查看一下访客记录；
- 注意客户桌子上是否有你的竞争对手的宣传品、样品或手册；
- 检查任何电子邮件附件的文件属性标签；

---
[1] 不要做任何违背法律或道德领域的事情。例如，你不能为任何种类的信息提供交换条件或贿赂。

- 要求现场的任何第三方顾问提供相关信息；
- 向其他客户探询信息；
- 最重要的是，要不断地问。

要特别注意客户所问问题的类型、演示中要求的功能、基准、标准需求等。总是会有线索。当然有时尽管作出了最大的努力，你还是无法了解竞争对手有哪些。这种情况时有发生。

了解你的敌人

你知道竞争对手在你所在地区的销售代表和技术同行的名字吗？你是否研究过他们的销售策略并寻找过蛛丝马迹？人类是习惯动物，每个人都有在压力下应对的固定模式。沿着胜利的道路继续前进也是人类的天性。如果你用同样的策略连续赢得了5个项目，你就不太可能在第6个项目中主动偏离这一策略。这种懒惰意味着你的竞争者会分析并加以利用。

> **案例研究：我的策略是有效的，直到它失效**
>
> 在互联网热潮兴起时期（1999-2001年），我为客户关系管理公司Clarify工作。我们的头号竞争对手是Siebel系统公司，也就是传说中的800磅重的大猩猩。我们有一个新的销售人员自动化（SFA）模块，它充其量也只是一个普通的模块。Siebel竞争情报团队很快发现：我们的产品将数据从销售人员的笔记本电脑同步到公司中央数据库的能力（这是2000年！）是不可靠的。他们把数据同步作为每个演示的一部分，并宣传可靠性和数据完整性是任何SFA系统的主要要求。这是神的一击，让我们在3周内损失了7笔大生意。我们迅速成立了一个工程特警队，修复了一些用户界面的错误，并进行了调整。下一个重要演示我们从收集每个参会人员的名片开始。甚至在参会的Siebel的粉丝提到数据同步之前，销售人员就已经输入了他们的联系数据并上传到中央系统。攻击被抵挡住了。然后，我们开始进攻，给每个售前提供了一份海报（2×3米），上面绘制了数据模型。我们在每次演示时都自豪地展示这张海报（当然，Siebel有一个专有的模型，不愿分享，但我们从未说过）。这足以让我们在竞争中保持优势，北电网络最终以超过50亿美元收购了我们[1]。
>
> 针对人和产品的研究会告诉你：
> - 他们偏好的竞争方式是什么？

---

[1] 1999年底，北电的初始报价为21亿美元。当交易完成时，它的市值已达50亿美元。两年后，北电以2亿美元将Clarify卖给了Amdocs。到2002年，北电的股价从124加元跌至0.47加元。我在楼下的浴室里放了一张北电的股票，以提醒我所有的东西都是短暂的。

- 他们是在技术、业务还是高管层面进行销售？
- 他们常用的客户成功故事有哪些？
- 当他们与你竞争时，他们是如何应对的？
- 他们如何找到教练，以及如何利用这个人？

售前的五种竞争战略

竞争战略既要聚焦，又要一致。这意味着你要使你的技术战略与整体销售战略保持一致。尽管战略有许多类型和变体，但你可以把它们大致分为5个不同的类别，每一个类别都对售前团队有影响。每种方法在某些时候都会发挥作用。不幸的是，没有一种策略是万能的，每次都有效。每个客户都是不同的，你的竞争对手也在不断适应。

正面战略

正面战略正是你所期望的。它是一种完全的正面攻击[1]，既针对竞争对手，又围绕客户。这种方法要求你在产品、公司和信任方面比你的竞争者都有非常明确的优势。它也往往是非常耗费资源的，因为你要不断地在客户面前强调你的优势。销售人员喜欢正面的方法，因为它既是最直接的方式，又有与你的竞争对手进行一对一斗争的吸引力。只有你们两家，角逐最好的团队进而获胜！这通常是由极度自信的销售人员采用的，他们试图打入一个客户或一个新领域。

对于售前来说，这意味着你的产品必须有明确的、令人信服的业务优势和技术优势。这些优势是毋庸置疑的，而且它们应该足够大，以至于对它们没有任何天然的防御。你往往需要进行多次演讲、演示，可能还要进行 POC，以使这些优势深入人心。此外，只要你不断地出现在客户面前，就会产生建立信任和推销你公司的机会。

> **案例研究：区域正面战略**
>
> 我们的一个客户举了一个例子："我们有一个主要的竞争对手，他们的产品实际上和我们一样好。我们的显著优势是：我们的规模是竞争对手的五倍，拥有五倍的售前，以及更多的合作伙伴。我们决定采取全战线的正面战略，迫使我们的竞争对手参与到

---

[1] 被称为"全速前进，该死的鱼雷"。出自美国内战期间美国联邦海军军官David Farragut。他的进攻很成功，被提升为海军中将，后来被晋升为海军上将。

> 每个客户中。我们推动定制的演示和复杂的 POC，因为我们知道他们不可能在每一个机会中都参与竞争，而必须有所选择。在接下来的几个月里，我们大约有一半的项目机会是没有对手的，他们不得不临时从世界各地派来更多的售前来支持。他们很快就适应了，先发制人地使用了侧翼夹击或碎片化的应对措施，然而我们还是能够在短时间内扩大比分，并使对手的销售士气低落。"

除了时间上的要求外，缺点是很难在销售活动的中途改变策略。例如，假设你的产品优势没有得到客户的认可（可能是因为你的竞争对手已经采取了另一种竞争策略作为回应）。在这种情况下，你是在把自己从交易中淘汰掉，而不是竞争对手将你淘汰掉。在你失去客户、市场，甚至销售人员的信任之前，你只能承受失去几个正面竞争的机会。

侧翼战略

侧翼战略是一种微妙的方法，将购买标准的重点转移到有利于你的产品组合的新的、不同的问题上。这种转移包括对目前正在使用的产品的其他成功标准，或增加需要额外产品的新标准。你采取不同于竞争对手期望的方法，并利用他们的攻势作为正面攻击的防御。为了执行这一战略，你需要在客户组织内有一个人——教练——愿意影响这些标准。

售前执行侧翼策略的最佳时机是在发现期间。在第 6～7 章"业务价值发现"中，我们研究了痛苦、收益和优先级。其中一个步骤是请求允许添加自己的问题。你可能记得：

"我的许多客户 [与你处于同一垂直领域 / 与你规模相当 / 也面临这类商业问题]，也在寻求解决 [你能帮助他们解决的问题]。你有兴趣了解一下吗？"

其目的是向客户介绍更广泛的问题，而不仅仅是购买特定产品或服务的直接需要，这可能会引发客户当前的痛苦。例如，假设你正在为一家大公司工作，与一家小公司竞争。在这种情况下，你很可能会引入一个或一组额外的产品来扩大项目范围。相反，一个小公司的售前可能会通过使用简单性、响应速度、安装速度或更快的价值实现时间来进行侧翼进攻。

技巧提示：巴士的大小

　　一些巨型企业公司以派很多人参加销售会议而闻名。可能有五六个销售人员和多个售前、合作伙伴代表，以及其他人员。笑话是，他们需要一辆巴士来容纳所有人。一个小公司可能只派一个销售人员和一个售前。你可能会觉得自己寡不敌众。然而，他们的产品是如此复杂，需要十几个人才能回答很基础的问题！这样简单性现在就成了一个评价标准。

这一策略的关键之处在于，销售团队中需要有人被充分信任来执行侧翼进攻。除非销售人员和客户之间已经存在某种长期的持续关系，否则这个人就是售前。你做好准备吧。

碎片化战略

碎片战略将主要机会细分为更小的碎片，让不同的客户人员关注你可以直接处理的那些优势。这也被称为**分而治之**的方法。你有效地与不同的客户团队进行平行的销售工作，并尽量减少这些团队之间的沟通和相互影响。这种方法依赖于销售团队在产品的特定部分找到独特的功能、优势和好处，然后向感兴趣的客户推销这些好处。这需要预先进行目标定位和深思熟虑。

碎片化策略在 XaaS 领域已成为亮点。它能有效地使你先与一个小部门或团队达成第一笔交易。进入的门槛和失败的成本很低，客户更愿意承担风险，因为你解决了他们的具体问题。一旦客户对你满意，你就可以扩大你的客户范围。这是打入竞争对手样板客户的一个好方法。

请注意，在发现阶段仍有相当大的前期投资，因为你正在寻找你的产品与竞争对手相比的独特功能，这些功能将只对一部分客户人员产生重大影响。

> **技巧提示：当心客户里的委员会**
>
> 如果客户有一个正式的评估委员会，碎片化策略就很难执行。你有可能被客户指责为"背着我做事"，故意向不同部门或个人销售不同的功能。最好能有一个教练或高管支持者指导你完成这个过程。

防御战略

可以在你的已有客户那里使用防御策略。它将保护你免受竞争对手的攻击。这种方法依赖于销售团队和一个或多个客户主管之间的一个可信赖的顾问角色。这不是一个最后一刻的战略，也不是一个你可以在整个已有客户群中使用的方法（因为你没有这个能力），而是一个深思熟虑的长期方法。它要求不断强化你对这些高管和他们下属的收益和价值。

许多公司被迫采取防御性策略，在逐月递增的收入消费模式中维持其客户群。这是<u>客户成功经理</u>（customer success manager）崛起的主要动力，他们的唯一任务是支持客户新服务上线和顺利使用。每当竞争对手试图分一杯羹时，无论对方采取什么策略（包括用暴力折扣进行正面的价格攻击），你都有一套明确的成功经验和内部拥护者来抵御攻击。

这种策略要求售前既要关注技术，也要关注营销，因为你要宣传你的技术成果和业务效果。请注意，你是在推广客户的成就，而不是你自己的成就（这就是我们的可信顾问术语中的低自我定位行为）。

发展战略

发展战略是"如果什么都没有发生会怎么样？"的总括性说法。它的目的是为你未来的潜在机会做准备。当销售团队确信该客户有真正的收益潜力，但不会立即发生时，就可以采用这种策略。发展是一个缓慢的过程，用来在未来几个月甚至一年内建立你和你的产品的可信度。这意味着你在为未来投资，而并不是每个销售组织都愿意这么做。

> **技巧提示：保持与客户持续联系的节奏**
>
> 如果你经常与潜在客户联系，而不是在他们准备购买时才打电话，那么与他们重新启动机会就容易得多。在我们的MTS业务中，有相当大的比例来自于"发展中"的客户，这些客户经过12～18个月的酝酿，偶尔会有联系，而不是被销售人员不断纠缠。

每种策略都是售前的时间、计划和努力的独特融合。正面战略通常需要在短时间内根据一套确定的标准进行**最多的技术资源和时间承诺**。这是一个没有余地的方法，一旦你承诺（你的产品是最好的，并且你能证明这一点），就不能反悔了。如果你对这个策略感到不舒服，你需要说出来。侧翼和碎片更微妙，需要**销售和技术资源的同等投入**。我总是喜欢用这两种策略而不是正面策略来取胜，但这可能是我的性格特点使然。我认为防御和发展是保持现有客户和培养未来客户的必要方法。

> **技巧提示：阅读案例并应用学习内容**
>
> 回到前面几页，回顾一下"我的策略是有效的，直到它失效"的案例研究，请思考Siebel和Clarify在整个竞争过程中所采用的竞争策略是什么？

客户与竞争

在执行竞争战略的过程中，客户往往会直接问售前和销售人员：为什么说你的解决方案比别人的更好？有时客户是真正的好奇，有时则是一种谈判/采购的策略。第一个建议是要保持积极的态度，以你的优势为中心，并使用以客户为中心的语言。

- 客户问："我为什么要买你们的产品？为什么你们比 [公司/产品 X] 更好？"
- 你应该这样回答："我不是 [产品 X] 的专家。但是，我可以与你分享我的客户告诉我促使他们从我们这里购买的三个主要原因。它们是 [1、2 和 3]"。

当然，第 1、2、3 项不仅应该是你完全有效和适用的优势，还应该是该竞争对手的弱点。不幸的是，你的客户可能仍然坚持要求你为即将召开的评审会议给他们提供一些关于竞争对手劣势的数据。无论你的公司是否有关于直接使用竞争情报的政策，我都强烈建议你不要参与这种对话。在 30 多年的销售生涯中，我只记得少数几个机会在直接攻击竞争对手（即使是全面的战略）后获得了积极的结果。有太多的不利因素和失去信任的潜在风险。

你可以给客户推荐第三方信息、新闻文章、聊天室/用户社区里的反馈或分析师报告。传递来自行业分析师或客户案例的无可辩驳的数据，支持你的立场，提高你的可信度。例如，如果你在 Gartner 魔力象限[1]的右上方，而你的竞争对手却没有，而客户认为这一点很重要的时候。

洗清污垢

你可能会遇到这样的情况：竞争对手向你泼脏水或散布恐惧（Fear）、不确定（Uncertainty）和怀疑（Doubt）（简称 FUD），并给客户列出了他们不应该从你们公司购买的理由。在任何情况下，你都不应该对这种文件进行逐项回应。相反，你应该与你的销售沟通，仔细审查这份清单。通常情况下，这些打击清单集中在功能层面（我们可以做 X，而他们不能）或企业层面（公司的规模/支持范围）。他们很少关注你的解决方案的经济效益和价值。

然后从列表中选择 2～3 个你可以迅速否定的内容要点，简要地口头回应你的理由，指出该文件可能充满了类似的不准确之处。这样你就让客户对竞争对手的诚信产生了怀疑。如果客户坚持要继续逐项审查清单，你可以提出在 24 小时内再次会面，并要求客户对清单进行优先排序，选出他们最重视的 2～3 个内容要点。作为回报，你也这样做。在可能的情况下，避免书面答复。如果客户已经接受了你的竞争对手提供的清单，他们有可能会分享你的答案。这可能是为了让该竞争对手对此进行回应，或纠正明显的错误信息。无论哪种情况都会对你不利。

对这样的竞争性信息作出回应是为了使你的竞争对手丧失信誉。因此，我们给客户建立这样一种心理暗示：如果他们得到的一些信息是不正确的，那他们怎么能 100% 相信所

---

1 见 https://www.gartner.com/en/research/magic-quadrant。

有的信息呢？

总结

对销售工程师来说，可信度是信任的一个重要组成部分。如果你没有得到客户的信任，就很难在客户面前表现得有效。你对你的产品非常了解，但你不可能对竞争产品有如此程度的了解。一个错误的陈述会使你失去客户的信任，几个月的工作投入白白浪费。站得高一点，即使客户或销售人员问起，也不要抨击竞争对手。然而，你没有理由不强调你的优势，而这些优势恰恰是别人的弱点。

始终考虑到"无为公司"的影响。他是一个强大的竞争对手，特别是如果你忽视了他的影响。一旦你确定了你的其他竞争对手，就要制定一个应对策略。你不必对每个竞争对手使用同样的策略，也不必对每个策略都采取耗时的正面策略。温和友善的销售工程师有很多方法来影响并最终赢得交易。

> **技巧提示：动态变化你的策略**
>
> 没有任何单个不变的竞争战略能在与客户或竞争对手的接触中取胜。所以要准备好适应不断变化的需求和策略。你的竞争对手和你一样聪明，一样有智慧。

技能培养建议

对于新售前：
- 在谈论竞争对手之前，先了解你的产品能力。
- 参加竞争对手参与的展览会或研讨会。（但不要隐藏你的身份）
- 要注意客户的风险认知，以及这种认知为什么让他们宁愿什么也不做。
- 了解你公司的3个主要优势和样板客户。

对于有经验的售前或售前经理：
- 了解竞争对手的产品。如果可能的话，上手用用试试。
- 不要连续两次使用相同的策略。即使之前你赢了。
- 收集你的竞争对手的3个主要优势和客户案例。
- 创建一个演示或介绍来展示你的优势，但不明确地说出来。

CHAPTER 26

本章目标

- 理解使用CRM系统的好处。
- 了解如何使用CRM功能支持你的销售过程。
- 知道如何从你的企业CRM系统中获得最大收益。

使用 CRM 系统

> 技术是有用的仆人，也是危险的主人。
> ——克里斯蒂安·卢斯·兰格（Christian Lous Lange）

自从 Conductor 软件公司的迈克·穆赫尼（Mike Muhney）和帕特·沙利文（Pat Sullivan）在 1987 年发布 Automated Contact Tracking！（ACT！）以来，客户关系管理（Customer Relationship Management，CRM）软件已经取得了长足的进步。然而，其主要目标仍然没有发生变化，即把客户放在你所有工作的中心。现在，每个销售组织都使用 CRM 系统来跟踪客户互动和销售机会（它已经吞噬了老式的销售团队自动化软件）。一个功能完善、支持良好的 CRM 系统是售前团队的重要资产。它可以将许多任务自动化，并作为一个长期的企业资源库，记录所有关于客户的信息。

本章将研究 CRM 对于售前的具体价值，如何利用 CRM 流程的力量，以及如何从数据中找出的一些有用的指标和衡量方法。

为什么CRM是你最好的朋友

不存在最好的 CRM 系统或最好的销售流程。任何 CRM 系统加上内置的销售流程都会自动成为售前的好朋友。它有以下价值：

1. 它创造了一种共同语言，防止误解；
2. 它为销售过程注入了一种可重复的纪律；
3. 它可以帮助你利用其他人的知识和客户的历史记录；
4. 它提供了一个量化考核收入贡献的工具。

对于追求卓越的售前工程师来说，这些价值意味着你可以通过精简任务来节省时间，（理论上）只为合格的销售机会工作，并且可以查看客户全部历史记录，所以你不会重复别人的错误。正确使用 CRM，就像有一个机器人坐在你的旁边，帮助你完成工作的每一步。如果使用不当，它就会变成一个没有灵魂的吸血鬼，毫无意义地把数据从你的大脑中吸到系统中。

你可以把一个 CRM 系统大致分为 3 个主要部分。

（1）**运营**。处理销售线索、机会、客户主数据和产品/支持信息，并执行销售流程步骤。

（2）**分析**。提供销售和营销数据。追踪销售管道、预测、承诺。预测未来的活动/业务。

（3）**协作**。通过支持公司内部多个职能部门与销售过程和客户活动保持一致，支撑<u>团队式销售</u>（team-based selling）。

因此，CRM 作为销售组织的中枢神经系统，协调了销售过程中各个参与者的活动。它还允许你将你的销售过程与客户的购买过程进行映射。不幸的是，这个购买过程的很大一部分是不可见的，而且从未进入公司的 CRM 系统，就像冰山下隐藏的 90%。然而，你可以通过输入你的客户告诉你的在多次销售会议之间发生的幕后情况来记录其中的一部分。

当你在每个机会上应用最佳实践时，销售周期（第 2 章表 2.1 的第 3 阶段至第 8 阶段）的进展就变得不那么痛苦了。表 26.1 显示了一个通用销售流程与里程碑的映射样例。这种形式的映射是 CRM 系统成为你的朋友的原因。在正确执行的情况下，该流程可以确保没有任何步骤被跳过，帮助售前和售前管理层避免诸如急于演示和急于交流的行为。当你有销售流程的支持时，提出销售机会的资格问题和说"不"就容易多了。

CRM 的管道管理和预测功能也为售前团队提供了额外的决策标准。一旦销售人员将一个机会标记为"**承诺**（commit）"或"**预测**（forecast）"状态，就是他认为这个项目十拿九稳了，准备接受风险和检查。例如，预测或承诺意味着这项交易将在当前阶段完成，**上升**（upside）意味着它可能会完成，而**管道**（pipeline）则表明它可能会在未来的某个时候完成。这是一个广泛而有用的机会状态标记方法。

表 26.1 销售方法论里程碑映射

里程碑	概率	销售状态	典型售前活动
不合格的线索或机会	10% 不合格的线索	销售领地 （Territory-T）	产生线索
合格的线索或机会	20% 合格的线索	潜在客户 （Suspect-S）	第一次拜访，由销售进行初步发现
确认业务驱动力（痛点—收益）	30% 驱动力确认	发展 （Development-D）	跟进，进行详细发现
理解需求并与我们的产品组合进行映射	40% 需要映射到解决方案	执行 （Execution-C）	用演示和/或定制交流提供证明
设计、提交和认同解决方案	50% 同意解决方案	执行 （Execution-C）	进一步评估和定位
客户确认采购时间总体进度	60% 确认采购流程	执行 （Execution-C）	POC
通过技术评估，被认定为最佳技术方案	70% 技术胜利	接受 （Acceptance-B）	POC 总结、补充演示和技术交流
提交正式建议书	80% 接受建议书	接受 （Acceptance-B）	报价，很多技术细节问答沟通
客户同意报价和合同条款	90% 完成合同协议讨论	谈判 （Negotiation-A）	观察，保持联系
签订合同（成功签单）	100% 合同签订	赢单 （Win-W）	庆祝胜利，寻求下一个胜利

时间和人员管理

售前的时间是一种有限的资源[1]。不能毫无限制地将售前的时间和精力用在一个机会上，因为平均而言，售前在任何时候都有十几个没有结束的、活跃的机会需要支持。然而，一个管理良好的销售团队与一个有纪律的售前团队合作，可以利用 CRM 系统和业务预测来确定人员安排的优先次序，限制时间、精力和其他资产的投入。这种方法使销售和售前管理部门能够根据时间、金钱和承诺作出决定，而不是纯粹的情感和"哥们交情（Buddy Network）"。处于预测状态的项目应该总是比"上升"或"管道"状态的机会优先获得售前支持。这是一个奇妙的过滤器。

---

[1] 在这种情况下，时间是一种资源。售前不是资源，他们是人。称呼售前为资源，即使是出于好意，也是一种不太人性的做法。煤炭和石油这样的事物才被称为"资源"。

结合销售流程，售前管理部门也可以设置边界条件，规定在应答 RFP、创建定制演示或启动 POC 之前，机会必须处于销售周期的哪个阶段。这些指导原则和规定可以为售前个体提供弹药，以拒绝那些时机不成熟、浪费时间的支持需求。

最常见的冲突是如何平衡一个处于"承诺"状态的小机会和一个更重要的（比如说金额是三到五倍大的）处于"上升"或"管道"状态的机会。两个指导原则供参考：一是你与该销售人员或合作伙伴的关系（他们过去的业绩表现如何？），二是你的售前经理的建议。

可重复性之美

积极将销售方法与 CRM 相结合，可以达到可重复销售的理想状态。这使你可以重复使用以前机会的材料和战术，只需稍作调整。这样你就可以在更短的时间内赢得其他客户的机会。一个体育运动方面的类比是职业高尔夫球手。一方面，职业高尔夫球手只需付出很少的力气，就能通过基本的挥杆动作将高尔夫球打出 300 码[1]。握杆和站姿的微小变化使球手能够以更高或更低的轨迹击球，或把球绕过障碍物。除了数小时的练习，要做到这一点，关键是要有一个可重复的系统：瞄准球，握着球杆，然后开始挥杆——所有这些人体都会记住（被称为肌肉记忆）。另一方面，一个没有纪律的业余高尔夫球员每次打球的方式都不一样，没有固定的程序，而且很难改进。其结果是，球经常被打出界外，落入沙坑，或者只能在一个糟糕的位置打下一杆。

一个没有纪律的销售团队会迫使售前团队把每一个机会都当作一次性的，很少有机会从过去的成功和失败中学习或再利用。当每项活动都是从零开始时，出现糟糕的销售会议或演示的可能性就大得多。相反地，CRM 系统可以以不同的方式来帮助你。也许你或者你所在地区的任何人，都没有向一家金融服务公司出售过某种特定配置的产品、没有与你最大的竞争对手竞争的经历，这并不意味着其他人也没这样做过。通过 CRM 系统中的"**查找类似**"功能，可以产生一些奇妙的结果！

使用CRM功能挖掘组织知识

CRM 系统的真正好处是，它允许你利用其他人（包括合作伙伴）的知识和经验。它是一个系统，使用它的人越多，它就越有价值。20 世纪 90 年代 CRM 领域一个古老的启发

---

[1] Rory McIlroy的平均成绩为320码（290米），而男性业余高尔夫球手的平均成绩为216码。

式方法是3∶1规则。它指出：要使人们愿意使用一个系统，他们必须从系统中获得比他们输入的数据多三倍的价值（数据）。从长远来看，输入你的通话记录、联系人数据和参考架构，作为一种企业记忆的形式，可能会对你有帮助。然而，其他人比你更有可能从这些数据中受益。现在，多种CRM挖掘和附加工具可以从你的日历和笔记中提取信息，并为你自动化大部分过程。

> **技巧提示：CRM卫生**
>
> 售前的一个主要责任是将他们完成的工作信息输入CRM系统。销售运营人员将此称为CRM卫生（hygiene）。这相当于按时报销你的费用，你的经理不应该提醒你去完成任何一项任务！你是在做一个良好的企业公民，并帮助别人。不要满足于最低限度的遵守。每天留出几分钟时间，上传/输入所有相关数据。保存在系统内总比在系统外要好，不能让这些信息活在你不可靠的脑细胞里。

一个很自然利用CRM数据的起点是使用与客户或产品支持人员的互动记录数据。你可能在一些技术支持问题上被一个本应友好的客户打个措手不及——听客户抱怨支持人员的服务质量、响应时间、解决路径等——这不是一个愉快的经历。在你第一次访问新客户或几个月没见面的客户之前，你应该总是检查他们的服务支持记录。如果你看到任何可能引起关注的东西，那么就检查一下你的客户向支持部门提出的问题和电话的类型。例如，如果许多电话是"我如何做xyz？"类型的，那就是一个需要培训的问题。

对于新售前或销售人员来说，CRM系统可以告诉你在过去的一两年里进行了多少次销售活动，如征求建议书、演示、POC和销售会议。你还可以看到客户公司的组织架构和权力结构，一些信任分数，这样你至少对哪些人可能是潜在的教练会有一个初步想法。你还将了解相关的营销活动以及哪些联系人参加了研讨会、网络研讨会和用户群会议的情况。对于跨越多个地理区域的大客户，你可能会看到这个客户其他地区分支公司的活跃机会。你知道的越多，你就越不可能踏入别人的项目或干扰正在进行的销售活动。

> **技巧提示：谁拥有什么？**
>
> 公司很难准确地追踪他们的客户已经按合同购买了哪些产品和服务（以及他们是什么时候购买的）。无论你是一家有30年历史的硬件公司还是一家新兴的云计算供应商，这都不重要。这是一个长期存在的问题。检查你的公司认为你的客户已经买了什么总是值得的——无论是物理设备、现场安装的软件，还是租用的计算/存储能力。然后与你的销售伙伴一起验证这个清单——当然还要更新系统保证记录准确。当你推出一

> 个新产品或升级一个旧产品时，这个做法会产生很大的好处。你现在就可以准确地描述这个客户群体。

许多公司在把客户从售前职能转移给售后职能时，也使用 CRM 系统作为移交材料的高级存储库。这可以确保组织的交付方，无论是内部还是外部合作伙伴，都知道销售对客户承诺的内容，并可以访问所有的通话记录、架构、演示脚本、屏幕模型以及其他用于推动销售的任何东西。

CRM 的个人收益

CRM 系统是一把"双刃剑"，尤其是在涉及售前的工作活动追踪时。我是一个活动跟踪的忠实粉丝——你过去一周内做了什么？然而，我不太喜欢时间追踪，也就是你在每项活动上花费了多少时间。活动追踪为售前管理提供了大量的有益信息。像 Salesforce 的 Einstein 这样的人工智能工具可以分析这些数据，从而获得有价值的洞察。活动追踪为管理层提供了数据，以确定售前是否在做正确的事情，并在售前时间被滥用或支持他人的不良行为时向其他组织（如支持、营销和服务部门）进行反击。如果售前看到这些行为发生，数据就会流动（我们正在处理太多的投诉升级）。一旦活动数据被用来质疑（"你上周只打了两个客户电话"）或让售前记录他们的时间（"你上周只登记了 31 个小时"），系统就会崩溃，信任就会消失，数字就会被玩弄。在寻找漏洞、空子和任何评判他们的指标的意外后果方面，售前们胜过任何其他部门。这是一种职业才能。

> **技巧提示：学习有效使用 CRM 系统**
>
> 就像任何有自尊心的售前都会花时间去了解他们产品中一些最隐晦的菜单选项和管理设置一样，他们也应该对 CRM 系统自然而然地感到好奇。通常有数以百计的报告、视图和搜索功能供你使用。你也可以使用一些人工智能工具来进行一些大规模的数据分析。

利用 CRM 数据参与年度绩效评估

对于有能力的售前来说，CRM 的一个重要优势是，它可以对你的活动和对每个客户的贡献进行严格的记录。在你的年度绩效评估[1]的前几周，可以运行 CRM 系统的报表来收

---

1 不到50%的公司仍然只进行年度评估，这也适用于季度评估。

集下面的数据：

1. 赢单项目的完整清单；
2. POC 的转化率；
3. 应答 RFP 的次数；
4. 演示和演讲的数量；
5. 对售后支持问题进行升级的数量；
6. 其他记录的活动，如营销活动和合作伙伴培训。

你的直接经理无疑会记住你做得最漂亮的几个项目机会。一个一流的售前经理会把这些数据的大部分放在面前。然而，他们可能需要一些帮助来回忆你较小的贡献和所有其他工作。通过展示在一个 8 人的售前团队中你贡献了 25% 的地区收入，你就可以证明你的生产力明显提高（两倍），值得加薪和晋升。

对于更资深的售前来说，如果你的数字显著好于大团队的数字，这可能会让你分享你的最佳实践，帮助其他人达到你的生产力水平。

案例研究：克拉拉的成功故事

克拉拉（Clara）作为内部售前已经在公司工作了 3 年，即将迎来她的年中绩效评估。这次评估对她来说很重要，因为她希望能有一个大幅加薪，并从中小企业组调到大型企业售前团队中。她讲了她的成功故事："我查看了我参与的所有项目机会和活动数据来发现我的差异化优势。我发现，与我的同事相比，我的初始月度经常性收入（initial Monthly Recurring Revenue，iMRR）统计数字高了 30%，我的交易完成速度快了 4 天，我的第一次客户会议到下一次演示的转化率高了 12%。虽然我的经理不愿意让我离开，但她听取了这些数据并批准了我的调动。我们还花了一些时间来研究我的数字为什么会更好，发现我在客户沟通中无论客户遭受多大的痛苦，我总是探讨收益。这种收益的沟通产生了额外的收入和客户的更多期望。CRM 的数据使我们都成为了更好的售前。"

总结

CRM 系统确实是销售工程师最好的朋友。通过把情感从销售过程中抽离出来，并提供公司内部其他"对手"的准确数据，售前的优先级排序和分配变得更科学，而不再是艺术。它还允许你利用公司内部（和外部）其他人员的集体知识和智慧，并因此变得更加高效。你还可以利用 CRM 数据来强化你的优势，填补技能空白，消除弱点。最后，请记住

3∶1规则,你必须付出数据才能获得数据。在一个可预测的销售过程中,你确实希望历史能够重演。

技能培养建议

对于新售前：

- 学习整个 CRM 系统，而不仅仅是销售／管道部分。
- 研究你的所有客户和联系人。
- （心甘情愿地）贡献你的信息。

对于有经验的售前或售前经理：

- 使用 CRM 资源库来传递专业知识和文档。
- 对非销售活动的报表和警报进行自动化处理。
- 通过数据分析提高你的售前技能。
- 管理人员可以监测数据，发现辅导（coaching）机会，并为售前人员数量配置决策提供参考。

CHAPTER 27

本章目标

- 理解售前薪酬计划的基本组成部分。
- 充分利用薪酬计划达到最佳效果。
- （针对售前经理或第一个售前）创建第一个售前薪酬计划。

薪酬体系与设计方法

> 我所要求的只是一个机会，证明金钱不能使我快乐！
>
> ——斯派克·米利根（Spike Milligan）

我们是工程师。我们喜欢解决问题，让人们快乐。而且我们每天做这些事都会得到报酬。这种报酬是必不可少的。我们有账单要支付，有家庭要照顾，有假期要享受，有梦想要实现。这就是为什么销售工程师是真正的世界上最好的职业之一。如何获得报酬是工作的一个关键部分。我们中很少有人不需要工作，所以薪水的多少对我们的生活有很大的影响。本章介绍了售前的基本薪酬结构，如何使计划达到最佳效果，以及如何建立第一个薪酬方案。

薪酬的基本组成部分

我把售前的薪酬方案分为五个大的组成部分：固定工资、浮动工资、目标绩效工资（MBO）、股票和其他。在显示组织如何重视你的独特才能以及你如何在团队环境中发挥作用方面，每一个组成部分都起着不可或缺的作用。这些不包括标准的以人力资源为导向的福利，如健康保险、牙医保险、退休/养老金、员工股票购买计划等。薪酬结构差异很大，即使在同一目标市场（例如，一个防火墙供应商与另一个防火墙供应商相比），所以我将着眼于中间的标准结构，而不是大量可能的极端情况。

本章中使用的一个缩略语是<u>目标收入</u>（On Target Earnings，OTE），意思是如果你按照规定的方式实现了所有设定的目标时获得的整体报酬。OTE通常是固定工资加上可变工资和100%MBO报酬的总和（如果你有的话）。

固定（基本）工资

基本工资是你从公司定期收到的工资，与销售业绩无关。一般来说，基本工资应该在你的OTE的60%～80%之间。较小的初创公司，尤其是软件方面的公司，可能会采用接近50/50的杠杆计划。对工作年限较少的售前和内部售前，可能会以85%～90%的OTE作为基本工资。你还会看到，在售前部门中更高级的职位（如管理层或负责人）杠杆比例更大。你的基本工资是你的保证收入，与销售业绩无关。在大多数情况下，你要尽可能地争取更高的基本工资，因为大多数其他的部分都是在这个数额上加了一个百分比。在许多国家，某些其他的福利，如人寿保险或残疾保险，都与基本工资相关，而不是OTE。

售前的基本工资根据工作经验、销售的产品、市场成熟度和地域的不同而有很大差异。好消息是，一个好的售前将永远是市场急缺的。在过去的20年里，即使是在2008年和2019年这样的经济衰退期，售前岗位的需求也超过了供应。在LinkedIn上的一个快速搜索显示：仅在美国和加拿大就有超过40 000个开放的售前职位，由此推算出全球有超过80 000个职位。

另一个快速搜索将产生预期的工资范围、等级和公司文化的整体评分。同样，对于未来的售前来说，有大量的信息可供参考。较大的公司会有一套基于经验和资历的标准工资范围，不同等级工资范围也有重叠（资历是指你工作年限的长短；经验是指你所做过的事情）。例如，普通售前的基本工资范围可能是105 000～125 000美元，而高级售前的范围是118 000～147 000美元。

浮动工资

可变薪酬包括你的<u>佣金</u>（commission）。你参与赢得的项目合同金额和你的奖金之间有直接的关系。公司通常按销售额的百分比来支付佣金。通常这些百分比系数随着销售额的增加而上升。

可变薪酬是工作的收益，是对优秀业绩的奖励。可变部分需要足够大，才能让人感到有动力，但又不至于大到让你认为自己是一个销售人员。你的目标是基于以下一个或多个指标的（或多个分管区域的）总和：

（1）**个人**。你的销售目标只与你支持的销售人员，或两三个销售人员的业绩挂钩。

（2）**本地市场**。你的销售目标与一组销售人员的整体业绩挂钩，支持这些销售的售前团队都与这个总体业绩挂钩。典型的例子是一个垂直行业，一个大城市（旧金山、芝加哥、伦敦、东京），或一个较小的国家（丹麦、新西兰）。

（3）**更大的地区**。你的销售目标与这个更大区域的销售人员的整体业绩相关联，本地区有多个售前团队。大地域的范围可以是小公司的全球范围，也可以是大公司的一个区域，如英国和爱尔兰或美国东北部。

如果你的可变工资从仅与个人业绩关联，扩展到与更大区域业绩关联时，你个人努力的影响就会减弱。

当与一小群完全依赖你的销售人员联系在一起时，你完成的每一笔交易都会对实现你的业绩目标产生重大影响。这种方法被称为"你吃你杀的"。你的奖金只和你有关系，和其他售前无关。当你与一个出色的销售人员搭档，或者拥有一个炙手可热的地区，你可以赚很多钱。相反，当与一个能力很差的或新的销售人员配对时，你可能会很痛苦。

在小范围内，你仍然可以有所作为。例如，你在一个7人的售前团队里，负责支持10个销售人员。多赢得一两个机会就会使整个团队取得更好的成绩——每个人都受益。然而，当与一个大区域的业绩挂钩时，你的所有成绩，都要与数百或数千名售前共享。

与一个大区域的大业绩目标挂钩的好处是：一方面，由于大数法则，它更容易预测[1]。你更有可能达到 100% ± 10% 的目标。另一方面，目标数字越小，对该数字有贡献的销售人员越少，结果就越难预测。由于这种影响，许多售前薪酬方案的基础是他们在两个区域的销售目标：浮动工资的 60% 基于小的地域或个人成就，40% 则基于更大区域的业绩。这种方式提供了一个更可预测的收入现金流，并奖励帮助其他售前和为售前社区的总体利益作出的贡献。

可变部分根据相应的目标达成情况，按月或按季度支付。在下面的例子中，假设一位售前的基本工资为 100 000 美元浮动工资为 25 000 美元，OTE 为 125 000 美元。这是一个 80/20 计划，即 80% 的 OTE（100/125）是基本工资。最简单和最常见的计划是根据目标实

---

[1] 概率论和统计学中的大数法则指出：随着样本量的增加，平均值会越来越接近总样本的平均值。你抛出的硬币越多，你就越有可能得到一个真正的50/50的正/反结果。

现的百分比来支付季度奖金。如果完成100%目标，该售前每季度将获得6 250美元。在一个线性比例计划下，在实现目标的60%时，你可以得到0.6×6 250=3 750美元；在150%时，你可以得到1.5×6 250=9 375美元。通常的做法是，在某个比例设立一个分界线（门槛），比如低于25%或30%时，你拿不到任何奖金。

你从事销售和售前工作不只是为了达到100%的目标，一旦你超过了目标，薪酬方案中最令人兴奋的部分就会生效。该计划使用加速器（accelerator）增加奖金比例系数。这些加速器将你的奖金乘以一个特定的系数。例如，超过100%的部分可能会翻倍，超过150%的付款可能会翻三倍[1]。当你在一个年度内大放异彩，达到目标的200%时，你的佣金将增加到3.5倍，如表27.1所示。

表27.1 真实的加速器规则

范围	支付系数	数学算式	应付小计
0～100%	线性1.0	6 250美元×1.0	6 250美元
100%～150%	双倍2.0	6 250美元×2.0×0.5	6 250美元
150%～200%	三倍3.0	6 250美元×3.0×0.5	9 375美元
		共计：	21 875美元

售前岗位一个可悲的事实是，这个职业往往没有因为超额完成任务而得到应有的尊重或奖励。加速器是一个很好的方法，既可以奖励那些业绩大大超过目标的售前和地区，又不会让公司花费大量的现金。你会听到许多销售领导说："如果你想赚钱，那就背业绩指标吧。"在我看来，这表明他们对售前的心理和销售团队合作的一般概念缺乏了解。一个有趣的风险回报方法是业绩目标平方加速器模型，它奖励超额完成任务的人，惩罚未完成任务的人。在100%的情况下，加速器为1.0，在120%时为1.44(1.2×1.2)，而在150%时为2.25(1.5×1.5)。这个计划对CFO和销售运营都很有吸引力，因为在80%时，加速器是0.64(0.8×0.8)，而在40%时，系数仅为0.16。

MBO和总体业绩

更为成熟的组织使用MBO考核，引导大家看长期结果，而不是过度追求每月或每季度的业绩。这些被称为目标和关键结果（Objectives and Key Results，OKR）[2]。MBO针对的

---

[1] 这确实是一个令人难以置信的慷慨计划，你可能只有在较小的公司才能看到。
[2] 关于这一点，请阅读John Doerr 2018年出版的《测量重要的东西》（*Measure What Matters*）一书，由Penguin Publishing出版。

是个人的成果，比如培训或教育，尽管更开明的组织会用它们来建立售前基础设施或非标准的销售渠道。你应该把 MBO 看作是可以协商的，因为它们是在整个财政年度内与你的经理一起定期制定的。通过一些合理的努力，你应该要求 100% 的 MBO，并有效地将其转化为基本工资。

> **技巧提示："半杯水" MBO**
>
> 如果 MBO 是你薪酬方案的一部分，要注意两个因素。第一，MBO 是一个全有或全无的 MBO 吗？例如，如果 MBO 要求参加 10 天培训，而你只参加了 9 天，你是获得 90% 的报酬还是 0% 的报酬？第二，你每季度不应该有 3 个以上的 MBO，主要是为了集中精力。

如果 MBO 是你薪酬方案的一部分，它们通常不会超过你 OTE 的 5%。有 2 个例外：如果你所在的公司被收购，有不确定的销售目标，或者是在一家激励大家去传播知识和智慧的中小企业工作，MBO 可能会占到你 OTE 的 12%～15%。

股票期权和股权

一头扎进初创公司或小公司是加速你职业发展和提升收入的好方法。选择正确的公司，将来应该会有可观的经济回报。另外，如果选择了错误的公司或管理不善的公司，大量的努力就会付诸东流（但你会获得大量的宝贵经验）。

未来财务收益的可能性使小公司能够在售前人才库中竞争[1]。因此，公司会提供较低的基本工资和一个更具杠杆作用的可变薪酬方案（70/30 或甚至 60/40），以换取分享公司所有权的可能性。

股票期权与股票不同。股票期权赋予你在未来以预定的价格购买一定数量股票的权利。当你的公司成长并获得成功，通过首次公开募股（IPO）或风险资本出售，这些期权就会实现其价值。例如，你被授予了一份期权，可以按每股 1 美元的价格购买你的新雇主 Acme Transwarp Networks 的 10 000 股普通股票。

你应该考虑表 27.2 的条款和条件（并向财务顾问咨询实际的现金流进度和金额，因为此表不是法律或税务建议）。

---

[1] Consensus 公司在 2021 年进行的一项售前薪酬调查表明：50%～64% 的个人贡献者获得了期权。根据地域的不同，售前领导人的这一比例上升到了 55%～75% 之间。

表 27.2　一些标准的股票期权术语

术语	定义	举例
行权价（Strike price）	你可以购买的最终价格	1 美元
股票 / 期权（Shares/options）	你获得的期权最终数量	10 000 股
行权（Vesting）	有权获得股票期权的时间框架和规则	4 年行权计划
行权悬崖（Vesting cliff）	你不能行使期权的初步时间框架	1 年
行权节奏（Vesting cadence）	一旦达到悬崖条件，允许行权的周期	每月
授予时间（Issue date）	当你的期权开始生效	通常是上班第一天或一个月内
触发条款（Trigger）	一个可能导致所有期权自动生效的外部事件	IPO 或公司被出售

因此，在这个例子中，在发行日一年后，你有权从公司购买 2 500 股 Acme 的股票。此后每个月你就有可以立即行使的另外 208（=7 500/36）股期权[1]。这种情况一直持续到四年之后，这时你就拥有了以 1 美元的价格购买 10 000 股 Acme 的权利。你不必在期权归属时行使，可以等到适当的时候（当价格 >1 美元时）。还有许多其他相关的税务问题超出了本书的范围，如果涉及的金额很大，你应该向专业人士咨询。

> **技巧提示：了解所有权的百分比**
>
> 知道你的所有权比例是多少是至关重要的。例如，1 000 000 股总流通量的 10 000 股期权与 100 000 股的流通量有很大的不同。另外，要求提供公司的最新估值（如果是上市前），因为该估值可能与你的执行价格不同。了解估值有助于你了解一个有财务知识的投资公司为该股票支付了多少钱。

中等规模的公司可能向你提供限制性股票（Restricted Stock Unit，RSU）[2]，而不是股票期权。例如，假设你在 CumuloNimbus 公司获得一个售前职位。作为待遇的一部分，他们给你 2 000 个 RSU，在五年内完成授予。公司股票目前的交易价格是 10 美元，这使得 RSU 可能价值 20 000 美元。一年后，你会收到 400 个 RSU（2 000 的 1/5）转换为普通公司股票。然后，该股票的总价值是目前交易价格的 400 倍。RSU 很少有像股票期权那样的上升空间，但可以成为你正常报酬之外的一笔不错的奖金。

---

1 从技术上讲，可能有一个禁售期，通常是与盈利公告相关，这时不允许出售你的股票。
2 术语因国家和税法而异。

其他部分

"其他"是各种福利的总称。第一项福利是人力资源相关的福利。例如，在某些地区，如果需要经常开车，你可能会得到每月的汽车津贴。对于那些经常旅行的人来说，航空公司俱乐部的会员资格是另一个很好的福利[1]。此外，你可能有资格获得 MBA 课程的学费报销。

第二项福利是与业绩直接相关的，例如，总裁俱乐部或卓越圈的奖励旅行，授予那些超额完成目标的销售人员。这个奖项也是为了奖励员工的配偶，我曾两次前往夏威夷、波多黎各和巴黎。你永远不会忘记这些旅行。

第三项福利是杂项奖励，即所谓的销售特别激励（Special Payment Incentive for Fast Sales，SPIFF）[2]。这些是由销售管理部门管理的一次性特别奖金和竞赛。它们的形式可以是销售一个新产品，击败一个特定的竞争者，或者在一个季度的第一个月里加速获得收入或客户消费。有些 SPIFF 只适用于直接销售，但大多数有远见的公司现在都将售前团队纳入适用范围。一个积极的 SPIFF 计划可以为你一年的最终收益再增加 5%～10%。

利用薪酬方案

正如多次指出的那样，报酬驱动行为。如果你的薪酬方案迫使你销售特定的产品或推动特定资源的消费，那么这个方案一定是有原因的。不要与它对抗。相反，顺应它，让它成为你的向导。每个薪酬方案都是不同的，但这里有一些建议：

1. 仔细阅读薪酬方案。这听起来可能理所当然，但超过 50% 的售前在出现问题之前都不会阅读他们的薪酬方案。

2. 注意任何限制、上限或约束。

3. 确定什么可以算作你的目标。例如，在收费模式中，它是否包括专业服务、培训或高级支持服务？

4. 目标是按年、按季还是按月设定的？

5. 对于平滑目标（例如，四个稳定的季度）而不是一次性获得一个大的交易，是否有任何激励措施？

6. 电话销售或第三方销售在你的地区成功签单是否会被计入业绩范围？

---

[1] 我个人的最爱。除了提高士气外，在生产力和食物/饮料消费价值方面，有超过 200% 的投资回报率。

[2] 也是销售业绩奖励基金。它的用法可以追溯到 1859 年，是"布店在出售老式或不受欢迎的存货时按年龄作为百分比打折销售给年轻人"。（https://en.wikipedia.org/wiki/Spiff）

> **案例研究：佣金的上限**
>
> 销售员米克（Mick）的季度奖金只有他预期的一半，他被激怒了。销售团队赢得了一个巨大的合同，客户预付了大笔款项，并作出了多年采购的承诺。这是公司历史上最大的一笔交易，使米克完成了当年目标的 325%。米克的奖金问题让他的直线管理部门措手不及，不知道为什么米克没有拿到那么多的佣金。销售副总裁急忙召集财务总监和整个销售团队开会，才弄明白这是因为公司的薪酬方案中有一个意外所得条款，其中规定任何超过 200% 的薪酬都要经过高级管理层的审查和批准。首席财务官启动了暴利条款，并因忽略了与团队沟通这一事实而加剧了这一错误。一场残酷而直接的对话发生了，CFO 在经历了漫长而痛苦的三个月后才改变了主意。这个故事的寓意是，始终要寻找那些将你的报酬置于他人摆布之下的上限和条款。你无法从你的计划中谈判出这样的条款，但你可以在它有可能成为一个问题时预先处理它。

> **技巧提示：薪酬计划的模型**
>
> 如果你的公司没有提供一个薪酬参考模型，那就创建一个针对售前的薪酬方案模型，这样你就可以针对未来的事件进行假设分析，并仔细检查公司给你付款的情况。

爬坡期薪酬

爬坡期可能影响你的可变报酬。它指的是你的目标在跨越多个时期的调整。第一种情况是你的季度目标可能分布不均。例如，虽然你的年度目标可能是 40，但你的季度分别目标是 8、9、11 和 12。如果你的公司有很强的收入季度变化（通常在订单模式中）或正在经历强劲的连续增长（消费模式），那么这种爬坡可能是有效的。第二种情况是在你加入公司的时候。在一定时期内，一个新售前员工不可能对目标的实现作出实质性的贡献。例如，你的聘用日期可能是 8 月 15 日，但你在 12 月 1 日开始获得业绩任务。同时，你会得到所谓的提成，即假定你达到了计划的 75% 或 100%。一定要问清楚你的爬坡时间长度以及提成类型和数量。

还有谁关心？

售前薪酬方案的一个基本规则是，你**永远不**应该有一个销售人员都不参与的目标。相反，你的目标应该始终是单个销售人员或地区目标的总和（或倍数）。这样你就有一个人站在你这边来达到这个共同的目标，也有一个朋友来帮助你调查和对抗任何薪酬计算的错误或遗漏。像往常一样，当销售人员和销售工程师在一起工作时，就会有好事发生。

协商薪酬

你唯一可以认真谈判薪酬方案部分内容的时间点是在你接受这个职位之前。我提醒你，如果一家公司不能向你说明你的薪酬方案，特别是在他们的财政年度已经过去几个月的时候，你就不要加入。你可以通过要求提高薪资水平或给予更高的岗位级别来谈判基本工资。可变薪酬则很难改变，尽管我曾见过为了实现第一年的目标而把聘用通知书的薪酬提高了一大截。如果应聘者无法奢望现任雇主的奖金，或者遭遇了基本工资削减并对薪酬方案感到不放心，那么签约奖金就是一种经常使用的策略。因为签约奖金是一次性的，所以它们更容易谈判和寻求内部批准。最后，你还可以要求更多的年假或事假。

一旦公司表示愿意聘用你，这些都是你应该讨论的内容。不要在你的第一轮面试中就开始讨论薪酬计划的细节。

> **技巧提示：不要要求一个整数**
>
> 在讨论基本工资时，不要要求一个整数。最好是要 136 544 美元而不是 135 000 美元。这就给了面试官一个弦外之音，他会问："为什么是这样一个数字呢？"对这个数字要有一个理由，比如"这是我哥哥的收入，我希望能比他挣得更多"。虽然这听起来很荒谬，但它的成功率却高得惊人。

注意目标的定义

你可能已经注意到，在我们谈论薪酬计划时，明智地使用了"目标"这个词。这是因为，与十年前不同的是，现在售前有许多形式的目标，因为公司在计费和消费模式之间灵活转换。例如，在大型企业销售中，一家公司可能同意购买价值 500 万美元的产品，同时支付 100 万美元的第一年维护费。该维护费包括产品支持和新版本升级的权利。通常情况下，600 万美元的总额在收入确认之日（通常是合同签署之日）被计入收入。

> **技巧提示：目标是否现实？**
>
> 根据《哈佛商业评论》最近的一项研究，在科技销售领域，去年有 60% 的销售人员完成了业绩目标。Xactly 的一项调查显示，只有 69% 的企业达到了他们的年度收入目标[1]，Salesforce 估计有 57% 的销售代表没有达到他们的业绩目标。

---

1 见https://www.xactlycorp.com/blog/quota-attainment-tips。2019年11月14日完成调查。

消费模式则不同，也更复杂。谷歌云的前销售主管劳拉·帕尔默（Laura Palmer）说："客户在需要的时候使用他们需要的云服务，只有在服务被消费后才支付费用。听起来很简单。但它改变了一切：整个销售周期、角色和责任，甚至是报酬"。在最简单的情况下，消费模式是关于客户使用服务的。在客户消费这些服务之前，没有任何收入可以被确认。这意味着签署（云）合同只是一个开始，因为现在你需要确保客户采用并加强对你们公司服务的使用。销售已经从前期投入转向持续经营。

消费目标通常有两个组成部分。第一部分是确保承诺的消费发生。例如，Acme Rocketskates 承诺每月在你们公司消费 100 000 美元，这是必须实现的。第二部分是增量消费，也就是超出承诺金额的新的净收入。因此，如果在使用的第 10 个月，Acme 现在每月花费 120 000 美元，那么这 20 000 美元就是增量的月度经常性收入（iMRR）。虽然这两个部分［俗称"桶（bucket）"］都很重要，但 iMRR 通常更受重视和奖励。

建立第一个薪酬方案

本章最后一节为售前和销售运营的管理者在制定第一个售前薪酬方案时提供一些指导。这个时期公司可能只有一个或两个售前，或者一个售前经理带着一个小团队。这个薪酬方案有四个部分：

1. **底薪**。丹·平克（Dan Pink）[1]简明扼要地指出："金钱作为激励因素的最佳用途是给人们足够的报酬，让他们不再考虑金钱的问题"。不应该出现售前人员调查了整个行业（或公司内部）的工资水平后发现自己的工资过低，自己的价值被低估的情况。

> **技巧提示：验证薪酬数据**
>
> 如果人力资源部门提供一个类似职位的薪资范围，一定要问清楚所调查的公司和行业，并验证数据是否适用。

2. **股票期权**。期权是基本工资之外的"如果……那么……"的触发器。对于一个小公司来说，它们能够激励售前加班加点，执行更多与售前无关的任务，来达成交易，并以客户满意为目标。它们应该是能实现的，不会让售前由于财务方面的考虑而跳槽。授予期权的典型范围应该是年薪的 1～5 倍。

---

[1] Pink, D..《驱动力：关于激励的令人惊讶的真相》（*Drive: The Surprising Truth About What Motivates Us*）. River-head Books，2011.

3. **可变薪酬**。为售前设定一到两个目标，并明确细化目标中包括什么和不包括什么（如服务、第三方销售等）。其中一个目标应该是售前能够实现的最小范围的现实目标。这可能是与售前直接支持的一个或多个销售人员相同的目标，也是前面可变薪酬部分所述的第一类目标。第二个（可选）目标更大，相当于大范围类型的目标。两者之间的比例是2∶1（见表27.3）。对于实现100%目标以上的部分还可以引入加速器（见表27.4）。

4. **MBO**。建立一个与创建售前基础设施相关的MBO。例如：创建和优化标准演示、POC脚本、RFP模板等。

表27.3　第一个售前薪酬方案样本

基本工资（参考点）	100 000美元
浮动薪酬目标1（个人）	20 000美元
浮动薪酬目标2（大地理区域）	10 000美元
MBO	5 000美元
OTE	135 000美元
股票期权	1～5倍的基本工资

表27.4　浮动薪酬部分的建议加速器

加速器	目标1（个人/小型）	目标2（大区域范围）
1.0	0～100%	0～100%
1.2	100%～125%	100%～110%
1.5	125%～150%	110%～125%
2.0	150%+	125%以上

总结

细读你的薪酬方案。它的意义远远超过你的基本工资和一些销售目标。它告诉你下一年公司对你的表现和产出的预期。我一般建议靠你的基本工资和低于50%的可变工资生活。超过这个比例的部分是你用来奖励自己和你爱的人的奖金。花点时间了解什么是业绩目标，以及如何完成计划中的各个部分。如果你的薪酬计划中有幸有股票期权，即使它们的数量很少，也要咨询专业人士，以使收益最大化。

技能培养建议

对于新售前：
- 阅读薪酬方案并提出问题。
- 从其他经验丰富的售前那里了解薪酬计划的利弊。
- 对方案进行建模。找出销售中谁关心你的目标。
- 股票期权，或RSU，是对较低工资基数和辛勤工作的一种奖励。

对于有经验的售前或售前经理：
- 在佣金问题上支持你的员工。
- 如果涉及主观因素，为奖金或奖励资格（如100%俱乐部）制订一个书面计划。
- 在一个好的年份里，让一个售前赚得比售前经理还多也没有问题。

CHAPTER 28

本章目标

- 审视你想转行当销售的动机。
- 了解如何为转行当销售做好准备。
- 了解你应该期待什么，以及如何使转型成功。

转行当销售

> 成功是即使经历了一次又一次失败，也不会失去热情的能力。
>
> ——温斯顿·丘吉尔（Winston Churchill）

是的，你正在阅读的这一章是关于如何改行做承担任务的销售。每个售前都曾经看着桌子对面的销售代表在销售过程中跌跌撞撞，心想："这能有多难？我也能干！"这个过程在业内被称为"**穿越到阴暗面**"，一些售前转行会变得非常成功，而另一些则会惨遭失败。然而，无论最终结果如何，即使只是思考过这个转型过程的售前也将获得对销售艺术更深刻的欣赏。

本章将帮助你发现你转行做销售的潜在动机，为进入销售领域做好准备，并在你从事销售工作时充分利用你的售前能力。

你想做什么职业？

从 2016 年至 2020 年，我们对多个售前团队[1]进行

---

[1] 被调查的公司包括甲骨文、惠普、思科和Salesforce的部分下属机构，以及一些市值在2亿美元的公司。

了职业发展调查，向 4 100 多名售前提出这样一个问题："从现在开始的 30 个月内，你（现实的）希望在职业生涯中的下一步是什么角色/职位？"调查结果显示：超过 16% 的人回答说他们梦想进入销售领域，这占总人数的 1/6。因此，多年来转型做销售的人不少，而且有很多鼓舞人心的成功故事。调查的全部结果见下一章表 29.1。

你的第一个行动，实际上就是发现——你做出这种职业改变的动机是什么？这是长期计划的一部分，还是因为对你目前的角色或与你一起工作的销售人员感到失望而产生的？在许多情况下，售前会着迷于销售人员的名和利，这是最糟糕的两个转行理由。

本书讲述了如何以未来的职业道路为目标，建立起你的技术和商业技能组合。进入销售领域既不是升职也不是降职，而是一种横向的移动。然而，它所需要的技能组合甚至比最有经验的售前通常拥有的技能组合还要多。鉴于许多售前人员甚至反感他们职位头衔中的"销售"二字，并且不认为自己是销售人员，因此，问他们"你想做销售吗？"通常会得到一个响亮的"不想"！然而，对于这 1/6 的售前来说，这个答案则是肯定的，或者至少是强烈的"也许"。有时，进入销售领域的机会确实是人生长期计划的一部分；在其他情况下，这可能纯粹是一种机会主义。

无论哪种方式，你都需要定期评估你的技能组合和职业前景，以决定这是否是适合你的选择。这当然会开启大量的未来职业机会，并关闭其他的机会。我进入销售职业领域的第一次冒险是为了公司的更大利益而站出来负责一个空白市场。这段经历告诉我，我可以成为一名优秀的销售，但绝不是一名伟大的销售。我还了解到，就我而言，这对我的态度和个性产生了不利的影响。而对其他人来说，这可能是一条自然的前进之路。

作为你的动机和发现过程的一部分，你可以试着为你目前的售前工作和你想象中的销售职位列出红色/绿色清单（如表 28.1）。在清单的红色部分，记下所有你不喜欢的东西；在绿色部分，记下所有的积极因素。然后比较这两份清单，看看有多少红色的东西会因为做售前而消失，哪些新的东西会在销售岗位中出现。同样地，如果你放弃做售前，你会失去哪些绿色，你会得到什么回报？我还要提醒，在你所认为的 +/– 和可能发生的情况之间，无疑会有差异。

表 28.1　销售与售前相比，红/绿分析样例

绿色（感知的积极因素）	红色（感知的负面因素）
我可以赚更多的钱	我必须预测和承诺交易
我不必说明我的时间都花在什么地方了	我最终会失去我的技术魔力
我将学到很多新的技能	我将不再是一个技术超级明星

续表

绿色（感知的积极因素）	红色（感知的负面因素）
更多地与客户接触，不再和代码打交道	客户可能不愿意和我说话
我现在是我自己企业的首席运营官	现在不是每个问题都可以用技术来解决
我知道产品是如何工作的，知道客户用它来做什么	我会犯很多错误（而且我不习惯于此）
比起其他销售，我可以更好地和售前工作，对他们有更多的尊重	我将会听到很多不同意和负面的声音

如前所述，这个职业转变被亲切地称为"穿越到黑暗面"，这个说法来自电影《星球大战》第一部。这并不是在暗示，售前人员代表着美好的一面，销售人员是邪恶的一面。相反，它模仿的是售前的共识，即我们确实一直是正义的，是"好人"。每当有转换发生时，双方都会感到非常高兴。

为转行做准备

销售是一个崇高而富有挑战性的职业，它有自己一套独特的技能需要学习和掌握。与售前人员的流行观点相反，它不是简单地拥有大笔开支，打高尔夫，开宝马，穿着漂亮等。除了学习新的销售技巧，还需要进行一些重要的心理调整。

首先，也是最重要的——如同本书中所有章节中的建议——你需要一个计划。把你认为你将需要的所有与销售有关的技能列一个清单，然后在这个清单上给自己从1到5打分。然后与你当地的销售经理、几位成功的销售代表，当然还有你的售前经理谈谈，了解你需要采取什么行动。请他们在1～5的标准中给你打分。准备好接受一些严厉的反馈和现实，以及对你能力的截然不同的看法。你还应该与你的导师进行交流，无论是在公司内部还是外部，都通过这个过程进行交谈。不要把你的希望和梦想当作秘密。你分享得越多，你就越有可能得到帮助。

> **技巧提示：重新审视你的品牌**
>
> 回顾你在第23章创建的品牌宣言和目标列表。如果你从售前转到销售，这些内容会有什么变化？

通过这些初步对话，你将有一份技能清单，对你的差距的一个坦率的评估，以及该组织对你的技能组合和能力的评价。你现在可以开始计划行动了。展望未来6～12个月，看看是否有任何课程（内部／外部）、专业培训、销售会议或项目可以参加，以帮助你弥补差距。回顾你与当地销售管理层的交流，并寻求他们的帮助和建议。你可以作为一个沉默的观察者参与到合同、谈判和报价中。当你和销售人员一起处理小的机会时，自愿承担一些与销售有关的传统任务。

> **技巧提示：扩展人脉**
>
> 无论你觉得你的社交技能在过去一年里有多有效，你都要加倍努力认识新朋友。在最初的几个月里，你能结识的愿意帮助你、提供线索、建议、给予建议等（公司内外）的人越多，转行就越容易。

在心理上，成为一名销售人员是一个精神上的消耗过程。一旦你承担销售任务，你作为一个成功售前所建立的信任和信誉的很大一部分就会消失殆尽，变成了一个**纯粹的销售人员**。你最好准备好面对大量的拒绝、冷嘲热讽、反对意见，以及反复听到"不"字。许多激励性的销售语录都围绕着听到"不"而展开，因为这可能是一个耗费信心的行为。比如"一个好的拒绝胜过一个坏的肯定""每一个拒绝都是一个学习的机会"……你还需要更多的精神能量，因为你现在是自己业务的负责人。即使作为一个成功的售前，你也经常是一个追随者，在一个宏伟的计划中扮演你的角色。作为一名销售人员，你可以制定战略，并以无限的热情和乐观的态度来领导每一个销售机会。

我的机会有多大？

我认识的每一个尝试转型的售前都对他们在日常工作中所面临的不信任程度感到惊讶。曾经友好的客户现在不知道你为什么要给他们打电话。即使你觉得自己已经做好了充分的准备来处理这种关系的变化，还是会相当不适应。**在同一家公司内**，售前转型为销售的实际成功率约为30%，而且这个数字几十年来几乎没有变化。我把成功定义为：

- 在第2年年底前达到主要销售目标；
- 第3年后仍然在职；
- 个人／家庭生活没有实质性的负面变化；
- 售前们仍然喜欢你！

除了这些准备工作，你还需要认识到，你将需要在这个过程中至少投入两年的时间。在这两年中，你的技术能力将逐渐消失，你重新回到技术岗位变得更加复杂（但并非不可能）。然而，这不应该阻碍你的梦想，因为你不希望在你的职业生涯结束时，后悔自己从未尝试过。五个值得注意的因素将提高你的成功概率。

（1）有来自家庭方面的支持。你的朋友、家人和配偶的支持是至关重要的，将使你度过黑暗的日子。

（2）如果你是技术型人才，就找一个技术型产品去卖。或者说，成为一个技术型销售专家。

（3）充分利用你可能拥有的任何特定行业的知识或垂直专业知识。

（4）你需要充分的时间保证。同时有一个"大任务"，如完成MBA课程、结婚或生孩子，会分散你的精力。

（5）你需要一个伟大的老板。

你应该期待什么？

你的职业生活将变得大不相同。你不再是每个客户都想见到的知识渊博的售前。你是一个销售人员。你不能再指望每个人都相信你说的话。你不应该再期望回答技术问题（即使你可以，因为你仍然知道答案）。你的朋友和同行的圈子将发生变化，你将花大量的时间与你的销售经理在一起，并与财务、法律、收入确认和销售运营部门打交道。你应该特别注意以下五个方面：

1. 业务预测。一旦你接受了销售职位，你会收到一个或多个销售目标。通常情况下，你会有三到六个月的宽限期，业绩任务为零，然后逐步提高到最终目标。如果你接手的是一个活跃的业务区域，有运行良好的业务或正在进行的服务消费，你可能会立即达到或接近业绩目标。从第一天开始，你就需要适应被要求建立一个销售管道和进行销售机会预测。预测是对公司的承诺，即你将带来收入，而大多数转行后的售前，在他们的第一年里，要么是疯狂的乐观，要么是极度的保守。作为一个售前，预测是很容易的[1]，因为如果你错了，你的责任是最小的；而作为一个销售人员，预测错了会有严重的影响。

在对任何大型项目机会作承诺之前，寻求你的销售经理的指导，并与当地的售前经理进行理性检查，以确保你没有错过任何步骤。请记住，你的销售经理可能也面临着预测业绩的压力，而这种压力会逐级传导到他们的销售代表。

> **案例研究：处理法律问题**
> 每个客户都会坚持要求对任何合同进行全面的法律审查。有时客户接受在你的合同文件上进行检查和修改。更常见的是，在他们的标准合同文件上修改。这意味着有两

---

[1] 尽管有些公司现在要求他们的一线售前经理与他们的销售同事同时预测业务情况。

个法律团队参与其中，这就造成了在条款和晦涩难懂的文字上来回折腾，你会觉得很沮丧。对你的法律团队要有创意、友好和耐心。MTS是一家小企业，所以我们经常受大客户的摆布。下面这个故事是一个有趣的例子，说明售前的创造性解决问题的能力是如何发挥作用的——即使是对律师。我们的客户给我们发了一份合同，第6(d)款授予他们在某些条件下的权利，即只需在一次研讨会后他们内部就可以重新使用我们的知识产权，而无须再支付任何费用。我们的对话内容如下：

我们：我们不能签字。第6(d)段可以被解释为，你们可以用我们的材料进行后续的研讨会，而不需要支付任何费用。

客户：别理它。它写得很糟糕，我们绝不会执行它。

我们：我们不能这样做。合同就是合同。那么，为什么不删除该条款？

客户：哦，不行。从标准合同中删除任何内容都需要我们的首席法务官的批准。这可能需要几个月。如果你想要得到我们的业务，你必须签署它。

我们（停顿，进入售前模式）：等等，如果你不能删除任何东西，你能修改或增加合同条款吗？

客户：是的，这个可以。

我们：你们能不能增加一个第6(e)段，说你们同意永不执行第6(d)段？

客户：是的，我们可以。

2. **寻找潜在客户**。销售中最令人不愉快的部分之一可能就是打陌生电话。就是给一个与你之前没有联系过的客户打电话进行交谈。大多数售前对这项工作没有经验，所以要从电话销售或对外销售团队中交一些朋友，并向他们学习。虽然现在大多数成熟的销售组织都有由公司营销团队领导的大规模的线索生成计划（见第2章和第3章），有时通过电话/电子邮件/社交媒体是打入一个"顽固"客户的唯一途径。尽管当你面对97%的拒绝率时很难拿起电话，但不要默认使用电子通信方法，因为那是一个坏习惯。有时，你仍然需要亲自登门拜访。你可以从了解产品的功能、使用案例和样板客户中获益，而这是大多数销售人员无法做到的。

3. **跟进线索**。一个新的销售人员通常只有很少的线索甚至更少的活跃销售机会可以参与。因此，在这个位置上，很容易对所有的线索进行积极的跟进，无论是否合格。虽然这对你来说是很好的练习和训练，但浪费别人的时间，特别是你以前的售前同事，肯定会消耗掉对你曾经的好感。

4. **处理折扣**。在价格上竞争，特别是在小型交易中，是一个常见的错误。售前由于很少接触合同和价格表，往往比有经验的销售人员对价格更敏感。记住业务价值发现和价值工程的原则。折扣通常会随着时间的推移而增加，而不是减少，所以要注意不要设置不必要的先例。

> **技巧提示：客户控制是一个困难的概念**
>
> 销售职位一个有吸引力的部分是在销售周期中明显增加的控制权。毕竟，你现在制定了总体战略。然而，一旦你面对定价、折扣、法律条款和条件以及内部收入确认等事情时，要为控制权的短暂性做好心理准备。这些都是销售周期中隐藏的部分，售前很少看到（售前往往认为销售人员很懒，因为他们没有认识到为克服这些障碍而进行的内部销售）。然而，它们却耗费了销售的时间。

5. 说"不"。当你在追求最初的几个销售机会时，对潜在客户说"不"是很困难的，几乎是创伤性的。你是如此渴望取悦对方（工程师的特性在你的内心深处仍在燃烧），并建立关系，以至于你在销售周期中过早地赠送了产品、服务和其他好处。不幸的是，转型后的售前经常忘记他们在毫无意义的 POC 和开箱即用的演示中的糟糕经历。他们通过提供这些来推进交易，而不是专注于真正的解决方案和价值销售。随着时间的推移，据我所知，对客户说"不"，他们是完全可以接受的（经过文化上的调整），许多客户会一直提要求，直到他们收到第一个"不"。

售前转行做销售的优势

转行做销售是一项艰苦的工作，但这并不全是厄运和阴霾。除了你拥有的天生的销售技能，你还有你的售前超能力来帮助你完成这个过程。成功的销售，既要利用你的优势，也要弥补你的劣势。想一想过去是什么让你得到了这个公司的职位，甚至可以接受你转行做销售的原因。

1. 你了解这些产品。与其炫耀你的技术知识，不如用它来增强你的自信。了解产品组合的能力可以使你避免很多麻烦，并迅速使你有资格进入或退出交易。

2. 你可以进行业务价值发现。不幸的是，有很大一部分销售人员无法进行完整的业务价值发现会议并收集足够的信息来满足他们的售前伙伴。

3. 你并不总是要等待售前有时间支持你。例如，尽管你可能不做演示或技术介绍，但会有一部分销售会议可能不需要售前的帮助，这可以加快销售周期。

4. 你可以管理你的时间。你的售前生涯已经教会你如何在最短的时间内完成最多的事情。

5. 你已经有了联系人。你认识产品管理和营销、开发、工程、服务和客户支持方面的人。可以向别人寻求帮助。

6. 你可以寻求建议。与你的销售同事聊聊，征求他们对交易策略和如何处理所有内部障碍的建议。

7. 你了解实施效果。你可以谈论实施方面的成功，从而通过消除客户在该领域看到的任何风险，带领客户走向未来。

8. 你不需要幻灯片，因为你对白板销售和视觉销售很熟悉。

9. 你可以快速学习新东西。虽然你会有很多新技能需要学习，但销售技能的变化并不像技术那样快。你会赶上的!

总结

如果你的下一个职业目标是转入销售领域，请尽早开始准备。对你的销售技能进行分类，并准备好向许多人寻求帮助、建议和诚实的反馈（可能你并不总是喜欢听这些）。让当地的销售管理层和你的售前管理层知道你的想法，并寻求他们的帮助。记住，销售人员喜欢被推销给自己，所以要努力推销自己，争取你想要的职位。他们会因为这种直接的方法而尊重你。你当然应该为第一年的挑战设定预期，无论是心理上还是经济上，并依靠你的支持网络来帮助你度过许多黑暗的日子。你正在走一条许多人在你之前已经成功走过的路，所以如果你坚持不懈，有相关技能和一点运气，你就会成功。为了与本章的主题保持一致——"愿原力与你同在！"[1]

技能培养建议

对于所有售前：

- 检查你的动机，重新审视你的品牌。
- 努力填补你的技能差距，并继续努力发挥你的优势。
- 在公司内部和外部不断寻求帮助和建议。
- 自愿承担一些初级的销售职责。
- 回顾一下你是如何处理拒绝、不信任和听到"不"的。
- 练习与随机的陌生人交谈。

---

[1] 译者注：这句话出自《星球大战》，本章前文中提到过这部电影。

CHAPTER 29

本章目标

- 理解标准的售前组织结构和角色。
- 了解行为能力和岗位能力。
- 了解通向售前伟大成就的三条常见路径。

职业发展

> 人们不会因为工作出色而获得晋升。他们晋升是因为他们展示了自己能做更多工作的潜力。
> ——塔拉·杰恩·弗兰克（Tara Jayne Frank）

我在英国公立学校系统上学的时候，我的老师告诉我："你的努力别人看得见"。但不幸的是，在职场中，当你在争取工作晋升的时候，这种谦逊可能是不够的。虽然企业里一心往上爬的人没有好名声，但事实是，希望自己的表现得到认可并没有错。如果你的未来取决于更高的头衔或更高的薪水，成为组织中的重要成员是关键的第一步。但是，如果你真的想作为未来之星脱颖而出，即使在最谦逊的文化中，努力工作也需要一个坚实的自我宣传和规划来相辅相成。

本章研究了典型的售前组织结构和职位名称，然后根据基本的<u>行为能力</u>（behavioral competency）和<u>岗位能力</u>（functional competency）来分析这些职位。本章是为那些（短期或长期）目标是"成为最好的售前"的个人贡献者准备的。

早些时候，我提到了一项对4 100多名售前的调查。我们问了这样一个问题："从现在起的30个月内，你会（现实地）希望扮演什么角色/职位？你希望你的职业生涯中的下一步是什么？"结果（表 29.1）显示，超过 30% 的人回答说他们打算继续从事售前工作。

表 29.1　从现在开始的 30 个月内希望从事的角色

%

预期未来的角色	总数	男性售前	女性售前
售前管理	39	38	45
成为一个更好的售前	31	32	29
进入销售（或合作伙伴）领域	16	17	13
其他（产品营销、服务等）	6	6	5
不在乙方供应商供职	8	7	8

典型的售前组织结构

售前组织结构的复杂性与团队的规模成正比，这应该让人毫不奇怪。一方面，一个小公司可能只有几个售前，而且都处于同一级别。另一方面，像甲骨文或惠普这样的大型公司，其最大的售前团队有五个或更多的层级，包括一线经理、二线总监、区域或全球副总裁等整个层次。通常情况下，有一个连接点，即最高级别的售前领导向他们的销售领导汇报。例如，在跨国公司中，销售组织可能被分为美洲（北部、中部、南部）、欧洲、中东和非洲（EMEA），以及日本、亚太、澳大利亚和中国（JAPAC）。这些地区的每个售前领导人都向他们各自的当地销售领导人或总经理汇报。少数公司有一个独立的售前组织，全球售前领导人向首席运营官、销售执行副总裁、首席收入官汇报。这种结构有许多积极的方面。售前团队在最高管理层有发言权和投票权，并且有一个单一的决策点来确保各地区的一致性。

随着公司业务的增长，团队扩大到 5 或 6 个人，就会有一个售前经理。此后不久，无论是出于招聘还是人力资源管理的目的，售前将被分成售前和高级售前。然后，公司在这两个基本职位的上方、下方增加新的岗位。就像所有与售前术语有关的事情一样，这些角色也有许多不同的职位名称。助理（associate）售前是针对刚从大学毕业或拥有几年工作经验的入门级职位。然后，领导层为经验丰富的、任职很久的售前创造了一些职位，如首席（principal）售前和大师级（senior/master principal）售前。最高的两级在级别、薪酬和总体资历方面相当于一线或二线经理。

最大的公司在组织结构的最顶层有一个额外的位置，是为售前中最顶尖的 0.25% 的人保留的，就是杰出工程师（distinguished engineer）、战略大师（master strategist）或领域（field）CTO 等。这个职位相当于区域副总裁级别。要达到这些高度，需要你更加优秀、更加专心致志地长期投入，所以，如果你正在与这种"独角兽"一起工作，请静下心来向他们学习。

> **技巧提示：重要的是成长空间，而不是头衔**
>
> 基本的经验法则是，当你担任售前时，你的级别之上至少应该有一到两个级别。所以，如果你作为级别最高的售前加入团队，除了证明你配得上这个头衔之外，你的挑战还有什么？

职业发展现在变成了你的才能与公司认为的任何特定职位所需才能的匹配。第一步，下载/打印人力资源部门批准的你的工作职位及其更高级别的正式工作描述（Job Description，JD）。第二步，将你的才能和技能与岗位要求进行对比，寻找差距和你超出要求的地方。第三步，制订一个计划来解决这些问题。这个计划应与你的信任情况和优势因素（第19章）以及你的个人品牌（第23章）相一致。

> **案例研究：让你的经理认可**
>
> 亚历克莎（Alexa）走进她经理的办公室，经过几分钟的闲聊后，突然说："我该升职了。我们该怎么做呢？"她的经理吃了一惊，因为经理认为这是她在过去12个月里与亚历克莎一直在努力的事情。不幸的是，这次谈话并不顺利。亚历克莎觉得她的才能没有得到认可，而她的经理也很沮丧，觉得亚历克莎还没有做好升职的准备。几天后，亚历克莎与她的导师共进午餐并接受了一些职业指导。接下来的一周，她再次走进她经理的办公室，为自己的唐突行为道歉，并请求帮助："我希望晋升到首席售前，我已经打印出了工作要求。我知道你觉得有差距，我希望得到你明确和直接的反馈，以确定这些差距，然后也许我们可以制订一个计划来弥补这些差距。另外，我明白官方的人力资源要求不是唯一的标准，但这是一个好的开始"。每个人都感觉好多了，并因此取得了进展。亚历克莎得到的职业建议是：唯一100%对你的职业发展负责的人是你自己。它不是学习和发展团队，不是人力资源部门，也不是你的经理，而是你自己。

以下两节提供了一些关于顶级销售工程师所应具备的行为能力和岗位能力的具体内容。

行为能力

行为能力是工作中比较柔性的一面，或者说是人性化的一面。它们与你在工作中表现出来的个性和热情有关。我将行为能力分为五大类，每项都有一个可供选择的分数等级（见表29.2），从"1"（需要发展）到"3"（掌握），到"5"（远远超过）。

表 29.2　建议的能力评级表

评分	描述
1.0	需要提升或缺乏
1.5	低于要求
2.0	符合大部分要求
2.5	始终满足大多数要求
3.0	满足所有要求
3.5	有时超过预期
4.0	超出预期
4.5	始终远远高于要求；能够指导他人
5.0	远远超过要求；积极指导他人

下面的内容都是常识，但我们都可以做得更好：

1. **责任承担**（Accountability）。对自己和他人负责，遵守承诺，做出尽可能好的表现。

a. 不找借口，对自己的行为和结果负全责。

b. 可靠，别人可以期望你说到做到。

c. 跟进和监测工作进展，以确保一切按计划进行。

d. 做事有目的性，为他人设定明确的方向。

e. 有效地处理工作挑战和挫折。

f. 在混沌的环境中工作，保持动力并取得进展。

2. **真实性**（Authenticity）。表现出真诚、平易近人和关心他人的一面，建立信任和信誉。

a. 始终保持平易近人和透明。拒绝让自负破坏关系。

b. 关心和尊重他人，尊重他们的知识和贡献。

c. 即使在有压力的情况下，也能保持冷静和镇定。

d. 自信，但也展现优雅和谦逊。

e. 行为符合道德规范，无可指责。

3. **沟通**（Communication）。确保沟通渠道畅通，信息和想法可以在所有适当的方向上流动。

a. 分享有助于他人的相关信息。

b. 促进开放的沟通，对坏消息和好消息都能接受。

c. 使用清晰、直接和坦率的方式与他人沟通。

d. 积极寻求并提供诚实和建设性的反馈。

e. 鼓励建设性的对话，以确保听取所有的意见和可能性。

4. **卓越**（Excellence）。努力做到最好，并为 [你的公司] 的成功发挥最大潜力。

a. 在实现目标的过程中表现出坚持不懈和坚韧不拔的精神。

b. 追求超出通常预期或定义的目标。

c. 以结果为导向，具有完成目标和达到高标准的坚实动力。

d. 努力提高工作表现并对公司的成功产生重大影响。

e. 不断努力提高服务、产品和流程的质量和细节。

5. **团队合作**（Teamwork）。在追求集体目标的过程中，与他人协同工作并创造团体的协同效应。

a. 寻找方法来创造组织合作，使跨职能部门的工作更加有效。

b. 在与直接团队内外的人合作时，始终保持合作、合群和专业。

c. 支持更高层次的议程，并把企业利益作为自己的利益。

d. 尊重不同背景的人，并与之建立良好的关系。

这些软性的专业技能的问题是，即使有一个全面的衡量标准，它们也很难准确衡量。然而，与信任因素一样，最重要的是其他人的看法，而不是你如何评价自己的表现。

岗位能力

岗位能力与你的工作和任务定位有关。它们是比较经典的销售和技术的部分。对于这些技能，我提供了在 4.5 或 5.0 水平的例子。请注意，这是一份横跨八项岗位能力的长清单，而且"积极主动"这个词出现在多个地方。请根据你的职责和公司的经营理念进行调整。

1. **客户互动**（Account Engagement）。根据对客户组织的了解和有效引导，制定、支持和执行战略，以建立正确的关系，对你的公司进行战略定位，并在客户中实现收入最大化。

a. 被客户视为其核心技术战略团队的一部分。

b. 发展与多个高级 IT 经理和业务主管的战略关系。

c. 在战略上定位我们的解决方案/组合。

　　d. 利用客户拓展计划，引入更多团队成员共同合作。

　　e. 能够接触内部人士。

　　f. 领导 CXO 或 XVP 级别的团队会议。

　2. **竞争性销售**（Competitive Selling）。利用合作伙伴、客户、行业、内部资源和竞争产品的知识来定位和销售我们的解决方案。

　　a. 预测竞争形势，并与客户经理/合作伙伴一起制定并执行积极主动的战略，以避免竞争。

　　b. 对客户团队成员进行培训，做好准备，避免不适当的对话，将重点放在真正的竞争差异化因素上。

　　c. 在重要的行业展示和活动中为你所在的公司寻找并创造一个强有力的存在感。

　　d. 吸引、雇用和发展有竞争力的人员。

　　e. 掌握所有销售工具（白板、指南、销售执行手册等）中的内容，并将其无缝融入各种场景和对话中。

> **技巧提示：询问你的客户**
> 　　竞争数据的最佳来源之一是你的客户。与其被要求直接进行正面的比较（你很少会收到这种要求），不如询问客户竞争对手在他们的演示或介绍中哪些地方做得好，哪些地方让他们印象深刻。

　3. **咨询式销售**（Consultative Selling）。利用商业头脑为公司的产品组合向客户进行战略定位，将我们定位为渠道的战略伙伴。了解客户的隐性和显性需求，提供有关解决这些需求的最佳方法的建议和咨询，并将我们定位为理想的解决方案。

　　a. 与合作伙伴合作，了解销售机会，并帮助制定使用我们技术的实施策略。

　　b. 与客户合作，制定一个令人信服的客户全公司范围内都认可的业务理由。

　　c. 验证需求并提出各种选择建议。根据客户当前和未来的要求，推荐一个"最佳选择"。

　　d. 向客户整个组织阐明并展示我们如何解决他们的具体需求和优先事项，以创造真正的业务价值。

　4. **机会管理**（Opportunity Management）。通过了解和主动引导客户的购买过程，制订和执行赢得项目机会的计划。

　　a. 制订详细的技术客户拓展计划，包括关系、竞争和产品战略。

　　b. 与所有其他团队成员协商，并将他们纳入项目机会支持团队。

c. 利用团队所有力量来预判并积极主动地处理客户的关切点和问题。

　　d. 定期召开团队会议，讨论现状、下一步措施和对计划的必要调整。

　　e. 通过推动销售和采购周期，保持或加快销售机会的进展速度。

　5. **编排资产**（Orchestrating Asset）。基于公司和合作伙伴资产，培养易于协作的、投入的、以客户为中心的团队，为客户提供高质量的解决方案和服务。

　　a. 认为自己除了是一名高级售前之外，还是一名业务经理。

　　b. 管理所有涉及该客户的技术人员。

　　c. 建立并激励客户销售团队，即使在最情绪化的情况下也能保持积极和冷静。

　　d. 从宏观角度审视业务，帮助指导销售人员、合作伙伴和跨职能团队应对最复杂的挑战。

　　e. 有效地将客户需求传递给公司内部部门和领导层。

> **技巧提示：最危险的地方**
>
> 　　观察世界最危险的角度是从办公桌后面。然而，建立关系的方法不仅仅是电子邮件和视频通话。不要对你的沟通技巧或你的人际网络感到自满。有机会就多出去走走，多去见见人。

　6. **合作伙伴和系统集成商的杠杆作用**。与合作伙伴/系统集成商建立强大的价值驱动关系，并将这些关系用于客户管理。

　　a. 定期与集成商和合作伙伴会面（不要和业务预测会议混在一起）。

　　b. 对如何和何时利用渠道伙伴承担领导角色。

　　c. 与合作伙伴社区的技术和业务同行发展牢固的关系。

　　d. 从合作伙伴那里获得特别积极的反馈。

　　e. 与合作伙伴保持互动，并获得他们的反馈，以制订客户或销售领地业务计划。

　7. **产品知识**。充分运用产品知识来定位和销售我们的产品组合。（注意：这些适用于通才型售前的职位，产品、业务或行业专家要作调整）。

　　a. 对核心产品组合中的每个产品有详细的了解。

　　b. 充分了解组合中的每个产品是如何协同工作的。

　　c. 进行必要的课程学习，并通过公司高级别的技术资格和认证。

　　d. 准备一个详细的技术白板设计，描述所有产品组合的总体架构。

　　e. 对所有相关的非公司基础产品（如操作系统）及其依赖关系有详细了解。

　8. **通过技术进行销售和定位**。制订并执行计划，通过了解和主动引导客户完成技术购买过程来赢得销售机会。

　　a. 管理时间框架和范围，结合每个产品的安装和集成，根据定义的成功标准，进行技术证明。

　　b. 创造性地克服在我们的产品组合的定位和技术证明中遇到的所有障碍。

　　c. 处理在演讲和讨论阶段出现的所有反对意见。

　　d. 创建（或促成创建）一个商业计划，将我们的技术与预期的业务成果和结果联系起来。

　　e. 解决客户痛点，识别客户收益。

通往伟大售前的职业路径

　　如果你选择在标准的售前道路上继续发展，而不是转向管理、销售或其他角色，有许多方法可以让你继续提升。最常见的有以下三种：

　　1. 专注于一项技术并保持专注（如数据分析、备份和恢复、防火墙等）；

　　2. 专注于一个垂直领域或行业（如媒体、金融服务、制药等）；

　　3. 专注于做销售工程师，成为跨越多种技术或垂直领域的通才。

　　每个公司都需要技术专家。他们是那个对每一个技术问题都有答案的人，可以和客户的技术专家正面交锋，并赢得他们的尊重。要达到这个水平，需要多年的投入、学习和天生的好奇心。总有一些销售机会需要技术专家的参与，没有他们的参与就不会成交。利亚姆·马霍尼（Liam Mahoney），一位资深售前和技术专家，对其进行了最好的解释："不是每个人都能胜任这种角色，因为它远远超出了一般人的知识水平，达到了马尔科姆·格拉德威尔（Malcolm Gladwell）所谓10 000小时的精通水平。我们根据需求提供丰富的知识和专业技能，而其他售前可能不得不去学习或临时准备。"

　　一旦公司发展壮大并在某一特定市场领域有了显著的份额，**行业专家**或**垂直专家**是必不可少的。这个人将成为公司内部（也可能是外部）的思想领袖，将公司的产品组合与特定的行业趋势和挑战联系起来。这条路对那些有行业经验的人很有吸引力，你可能经常会看到直接从客户中招聘的人在这些职位上任职。然而，你也可以在同一垂直领域的销售过程中掌握这些知识。例如，在我为甲骨文和Sybase工作的职业生涯中，我对医药和金融服务的垂直领域有了足够的了解，即使不是专家，也至少是具备了行业知识。这类职位的附加值之一是，如果你看到了需求**并且**能说服产品管理和开发部门，你可能成为该垂直领域新产品或服务的创造者。

　　最后，还可以当**通才**（generalist）。我认为通才是另一个特殊的职位。他们的专长是使一切都有意义，并将不同的技术联系起来。这是一个独特的技能组合，虽然超过75%的售前开始于通才职位，但产品组合的广度和学习要求往往击败了他们，他们会继续前进。英国的一位通才型售前帕贝尔·马丁（Pabel Martin）解释说："我们为组织带来的思想和概念的交叉碰撞对于业务持续增长至关重要。通常情况下，我们学习新事物的速度相对较快，并且在许多领域和经验方面拥有广泛的知识。随着时间的推移，这使我们在许多不同的场景、组织、角色和地域中具备价值（和就业能力）"。

总结

售前的工作使你为公司里的许多其他角色和责任做好准备。在某些方面，它是一个全能的职位，因为你可以接触到公司的每个部门。在售前的职位上成长和发展可以帮助你为许多不同的职业选择做准备，包括继续在技术轨道上和在售前层级上的提升。不要过分关注各种职位级别的纯人力资源定义。虽然它们很重要，但岗位能力和行为能力才是最终推动你晋升的关键因素。

技能培养建议

对于新售前：
- 访问并下载你职位的正式人力资源工作描述。
- 将你的技能组合与你目前和未来的职责需求建立映射关系。
- 在了解技术专家和通才岗位的职责之前不要决定选择任何一个。
- 根据岗位能力和行为能力为自己打分。

对于有经验的售前来说：
- 你哪些方面的能力得到 4.0 分或以上？
- 弥补任何差距（得分为 3.0 或更低）。
- 思考转换角色（专家 / 通才）对你目前的雇主和你的未来职业生涯有什么好处？
- 你的下一步不一定是转向管理岗位，考虑所有的选项。

对于每个售前：
- 记录你所做的出彩的事情。收集故事、轶事和指标来证明你的价值。
- 与你的经理就你的职业发展保持沟通。请不要假设他们知道你想要什么或期望什么。

CHAPTER 30

本章目标

- 解释售前专业化的趋势。
- 概述成为领域专家/专家售前的注意事项。
- 解释一些常见的作为领域专家/专家售前的陷阱和误解。

成为领域专家/专家售前

> 对于客户和他们想要的结果而言,我们整个公司就是一个专家团队。
>
> —— 一位售前专家

售前领域中有一个长期的角色,它在驱动客户成功方面的重要性正在与日俱增,这就是**领域专家**(Subject Matter Expert,SME)/专家售前。小公司的第一批专家是从售前中分离出来的团队,因为售前在销售过程结束后要花大量的时间来使新技术在客户环境中发挥作用。大公司也会因为收购和整合小公司而增加专家队伍。专家们随着公司的发展而兴盛。对于任期较长并有兴趣分享他们积累的经验的专业人员来说,成为一个 SME 是一个非常有吸引力的职业方向,可以留下他们宝贵的专业资产。此外,对于那些刚进入售前岗位的人来说,这也是学习成为一个优秀售前的艺术和科学的绝佳切入点。

这一章介绍了售前专业化的趋势,如何成为一个 SME,并研究在与现场团队和客户打交道时 SME 的陷阱。

售前专业化的驱动力

SME 的售前团队有着很高的标准。首先，他们被认为是行业趋势、竞争对手、最佳实践、用例和客户应用效果等方面高级知识的管家。其次，专家们通常被期望为销售机会提供支持，而不是帮助创造机会，他们通常有很多的项目机会需要支持，但精力有限。正如客户团队对他们的定义一样，他们经常在客户面前定位不清[1]。最后，销售团队认为他们给 SME 带来了非常好的销售机会，而实际情况往往不是这样的。

> **技巧提示：销售机会评估永不停止**
>
> 就像我们要终身学习一样，对销售机会合格性的评估永远不会结束。资格评估是每个与客户互动的成员的责任。然而，在某些时候，评估需要暂停——在团队认为已经获得足够的细节信息来产生一个合理的判断的时候（见第 10~13 章），然后再继续，直到赢单和价值实现。

现在，售前领导人正在争先恐后地建立专家团队，原因可能是：

- 他们正在对客户和供应商的新市场战略所带来的永不满足的需求作出应对。
- 收购引发的技术整合正在扩大公司的产品组合，已经超出了普通售前的能力范围。
- 在领导和发展云计算和 XaaS 产品的需求驱动下，建立了专门的售前团队来支持新的销售伙伴。
- 各个行业的客户都希望他们的独特问题能由知识渊博的供应商专家来解决。
- 供应商需要维护其市场领导者地位，需要有与买方架构师保持一致的长期思考者支持客户项目机会，其职责是为企业业务提供未来 3~5 年的保障。

专家/SME 对所有这些战略都至关重要。同样是这些售前领导者，在应对这些趋势的同时，也面临着控制成本和满足可接受的支出与确认收入（Expense to Booking，E2B）比率的内部要求[2]。一旦开始运作，专家团队就会面临以下外部挑战：

- 客户希望专家能得到客户销售团队成员的全面指导，以便让专家能够理解他们的职责或价值。
- 客户可能会对投资一个新的关系感到犹豫不决。

---

[1] 众所周知，负责看客户的售前将关键售前工作交给专家，主要是为了减轻他们自己的工作量，但有时也有更恶意的原因。

[2] 由于销售组织是作为一个成本（expense）中心而不是利润中心来运作的，销售领导人被要求平衡其员工成本，以达到更高的确认收入（recognizable booking）。

- 销售可能变得不耐烦，认为增加其他人可能会拖延销售进度[1]。
- 具有不同动机的不同薪酬激励计划和 SPIFF 会对客户的同一采购预算产生竞争。

> **技巧提示：抢占更多的地盘**
>
> 作为一个专家/SME，以及一般情况下客户对技术团队的假定价值较高，应该利用你的行业专家地位，将更多的客户利益相关者带入项目机会。增加这些联系人不会延迟销售，但会扩大销售团队与你一起接触客户的范围，并增加获胜的概率。

所有这些冲突往往就在客户面前上演，并可能混合在一起，制造出一个有争议的情景，扰乱了最关键的目标——为客户提供最佳结果。

> **技巧提示：专家的窘境**
>
> 内部业务部门很高兴有自己的技术销售团队专门负责他们的产品，而这正是困境所在，他们可以把你看作是他们自己的技术销售团队。想一想你花在客户身上的时间与你花在内部活动上的时间。作为一个专家，如果你没有把大约 60% 的时间用于客户，没有把下一个最重要的时间用于你的提升，那么现在是时候重新安排你的日程了。

成为SME

你可以从各种渠道招募专家团队成员：

- 希望将重点放在特定技术领域，而不是成为一个技术含量较低的通才、有长期经验的售前；
- 来自专业服务和产品管理部门的内部调岗人员，他们寻求或被要求改变岗位；
- 初入售前行业的学院派售前，通常是在大学毕业后的第一份工作，专注于演示和POC；
- 从行业中招聘的人员，具有深厚的业务领域经验，但对销售过程和竞争威胁还不熟悉。

各种类型的 SME 团队和职位

下面是一些常见的 SME/售前专业化团队类型，如果你要成为一个 SME，你可以考虑：

---

[1] 增加没有价值的人，可能只是推迟销售。但是，如果销售团队中的新成员能够接触到新的客户角色，每增加一个新角色，销售成功的可能性就会增加5%。资料来源：2021年People.AI的分析。见https://bit.ly/3xrQKZD。

1. **渠道售前**。这些售前被分配支持增值分销商（Value-Added Reseller，VAR）、管理服务合作伙伴（Managed Service Partner，MSP）、分销商/大客户转售商（Large Account Reseller，LAR）、使用你公司的嵌入式产品的供应商（如公共云供应商）或系统集成商（System Integrator，SI）。渠道售前的工作是影响这些销售伙伴，使他们的技术团队在自己的市场策略中选择你的公司而不是你的竞争对手，作为他们的缺省解决方案。

2. **精通产品型售前**。精通公司产品组合中特定产品的详细用例、集成点和"能力"[1]。售前必须保持和推动客户对该产品的新功能和优势的采用。

3. **新被收购公司的售前**。现在你已经脱离了整合后的泳道，你正在与核心销售团队合作，以确保你的新雇主收购你们公司的战略是成功的。你为核心销售人员和合作伙伴提供用例和客户成功故事，你被要求作为无可辩驳的专家来推动一项交易，执行一个POC，或者用魔杖[2]来改变摇摇欲坠的销售状态。这条路可能不是你能自己选择的，但公司收购整合计划可能要求你成为一个SME。

4. **在咨询工程师或企业架构师中的售前**。对行业趋势有独特见解，有架构和平台的视角，有对技术领域的深刻理解，所有这些都是为了与客户分享思想，并将你的公司构建成行业中独一无二的思想领袖。

5. **专注于某个行业的售前**，如医疗/健康、电信、教育、金融服务或政府等。除了之前提到的所有技能外，行业专家还对这些行业的业务运作、发展趋势和服务架构有深刻的了解。

在许多方面，负责一个地区或指定客户（群）的售前本身就是一个专家/SME，与"第一笔钱"[3]的销售代表合作，能够为客户利益相关者地图带来洞察力。这些售前了解必要的技术和商业障碍，能够推动机会更快地通过销售阶段。而且，他们还做其他相关的工作。

在一些人员配置模式中，这些通才型的售前对他们所在的更大区域提供专业化支持；在其他模式中，通才型的售前被要求完全专业化，只专注于其公司产品组合中的一个部分。

这就是售前职业日趋成熟的状态。就像许多其他技术职业一样，从汽车机械师到医生，科学技术和计算能力带来的进步是任何个人都无法全部精通的。就像那些长期以来以自己有能力诊断和解决每一个问题而自豪的机械师和医生一样，他们现在需要调整自

---

[1] 这些"……能力（-lities）"：可靠性（reliability）、可维护性（maintainability）、可使用性（useability）、可扩展性（scalability）、可用性（availability）、可扩展性（extensibility）、可支持性（supportability）等。

[2] 期望你能神奇地解决问题，使交易取得进展。

[3] "第一笔钱（first dollar）"团队通常指的是承担在规定区域内的某一客户的主要职责和单独的业绩目标的销售主管/售前，该销售主管负责谈判、成交、收入登记，并确保销售合同的收入确认。

己的工作方法，以团队的方式解决这些问题。

技术团队协作销售：为什么很难推行

成为专家/SME 的先决条件是你在你的专业领域内的技术优势和不断增长的行业知识。你可以通过你的技术培训计划、关注客户、了解他们为什么采用或不采用你的产品和服务来实现这一目标。

> **案例研究：客户是花钱的人**
>
> 当我还是一个负责看客户的售前时，一个专家售前来找我，告诉我，我是他们的"客户"。他们告诉我：他们是为了满足我的需求，确保我的成功。这本来是一种恭维。但我并不是他们的客户。客户签订合同，客户采购东西，客户支付费用，客户用我们的东西解决业务问题。所以我回答说："我不是你的客户，我是你的销售伙伴。我们每个人都有工作要做，才能让我们的客户和我们的公司取得成功"。我学到了售前团队协作销售的第一课。

> **技巧提示：为什么你的经验不一定总是你的经验？**
>
> 虽然你被期望在你的领域内有很强的技术能力，并为客户如何利用你的产品取得成功带来经验，但你不需要等到你自己拥有所有这些经验才开始工作。作为你正在进行的培训计划的一部分，让其他 SME 参与进来，分享他们从客户那里学到的东西。了解好的和坏的、成功的案例，以及为什么客户可能会失败，这些失败的根本原因[1]是什么。

售前以愿意分享经验和内部关系，甚至愿意花时间支持另一个有需要的售前而闻名。然而，他们并没有接受过如何作为一个团队进行销售的指导。相反，专家们的销售策略是在远离客户的理想世界中制定的，一旦面对销售的紧迫性、孤岛（silo）[2]和客户控制这三头巨兽，其缺陷就会暴露出来。

销售紧迫性是一种崇高的行动号召，被用于匹配我们的销售活动和响应能力，以满足客户采购我们产品的欲望。在团队销售的背景下，"缺乏销售紧迫性"是一种指责策略，旨在排除潜在的违规团队成员，通常是因为误解了战略或者流程有缺陷。更广泛、更复杂

---

1 根本原因：触发所有其他因果反应的核心问题，当寻求理解问题时，问问自己是否找到了问题的根本原因。
2 拳击运动中，在战斗间隙，拳击手们退到绳索角落里，从他们受到的拳击中恢复。

的销售机会需要在精确的客户计划与对每个团队成员的合理、共同期望之间取得平衡，需要有执行计划所需的耐心，以及适应客户节奏的灵活性，以超越他们的期望。适当的、包容性的销售计划消除了仅仅是由基于 CRM 的流程参与的需要。

孤岛把我们推到自己的角落里，孕育着竞争和崇高的战略，只会增加在团队内部的分离感。由有能力的团队成员组成的孤岛，在其最佳状态下运作，可以产生卓越的创新。不幸的是，把我们推到角落里的孤岛是由狭隘的观点形成的，这些观点使销售团队无法为更大的成果服务。

> **案例研究：假定信任**
>
> "假定信任"是全球销售领导在启动新的专家团队时的座右铭。假定信任是一种礼貌的要求，因为你要赢得他人的信任。"让我看看你的薪酬方案，我就可以告诉你你该怎么做。"这是我前一家公司销售领导的座右铭。假定信任，然后看到有人只为了他们自己的薪酬而行事，这对这种信任是致命的打击。培养整个团队的无私精神，为客户实现最好的结果，是信任的放大器。[1]

过分的客户控制扼杀了合作，导致团队重新评估对方的动机和价值，并且最致命的是终止了所有跨团队的双边辅导。虽然我们认为自负的客户控制是销售的目的，但它在任何团队成员身上都有体现，通常是由内部压力或流程驱动造成的。

在追逐销售机会的团队中有效地增加更多的声音是很难的。但是，当销售机会很复杂时，我们不能通过做容易的事情来赢得它。当然，我们也不能自欺欺人地认为自己做比寻求帮助更容易。

> **技巧提示：接受和给予辅导**
>
> 所有的售前，特别是专家售前，都会从成为更好的教练中受益。由于专家对其他销售伙伴和客户的支持活动可能是经过紧密协调的，而且信任刚刚开始建立，所以采用跨职能的发现/教练思维方式作为开端，会比典型的 SME/专家的方法有更好的效果。

技术团队协作销售：有效的SME

多种售前协作进行销售（team SE selling）对于增强客户技术团队对于我方价值的认可

---

[1] Care, J..《被信赖的销售工程师顾问》（*The Trusted Advisor Sales Engineer*）. John Care，2020.

十分重要。这样能够扩大与客户的接触面，更准确地评估业务需求和我方产品的匹配程度，提升获胜可能性[1]，提高项目合同金额。简单地说，我们必须训练自己摆脱从三头怪兽那里学到的旧习惯，并在有效的辅导文化中采用新的、包容的、合作的做法。

考虑一下 MTS "技术团队协同销售中的七宗罪"这个说法。这些"罪行"并不是由客户售前、产品专家售前或者合作伙伴售前犯下的，而是整个技术销售团队共同的错误。不过，由于 SME 的工作比较聚焦，专家团队还是需要对它们有更多的了解。

团队销售的七宗罪

专家售前会说："我很特别"。特别？是的，你是和其他售前不一样。所以要从团队里分离？不。要质疑那些坚持认为专家需要一个专门的销售流程、定义不同的销售阶段或需要不同技能培训的看法。你可以试图合理化你做事的方式："这不是我们的工作方式"，但是这种分开的做法浪费了时间。怎么样才能做得更好呢？一个团队、一个流程，以及一种共同的销售语言。这本书适用于 SME，因为它适用于所有售前。我们看看下面这些"罪行"。

1. **被动等人来找**。期待通过流程或 CRM 来找到专家参与项目。更好的方式是什么？提前联系专家和核心团队并告知相关情况，这样你就可以更清晰地定义自己的角色和价值，而不是由别人来定义。拥有你的销售机会管道；不要把你的成功外包给别人。

2. **有风险的业务**。在没有明确的客户业务目标或目标模糊的情况下就开始参与。更好的方式是什么？与客户合作，推动客户更加清晰地理解业务问题及其影响，形成一个成熟的项目目标。机会资格评估通常过早地被宣布为"完成"。更好的方法是什么呢？学会将机会资格评估理解为是否可以获得良好的投资回报率，然后当你与新的客户利益相关者一起推进时，巧妙地重新进行资格评估。发现永远不会完成，它只会停止。

3. **标准套路**。像其他人一样参加会议，同意做演示，开始一个标准的 POC，而不是针对他们想看什么。这让每个人都很恼火。更好的方式是什么？评估做什么、如何做才能在最短的时间内达到客户要求的结果。

4. **轻易启动 POC**。撸起袖子就干，认为演示、评估或 POC 会顺利进行。就像有人认为小狗会自己训练自己一样（但它们不会）。更好的方式是什么？要评估工作量，做计划，要与利益相关者持续接触，随时工作，跟进后续活动，管理时间支出和风险，并推动实现你认为需要实现的结果。

5. **没有人听我说话**。也许 SME 没有以正确的方式与正确的人沟通。客户、研发、销

---

[1] 前文曾提及：People.AI 关于增加客户利益相关者的分析。见https://bit.ly/3xrQKZD。

售伙伴或外部伙伴等可能都不能作出明确的说明。更好的方式是什么？停止说话并更广泛地使用你的发现技能。通过倾听、理解和表现同理心来建立信任。

6. 我的工作不是去寻找更多的客户利益相关者。SME 满足于只和销售计划中定义的那些人开展工作。更好的方式是什么？你有一个被认为有价值的职位，并被认为是该专业领域的专家。许多人想听听你的意见。走进那些敞开的大门，与那些你认为对项目至关重要的人交谈，而销售甚至不知道有这样的人存在。一个陌生人可能是你还没有见到的关键利益相关者[1]。

7. 躺赢是不可能长久的。假设一个生意没有你的参与也会一直持续发生。如果你的薪酬是根据经常性收入而不是销售的合同金额来计算时，就会非常危险。与保持现有客户相比，获取一个新客户的成本是巨大的[2]。更好的方式是什么？密切关注客户上线后使用的情况，进行由售前/SME 领导的季度价值评估，以确保你的价值正在持续发挥作用。

总结

作为 SME 的售前角色是销售影响力的一个重要来源。然而，它的职责非常复杂，服务于许多不同的职能，可能会导致 SME 及其组织的动摇。

习惯是那些我们反复做的事情，直到它们成为本能。但是，就像三头怪兽把我们推到了犯这些"罪行"的习惯上一样，我们可以从关注客户价值开始建立新的习惯。

技能培养建议

对于新售前专家 / SME：

- 作为一个 SME，你仍然是一个售前。要提升在所有其他章节中详述的技能和习惯。
- 在你的周围要有熟悉本领域用例、成功故事和陷阱的导师。
- 当别人建议你只能在某些销售阶段发挥作用时，你要反击。相反，你要在所有销售阶段为客户的成果服务。

1　转述自 Roy E. Stolworthy 说过的 "一个陌生人只是一个你没有见过的朋友"。
2　取代一个失去的客户的成本是在他们离开之前保留他们的成本的五倍。来自贝恩资本和 Consero 等，在 https://www.europeanbusinessreview.com/isacquiring-new-customers-more-expensive-than-keeping-them 这篇文章里有总结。

- 拥有你的领地、你的销售机会和你的机会管道。让其他技术人员比流程规定的时间更早参与进来。

对于有经验的售前专家或售前专家经理：

- 成为一个模范团队成员。
- 确保教练技能被列入你的发展计划。
- 增加你对你的主题领域所实现的商业成果的好奇心。建立一个用例清单并分享。
- 以你的个人品牌为后盾，谦虚地与其他技术销售伙伴合作（见第23章"创建你的个人品牌"）。

CHAPTER 31

本章目标

- 从经理的角度概述招聘过程。
- 为面试做准备。
- 完成"交易"（拿到录用通知）。

售前的招聘和面试流程

人并不是你最重要的资产。正确的人才是。

——吉姆·柯林斯（Jim Collins）

招聘合适的人才是一线经理最重要的工作。因此，关键是要从面试桌的两边来考察这个过程：一边是招聘经理，他们无疑面临着来自销售和领导层的压力，需要找到填补空缺的人员；另一边是未来的员工，他们希望得到保证，在未来的几年里，这是一份适合自己的工作，对方是适合自己的经理。这是一种复杂的情感舞蹈——因为每个人都有一些关键的东西在其中。

在这一章中，我们将从招聘人员的角度简要地研究这个过程，然后换个角度，为潜在的售前新员工提供一些建议和指导，以确保他们作出最佳的决定。这一个主题可以用一整本书讲，所以这是一个概述。

招聘过程：售前招聘经理的视角

在审视销售工程师的生命周期时，我使用了 RADAR 这个词[1]。它是专门为售前领导层设计的助记词，意思

---

[1] Care, J..《销售工程师经理手册》(*The Sales Engineer Manager's Handbook*). 第10章，John Care.

是招聘（recruit）、吸引（attract）、发展（develop）、晋升（advance）和保留（retain）。招聘和吸引在管理上相当于产生一个销售管道，然后走向胜利。每一位售前领导者都应该在满员的情况下运作，并有一个潜在候选人的后备队伍或渠道。鉴于全球常年存在的售前短缺，这是个艰难的任务。

这不仅仅是招人的问题。这是一个雇用正确的人的问题。聘用了错误的售前代价是昂贵的，在时间和金钱方面都是如此。Zappos 公司（现在是亚马逊的一部分）的 CEO 托尼·谢（Tony Hsieh）曾经估计：他的错误招聘使他的公司损失了超过 1 亿美元。我的客户告诉我：失去一个优秀售前的成本在 350 万～600 万美元之间，而雇用一个不合适的售前，工作一年后离职，这个失败成本相当于他们的年度销售目标。这与士气和工作量相关的任何软影响无关。

职位描述

人力资源部门或其他经理可能有一份已经准备好的职位描述，在这种情况下，可以把它作为你的起点。我假设你在开始时只有一张（电子）白纸。建立一个简单的三乘三的表格（见表 31.1），将中间一栏标为**技术**，右边一栏标为**业务**。然后添加一个**基本要求**行和一个**额外要求**（plus）（有最好）行。然后在每个象限里填上工作内容。

表 31.1 工作描述矩阵—起步版本

	技术	业务
基本要求	拥有 VMware 专业人员认证	50% 的时间需要出差；有金融、经纪和保险行业经验
额外要求	会 C++/Javascript；拥有高级 VCP 认证	第二语言（西班牙语）

一旦你构建了这个大纲，你就可以以它为基础，为该职位建立一整套岗位要求。在职位描述方面，你应该寻求你的人力资源部门或招聘伙伴的帮助。你也可以研究在线招聘网站、LinkedIn 和你竞争对手网站上的职位招聘信息。此外，许多国家都有政府官方网站，它会提供有关售前工程师的进一步细节，尽管他们的定义可能比你的定义更宽泛。例如美国劳工部[1]和英国毕业生未来前景网站[2]。

如果你是根据现有的（强制性的）工作描述进行修改，那么就要对岗位要求进行优先排序。例如，我用绿色、黄色和红色的荧光笔来区分任何特定职位的必要条件和"有更好"的可选条件。

---

[1] 见 https://www.bls.gov/ooh/sales/sales-engineers.htm。
[2] 见 https://www.prospects.ac.uk/job-profiles/technical-sales-engineer。

> **技巧提示：谨防标准要求**
>
> 不要自动包括诸如"四年制大学学位"或"五年亚马逊 EC2 使用经验"等要求。相反，要质疑你为什么需要这些条件，而不是照搬别人的条件。同样，问问自己类似"出色的沟通能力"的要求是否应该列在要求清单上。

真正的职位描述

官方对外的职位描述和售前在一个典型的月份里的**实际**工作之间总是存在差距。因此，招聘人员应该采取的立场是：你要填补的是实际职位，而不是理想职位。一个方法是写下你期望售前在一个典型的星期或月份里做什么（我认可没有典型的一天的说法）。当然，例子会根据产品组合的广度、客户类型等而有所不同。不过，它们通常看起来像"能够向 20 名客户技术人员介绍产品"，或者"能够在发现阶段进行系统分析"。

你可以使用第 29 章中描述的一些岗位能力和行为能力，作为工作描述或角色和职责部分的输入。但是，请不要在职责描述里包括 22 项关键职责[1]。

> **案例研究：销售工程师的价值主张**
>
> 玛蒂娜（Martina）和她当地的售前领导团队正在努力招聘欧洲各地的 15 个空缺职位。这是一个具有挑战性的竞争环境。尽管他们通过积极的招聘推广计划成功地让许多候选人进入面试程序，但他们公司吸引和雇用人才的能力很差。他们输给了其他技术供应商，在某些情况下是他们的直接竞争对手和合作伙伴。对整体薪酬和福利待遇的快速调查表明，不是钱的问题。候选人找不到一个选择到他们公司工作的令人信服的理由。她决定创建一个**销售工程师价值主张**（Sales Engineer Value Proposition，SEVP）来推销这些职位，并在整个团队中传达一个一致的信息。在一个星期内，他们建立了一个框架（和相关材料），回答了"为什么这是一个工作的好地方"的问题。SEVP 涵盖了团队合作、奖励与认可、职业发展、辅导和生产力五个方面，一经推出就大受欢迎！通过将"为什么这里是一个工作的好地方"正式化，并在潜在的售前心中回答这个问题，他们将足够多的候选人带入吸引阶段。最终，他们招到了足够的售前来填补他们的人员编制。此外，在 3 个月内，美洲和亚太地区的售前领导团队都采用了 SEVP，值得称赞的是人力资源团队也加入了进来，为软件工程师创建了他们的版本。

---

[1] 我经常看到这种情况。做个算术题：如果真的有 22 个关键职责，那么在任何一个工作周里，每一个关键职责都要花费 2 小时。这样没有重点，看起来很糟糕，且不支持某个价值主张。

在所有通常的和不寻常的地方寻找

除了标准渠道外,你可以通过推荐或口头传播在内部或外部寻找候选人。根据公司的政策,你可能必须在内部发布所有的职位空缺,然后再到公司外部寻找。内部候选人可能从最奇怪的地方出现,但我从客户服务和产品工程部门招聘员工的成功率是最高的。我认为热线服务人员具有人际交往能力和一些产品知识,而研发工程师则具有产品知识和一些人际交往能力。两者都有强烈的愿望去满足那些购买和使用他们技术的人。从营销和专业服务部门调来的人员似乎不太成功。还有之前做咨询顾问的人一旦意识到他们的角色是解决问题和销售,而不是培训,就可以成为出色的售前。

要么是通过某种形式的媒体,如你们公司的网站、LinkedIn 或 CareerBuilder 等,要么是通过招聘人员(包括内部招聘专员、外部猎头或者自由招聘专员),外部候选人进入到管道(招聘阶段)中。我对招聘经理的建议是,与你的人力资源/招聘团队建立一个 SLA,在 48 小时内对简历作出回应。在当前的经济形势下,速度是最重要的,如果需要等 7～14 天后才去联系一个候选人,那么会有更积极、更有组织的公司打败你。追踪你的候选人管道是售前领导力的一个重要指标,要让招聘团队负起责任。

> **技巧提示:售前推荐是黄金方法**
>
> 售前人际网络和"谣言工厂"是公司中最有效的地方之一。你应该不断地挖掘这个网络,并从目前的售前团队中寻找推荐人。销售人员的推荐也很宝贵,所以不要忽视这个来源。你们公司也可以通过为推荐人员成功聘用提供推荐奖金来增加吸引力。我的一个前售前同事在两年内通过推荐候选人赚了 20 000 欧元——这足够他每年一次高品质的家庭夏季度假。

> **案例研究:内部推荐的力量**
>
> 约翰·沙利文(John Sullivan)博士被称为人力资源指标之父[1],他指出,内部推荐的候选人比外部候选人快 10～15 天,在工作 12 个月后有 33% 的留任率,并且在公司所有表现出色的员工中占 46%。他还列举了一些证据,表明内部推荐促进了员工的多样性,是招聘质量的最佳来源。
>
> 在某领先的云服务提供商的一个大区,通过内部推荐招聘了近 300 个售前空缺中的 55%。它符合"这是一个工作的好地方"的定义!

---

[1] 见"一场人才争夺战",https://drjohnsullivan.com。

面试：经理方面

在面试过程中，准备工作就是一切（面试可能持续几个星期，需要多次沟通）。就像你希望候选人做好充分准备一样，候选人也希望你们公司也能如此。要有一个计划和流程，这不仅仅是把候选人的简历发给所有相关人员。较大的公司在招聘过程中有一个正式的、记录在案的方法，以显示公平，并100%遵守<u>多样性</u>（diversity）、<u>公平性</u>（equity）和<u>包容性</u>（inclusion）（DEI）准则。在这种环境下，最重要的建议是要保留当时的记录。

有许多信息在招聘经理的控制之下：

1. 分享之前与招聘人员的互动和视频预先筛选的任何记录。

2. 分享候选人的简历和LinkedIn个人资料。同时，注意任何公开的博客和其他专业社交媒体（例如Twitter）。

3. 确保每个面试官都有一个目标和重点。没有什么比被4个不同的人问4次同样的问题更令人讨厌的了，除非你要测试的是候选人的一致性。

4. 分享一个计分卡和评分标准，以便你能掌握一个客观的分数。

5. 也要为主观的直觉反馈留出空间。

6. 决定你希望在多大程度上与候选人分享这个流程。

与过去经典的求职面试不同，现在的售前面试是双向的，你应该期望收到与你向候选人提出的问题一样多的问题。你也可以引入30-90-180入职计划（第22章）和售前价值主张文件，特别是当你进入招聘周期的吸引部分时。

> **技巧提示：分享就是关爱**
> 你应该向候选人清楚地说明你们公司的招聘流程。这种说明包括面试的步骤、次数和这些步骤的间隔时间。确保符合候选人的计划和期望。

就实际的面试结构而言，我建议你的大部分问题都是情景性的，例如"给我讲一个你参与的项目机会，那时你是怎么做的……"或"你上次与销售人员发生冲突是怎么回事？"。面试中关键的表现部分是演讲。一般来说，这会是一个10～15分钟的演讲，主题由候选人自己选择。如果候选人选择一个具有领域专长的主题，这个过程可以让你专注于他们的沟通能力。多年来，我见过的演讲主题多种多样，从错综复杂的Kubernetes到更耐人寻味的"与女王喝茶时的礼仪""足球中4-4-2阵型的优点"和"完美烧烤"。

把3～4个面试官带进房间，最好包括一个销售人员和一个售前。分配好角色，鼓励他们提问，但不要太咄咄逼人。至少向每个候选人提出一个具有挑战性的问题。对紧张或高度自信的候选人应该用更有挑战性的问题进行压力测试，以模拟真实的工作环境。把面试过程搞得太简单没有任何好处。另一个极端是不断地打断面试者，这种行为无法展示你企业文化最好的一面。一个典型的压力测试是告诉候选人投影仪或显示屏坏了，递给他们一套笔，并要求他们用白板展示。如果他们自己带了一套白板笔，或者准备好了他们最喜欢的视觉绘图软件，那就要给他们加分了。

> **技巧提示：进入真实场景模式**
>
> 我们知道，发现是为销售周期的其他部分做准备的基本要素。然而，90%以上的售前面试从未对这一售前技能组合进行测试。如果你认为它很重要，那你就应该对它进行测试。

招聘过程：应聘者视角

那么，当你站在面试桌的另一边时，你应该怎么做？在面试过程中，准备工作是最重要的。你当然希望在你的所有互动中塑造出一个高效、有效和有条理的形象。首先你必须有一份专业的简历（resume）[1]，它既要突出结果和成果，又要突出资格和技能。简历应该与你在LinkedIn等网站上的在线专业档案相一致。然后，你应该在求职过程中为各种电话和会议做好预先准备。

筛选电话

一旦你的简历/申请被处理并通过了第一次人工和机器人过滤器筛选，你可能会接到一个筛选电话，这个电话通常是第一次人与人的互动。任何你能与这个守门人建立关系的事情都是加分项：

1. 对方是谁？是招聘人员还是招聘经理（很少是后者）？查看他们的公开资料，寻找任何与他们的共同点或关注点。

2. 准备为你的简历中的任何成就或数字提供一个详细说明。

3. 准备好一些故事，使你的成就人性化。没有人会记住简单的事实和数字。另外，为弱点领域创造故事。例如《我们售前人》的主持人拉姆齐·马贾巴（Ramzi Marjaba）讲过这样一个故事："我有一次面试，不熟悉他们的技术，我就用了一个故事，说我必须在一周内学习两个新协议来进行我的第一次演示。"这比说明你是一个快速学习者要有效得多。

---

[1] 在英式英语中被称为CV，或称为 *curriculum vitae*（生活来源）。

4. 准备好一些常见的、标准的面试问题，把它们写下来，比如：

a. 你们为什么要招人？

b. 上一个担任这个职位的人去哪里了？如果它是一个新的职位，为什么会设立？

c. 描述一下销售周期。

d. 我将支持多少个销售？

5. 准备好一些常见的、标准面试问题的答案，把它们也写下来，比如：

a. 你为什么要来我们公司工作？

b. 你现在为什么在找工作？你是在认真找工作吗？

c. 你以前做过 XX 吗？你知道 YY 吗？

d. 薪资范围和一般要求（在某些地方可能是非法的）。

招聘经理面试

这是你通过筛选后的下一个电话或会议。在此之前你通常会收到一次或多次指导性的沟通，为这次会议做准备（例如演讲/演示要求）。利用这些机会试探了解一下面试相关的事情（比如会问你哪些类型的问题）。一些公司提供指导性指南。谷歌云会告诉你成为"Googley"意味着什么，并有人力资源部门和现任员工的访谈来帮助你。对于招聘经理面试，我们有以下建议：

1. 研究招聘经理，就像你与客户高管会面之前进行研究一样。

2. 研究该公司的技术和市场。

a. 谁是他们的客户？你知道有谁在使用他们的技术吗？看看他们的成功案例介绍。

b. 浏览他们的白皮书。它们通常会比标准的、光鲜的营销文件给你更多的细节。你也将获得对常见的客户痛苦和收益的洞察力。

3. 是否有任何用来演示的软件？如果你有匹配的设备，可以试一下。

4. 准备一些面试问题常见的/标准的答案，比如：

a. 更深度的筛选问题。

b. 你如何建立关系和处理冲突。

c. 客户的成功（和失败）故事。

d. 建立人际网络。

e. 价值与功能的重要性。

5. 准备好一些问对方的常见/标准问题，把它们写下来。比如：

a. 介绍一下你们领导的团队情况：好的、坏的和不那么好的。

b. 今年的业务情况如何？达到目标了吗？这些目标是什么？
　　c. 你们想找一个具体什么样的售前？
　　d. 过程问题。有多少轮面试？有多少名候选人？时间进度是怎么样的？录取标准是什么？可以使用封闭式问题。

售前领导层（总监/副总裁）面试

"我想让你见见我的老板。"这通常是一个好兆头，因为招聘经理想录用你，但需要从他们的汇报链中寻求批准。有时候，这也是面试成功的关键，因为招聘经理想要录用你，但其他人不同意录用你。那么，高级售前领导人重点看什么呢？一家快速发展的网络安全供应商的销售工程副总裁劳拉·梅多斯（Lara Meadows）说："我对候选人最看重的是个性和学习意愿。他们是否善于交谈？他们是否喜欢构建和修补（甚至不仅仅在技术方面）？他们在寻求帮助之前是否会尝试自己解决问题？而且，最后但并非最不重要的是：他们对加入我们的团队感到兴奋吗？"

销售人员面试

由销售参加的面试其主要目的是让销售人员判断"这是一个我们可以合作的人吗？这是一个能帮助我们成功的人吗？"。他们会关注你的人脉、过去的成功经历或你发现新机会或发展项目机会的例子。故事、结果和成果通常比你简历上的其他细节重要得多。通常情况下，当地的售前负责人会出于礼貌邀请他们的销售领导对你进行面试，所以你的 MARS（见第 20 章）是"只做无害的事情"。

> **技巧提示：与其他销售工程师交谈**
>
> 　　有些公司在面试过程中会安排你与该公司售前团队的某个在职售前人员进行对话。我相信这对双方来说都是一个有价值的步骤。这位售前人员可能更有资格测试你的技术能力，但也更有可能让你对工作环境、与销售的关系以及你潜在的新老板有一些真正的了解。因此，如果你对一份工作感兴趣，可以要求有机会与其他售前交谈。

　　每次面试沟通之后，你都应该使用适当的后续礼节，比如与面试官联系，感谢他们的时间，总结一下他们为什么应该录用你，并提供任何后续细节或你可能已经承诺的文件。如果你不确定如何联系某人，你可以在面试时问对方："以后如何和您联系更方便呢？"

完成招聘：从招募到吸引的转变

达成聘用协议需要双方的意愿。雇主希望为你提供这个工作机会，而你至少愿意接受这一提议。首先，在你采取任何行动之前，你需要得到对方**书面的**录取意向（job offer）。口头的工作邀请取决于信任，没有法律保障。其次，你应该在24小时内回复，确认收到该提议。现在，需要花些时间阅读完整的工作邀请，包括福利、法定的竞业禁止要求，以及在你开始工作之前新雇主可能需要的任何条件测试或文件。即使你非常想要这份工作，你仍然应该用几天的时间来评估这份工作，确保这个职位确实是你想要的、你做的决定是正确的，特别是在你平衡几个录取意向的时间和内容的时候。

作为一个潜在的员工，权力的天平现在向有利于你的一方倾斜，所以如果你选择谈判以获得更多的薪酬或福利，现在就是采取行动的时候了。你正在加入一个销售类的团队，所以（在大多数国家）通过谈判获得更好的待遇是可以接受的。但是你确实需要决定，如果雇主拒绝改变他们的录用条件，你该怎么做[1]？接受这个职位，还是继续找其他工作？

一旦你决定接受工作邀请，你将需要签署录用通知，以及雇佣合同和其他必要的文件。然后，你应该联系你的新经理，表达你的兴奋心情，商定一个上班的时间，并询问你能做些什么来提前做好入职准备。恭喜你！

总结

让合适的人从事合适的工作，对招聘经理和候选人来说都很重要。任何一方的错误决定都会带来负面影响。对于经理来说，必须对实际的工作职责持现实态度，并将其与潜在的候选人相匹配。经理还需要对候选人进行实际测试，以确保纸面上写的资质在实际工作场景中得到验证。一旦你确定你找到了合适的人选，就要迅速行动，尽快将录用通知交给候选人。

对于候选人来说，这个过程充满了未知数。你必须对技术、人员、发展机会、公司总体文化、薪酬方案等方面进行评估。不要因为你还有可能拿到一个有股票期权的热门公司的录用邀请而心猿意马，以至于看不到其他的东西。如果这是一份合适的工作，那就评估、谈判，并最终愉快地接受它吧！

---

[1] 在谈判领域，这被称为<u>谈判协议的最佳替代方案</u>（best alternative to negotiated agreement，BATNA）。

技能培养建议

对于候选人：

- 准备和研究。调查一下这家公司和员工的情况。
- 问题很重要，无论是你问的问题还是你回答的问题。
- 问面试官："我为什么要来为你和你的公司工作？"（寻找价值）
- 你正在加入一个销售类的组织。因此，通过发现、定位、谈判，甚至是完成交易来展示你的销售能力是可以接受的。
- 要清楚你的动机。例如，你是要离开目前雇主的糟糕处境，还是要寻找更令人兴奋的工作？

对于招聘的售前经理：

- 创建一个工作描述和实际需求矩阵。
- 建立一个候选人渠道。一直处于招聘状态。
- 构建一个售前价值主张。然后，在招聘过程中使用它。
- 招聘需要相关团队的共同努力，但最终是你的责任。不要拖拖拉拉。

CHAPTER 32

本章目标

- 测量你的时间在哪里飞逝。
- 与你的销售伙伴和你的经理一起制订一个优先次序计划。
- 学习节省时间的策略。

销售工程师的时间管理

坏消息是时间飞逝。好消息是你是飞行员。
——迈克尔·阿尔舒勒（Michael Altshuler）

售前永恒的冲突是管理他们有限的时间，以应对似乎无限的需求。你白天（和晚上）宝贵的几分钟和几小时是别人觉得可以开出无限支票的资源。然而，满足这些要求是冷静、沉着、有能力的专业售前的标志。本章将为你提供一个框架，以评估和管理你的销售活动。此外，你还可以利用这个框架来确定你在各种机会中的优先次序。这种方法可以提高你的工作效率，减少你日程管理的压力，当然也可以提高你把任务都能完成的声誉。

> **案例研究：有序工作和管理是有好处的**
>
> 这一基本依据是唯一一项关于<u>组织有序</u>（being organized）的冷冰冰投资回报率研究的基础。人力资源机构 Express Employment Professionals 调查了 18 000 名业务领导人，发现全公司范围内的无组织状态使 57% 的受访者每周损失 6 个小时的工作时间。不能有序组织的员工会使他们的公司损失更多——

> 比他们实际工资的 1/5 还要多。另外 SaaS 公司 MediaValet 的一份报告称：员工花了 8% 的工作时间来搜索文件，最终浪费了时间，在放弃搜索后重新创造了公司 5%～15% 的数字资产。[1]

时光飞逝

正如发现阶段是成功销售的关键，发现对时间管理也很重要。如果你不知道你把时间花在什么地方、什么时候，你就无法管理好你的时间。我们从售前领导力研讨会上得到的调查数据显示：只有 25% 的参与者曾经对他们过去的日程表进行回顾。相反，他们把自己的日历作为一个当前事件和未来计划的工具，而不是用于回顾和改进。这些人还是我们的领导者！对于普通售前来说，如果你不能确定你在准备和提供这些演示上花了多少时间，就很难抱怨："我做了太多的介绍性演示（导致没有业务）"。

Consensus 公司最近的《售前联盟状况》调查报告[2]显示：售前每周工作时间的中位数是 45 小时。至少有 66% 的受访者报告说最近一周的工作时间超过 60 小时。这并不奇怪，美国劳工局对我们的职业有如下评论："销售工程师经常在压力很大的环境中工作[3]……有些人可能需要加班和不规律的工作时间来实现销售目标和满足客户的需求。"

首先是准确分析你的时间到底花在了哪里，然后将这些数据与你的目标和优先事项相匹配。选择最近三四个有代表性的星期作为输入。我建议你打印出你的日历[4]，因为这样输出结果更有影响力。如果你不喜欢使用日历记录日程，那么在接下来的三四周里，用日记或日志来记录你的活动。有许多方法来跟踪数据。例如，你可以按具体活动类型、客户、销售人员或合作伙伴、销售阶段来统计。

> **技巧提示：估算不可靠**
>
> 在估计你的时间分配时，如果你没有确切的数据，请特别注意电子邮件、客户会议和内部会议。这些都是记忆不可靠的地方，可能会导致少报高达 50% 的时间。

表 32.1 中显示了一个时间跟踪矩阵的例子。这衡量了整个销售阶段的活动。我建议两个准则。首先，以合理的时间间隔（15 分钟或最好是 30 分钟的大块时间——你不是一个

---

[1] 见 https://www.mediavalet.com/blog/employee-productivity-report/。
[2] 见 https://www.goconsensus.com/resources#research。
[3] 见 https://www.bls.gov/ooh/sales/sales-engineers.htm。
[4] 你可能很幸运，或者已经很有条理，可以从你的日历中自动生成一份报告。

按时间收费的律师）来跟踪你的时间；其次，不要创建太多类别。这个矩阵已经有 50 个单元格了——这就是售前角色的复杂性。

表 32.1 时间跟踪矩阵

销售阶段 >>	阶段 0	阶段 1	阶段 2	阶段 3	N/A
RFX					
演示准备					
演示					
发现					
客户会议 / 演讲					
POC					
支持					
内部会议					
发展 / 培训					
其他客户活动					

没有完美的时间分配。你所做的只是衡量当前的状态，看看一些明显的不匹配和需要调查的领域。我们将在评估目标和优先事项时重新审视这个矩阵。

分心、目标和收益（DOG）框架

现在我们需要决定如何有效利用我们的时间。因此，与其采用复杂的优先级排序方法或利用紧急—重要矩阵的有限帮助来管理时间，不如使用 DOG（Distraction、Objective、Gain）理论。

> **案例研究：这能让船走得更快吗？**
>
> 1998 年，英国男子赛艇八人组在历次重大比赛中都未能进入决赛，他们决定从根本上改变他们的工作方式和相互合作的模式。他们的关注点变成了纯粹的表现，以及他们希望随之而来的结果。因此，他们以不同的方式处理事情，对他们所采取的每一个行动都严格地问同一个问题："这能让船走得更快吗？"在这一过程中，他们学会了可持续的、可靠的技术，推动了团队持续的改进。18 个月后，他们克服了各种预料之中的意外状况，在澳大利亚悉尼获得了一块令人惊叹的奥运金牌。
>
> 你有类似的故事吗？你能定义你的船和你的速度（以及你希望的速度）吗？

分心（distraction）是在你的核心流程和任务之外的东西。它并不能使船走得更快。常见的例子是参加展会，参与不必要的升级请求处理，参加无意义的公司会议，以及大约50%的你参加的内部虚拟会议。具体的例子是参加销售会议，因为销售代表需要"技术支援以备不时之需"，应答一个你永远不会赢的客户的招标书，报价，修复使用授权和配置问题等。

目标（objective）是使船走得更快的东西。它是一项符合你的核心流程和使命的任务。它们通常在售前日常活动中表现得很明显。例如，推进一个机会，建立一个销售管道，以及利用合作伙伴。危险的领域是伪装成目标的分散注意力的活动。例如，销售人员很容易把每一个客户活动，如会议、演示或POC，都说成是赢单的关键。正如我们从痛苦的经验中知道的那样，情况并不总是如此。涉及客户支持、许可证密钥、专业服务监控的售后活动——所有以客户关系和满意度为名的活动——通常都是分散注意力的，而不是围绕目标的。

最后一类收益（gain）是最有趣的。这绝对可以让船（很可能是一个小型船队）走得更快。它可能是扩展一个目标，创造一个新的目标，获得一个竞争优势，或促进你的职业生涯。它往往适合于突然闪现的洞察力——"哎呀，我要是能想到这个就好了"。如果你对自己诚实，只要你愿意寻找，你每周都会看到几个。将注意力从目标中分心出来会导致你过度关注收益。收益可以是短期战术性的，也可以是长期战略性的。例如，一位售前的目标是找到一种方法来加快他的100个售前同事使用的演示数据集的重置和刷新。他做到了（每个月为100人节省几个小时），另外，他还找到了一个建立百万条随机数据集的方法。他在一次员工会议上提到了这个成果。另一个售前跳了起来，她解释说我们可以用它来做一个演示来说明我们的可扩展性（巨大的竞争优势），并把它交给工程部门做性能测试——双重收获。

虽然显而易见，但作为工程师我还是要说：目标和收益是好的，分心是坏的。你能将越多的时间从那些很少能加速船只前进的分心事务上转移到目标和收益上，你就越能提高效率。

应用DOG

检查你的任务和活动清单。首先，寻找小漏洞。这些活动是指你花了一小部分时间去做一些实际分散注意力的事情，或者你在错误的时间做这些事情。例如，在第0阶段做POC或在第3阶段响应各种RFX。假设你每周可以为自己节省一个小时，那这就是一个重要的回报。接下来，深入研究你花费大量时间的领域（每周占用10%～15%的活动）。你现在正在寻找你失去大量时间的**破裂点**。通常情况下，这些都是分心的，因为你在做其他人或团队的工作，因此养成了不好的行为模式。记住，**你能做得更好更快，并不意**

味着应该由你来做。售前团队通常是一些部门和一些人的最后求助对象，因为如果需要做一些事情来帮助客户，而没有人愿意做，那么就会让售前团队的人参与进来，因为我们喜欢让人们高兴和解决问题。

现在你应该有一个初步的活动列表要检查。然后，如果同样的行动再次发生，你要重新客观地问自己以下问题（不一定全部适用）：

1. 如果我不这样做，会发生什么？
2. 一小时后，我是否会觉得我有效地利用了我的时间？
3. 我真的需要参与这些事情（会议/电话和活动）吗？
4. 这会使船走得更快吗？

> **技巧提示：这不仅仅是你的事情**
>
> 还有第五个更令人不快的问题："我做了什么，浪费了别人的时间，却没有提高他们的效率？"如果你真的相信有效的时间管理，那么评估就需要考虑两个方向。

大部分的时间和生产力的提高来自于自我意识。一旦你意识到时间花在哪里，谁消耗了这些时间，就会更容易修正行为。这种行为的改变既是你自己的，也是你的内部或外部客户的。如果你忙于"做事情"，以至于没有时间去衡量、监测和改进，那就从那些能让船走得更快的显而易见的事项开始，丢弃那些让你慢下来的沉重的、不必要的船锚。

创建一个战术性的时间系统

到目前为止，本章的重点是检查过去并调整，以确保一个更好的、更有效的未来。然而，大部分时间管理是由日常的、更多的战术性决定组成的。你如何开始你的一天？你如何在一天中调整和确定事件的优先次序，以及你如何结束这一天，以便为第二天做好准备？值得注意的是，没有完美的时间管理系统；关键是你要有一个流程来确保一致性和完成任务。

> **技巧提示：设定工作时间**
>
> 在你的日历中设置你的工作时间，尤其是如果你在多个时区工作。通过选择一个开始时间和一个结束时间，你会有更好的机会让自己控制自己的时间，而不是让人们在你一天的开始或结束时（可能不是他们一天的开始或结束）多占用30分钟或60分钟。

开始一天的工作

一些售前会启动他们的笔记本电脑，要么继续前一天的最后一项任务，要么（更有可能）翻阅电子邮件或 Slack 频道，寻找新的、令人兴奋的事情，从而开始了新的一天的工作。人类的天性是避免不愉快的任务，而更愿意去做那些带给我们快乐的任务。然而，用电子邮件开始你的一天，会使你变得被动，因为人类自然的倾向是只回应那些有紧急事情需要你做的客户或销售人员。这可能导致一种疯狂的生活方式，在任何时候都只处理"最关键"的事情，偶尔的超负荷工作会导致漫长的夜晚和周末（这被称为英雄式的努力方式）。

时间管理大师克雷格·贾罗（Craig Jarrow），被称为时间管理忍者[1]，他建议在前一天晚上就开始你的一天，这意味着在你的一天开始之前就做好计划。这个计划将让你对有哪些会议、电话和任务有一个大致的了解，这样你就不会措手不及。你将知道你的日历上有多少空闲时间，了解有哪些最后期限要求。然后，你的目标是尽可能地坚持这个计划。如果我还没有为我的特定任务（如写这本书）挤出一些时间，我在前一天晚上就会做好安排。预留时间意味着我的日程表不再受别人安排我时间的异想天开和变化无常的影响。我通常会对每项任务进行时间限制[2]，以防止它侵扰其他活动或我的自由时间。

我还将类似的活动分组，以防止过多的上下文切换和多任务处理。例如，我把我的工作分为多个类别。我知道我可能在这些类别之间不断切换上会浪费大量时间。虽然在两个较长和较大的业务活动之间塞进 15 分钟的管理性工作很诱人，但我的错误率是原来的三倍，而且从长远来看，这会给我带来更多工作。因此，我把任务分批放入工作桶中，例如：

- 行政管理（费用、账单、基础设施）；
- 写作（书籍、文章、博客文章）；
- 业务发展（营销活动、合作伙伴活动、普通电子邮件）；
- 开发研讨会（创建或更新 IP）；
- 客户电话和会议。

技巧提示：使用日历

一些日历应用有自动功能，可以在早上第一时间通过电子邮件发送当天的日程安排。通过对事件和活动类型进行创造性的颜色编码，它可以让你的时间计划一目了然。

---

[1] 见 http://timemanagementninja.com。
[2] 设定一个长度，比如不超过55分钟。

忙碌的一天

除非你正在参加一个全天的客户会议，否则一个没有干扰或分心的完美的一天是很罕见的。然而，我确实会在日历上回顾这些日子，以便分析我为什么会有如此完美的一天，并希望能够复制它。假设你的一天已经规划好了，你的主要目标应该是坚持你的计划，除非发生其他重要的事情。这意味着要准确地决定什么是重要的，以及这与你当天的其他任务有什么关系。没有绝对的优先次序计划，所以请参考以下问题协助判断：

1. 它与客户有关吗？
2. 已经处于承诺或预测状态的销售机会是否有风险？
3. 这是你的经理们发出的指令吗？
4. 如果你不这样做会怎么样？
5. 其他人能不能（真的可以）做这件事或协助你？
6. 你是否需要你的经理的意见或指导？
7. 如果你承担了这项新任务，会有哪些任务会被推迟或无法完成？

案例研究：选择的力量

对售前来说，决定客户支持活动的优先级，往往是一项棘手的任务。对于一个新入职的售前来说，更具挑战性，因为你肯定不希望被认为是不合作或难相处的。有时候，把决定权强加给提出售前支持需求的人会更容易，因为他可能更有能力作出这个选择。查理（Charlie），一家网络基础设施公司的售前，讲述了他们的故事：

在本周初，我被要求为周五的两个演示做准备，它们都是为同一个销售人员准备的。我有足够的时间来研究、练习和准备。一切都很顺利。后来这个销售要求我在周四再做一个演示。作为一个新手，我准备展示我的奉献精神，取消我的所有计划，又重新安排我的医疗预约，然后通宵达旦地工作。我的经理告诉我：我疯了，需要让这个销售重新安排这些会议的优先次序。我旁听了她和销售人员哈瑞（Harry）的谈话：

"哈瑞，查理只能准备和提供其中的两个演示，你知道现在没有其他人可用。所以你需要推迟其中一个。"

"不行，我不能这样做。我已经承诺给每个客户做一个演示。"他回答。

"明白了，"我的经理回答说，"那哪个是最重要的？"

"它们都很重要！"哈瑞哼了一声。

"好的，"经理继续说，"查理现在应该开始做哪个演示？"

> "周五早上的那个，"哈瑞回答说，"然后周四那个也很关键。"
>
> "很好，那么查理将集中精力做这两个演示，而你需要把周五下午的演示重新安排到下周。谁会愿意参加周五下午的演示呢？查理，你下周哪天有空？"
>
> 这是一个很好的例子，扭转了优先次序的决定，确保了我可以提供三个精彩的演示。作为后记，哈瑞推迟到下周的演示会议是一个糟糕的机会。我们保留在日程表上的两个演示都成功了。哈瑞确实更明白他的优先级。

最后一个过滤器是使用 DOG 分类。把你当天已经安排好的任务与即将到来的任务进行对比，它们在 DOG 评分中的排名如何？除非是来自高级管理层的干扰[1]，否则你可以放弃或推迟当天的任务。你也可以根据你的时间利用矩阵来评估新来的任务。如果该活动属于你确定的容易发生时间**泄漏**或**中断**的类别，那么它很有可能也是一种分心的事情。然后，你据此采取相应的行动。

技巧提示：管理你的停工期

销售活动是有周期的，所以如果你的日历上有一些空闲时间，而销售人员却非常忙碌，不要觉得你做错了什么。相反，你要借机放松一下，并做点提升自己的工作。你应该有一个自我提升的内容清单，如售前技巧、行业资料、技术更新和培训视频，在做好自己的"维护"工作（如看牙医或换眼镜等）后，把时间花在这些自我提升的事情上。一段时间后，你就会了解销售周期的节奏，并估计出本季度的繁忙和空闲时间。每季度的第 1～8 周可能是你最忙的时候，因为你要进行 POC、演示和其他时间紧迫的任务，而第 9～13 周可能比较清闲，因为项目机会进入报价和谈判阶段。我还建议你建立一个电子或纸质文档，记录可自由阅读的内容、新的技术更新、白皮书和公司政策更新。然后，在旅行或闲暇时，带着这个文件夹，利用这些时间把这些内容看完。

一天结束

只要有可能，在一天结束时留出 15～30 分钟，把所有的活动都处理完，整理笔记，发送提醒，并计划第二天的工作。如果你参加了连续的会议，你将需要时间来处理所有你分配的待办事项和后续任务。依靠你的记忆和第二天早上补做的记录可能会导致错误，

---

[1] 很多一线售前经理报告说：每月有7个小时浪费在"消防演习"（即紧急救火的事情）和随机分心的事情上。

并影响到第二天的工作。接下来，仔细检查第二天的（三加一个）必要工作：

1. 检查所有的旅行计划和电话会议，以确保后勤工作都已经准备就绪。例如，一个会议可能已经安排好了时间，但是没有会议室。

2. 检查你所有的演讲和演示材料是否完整无误，并在不同的介质上做个备份。

3. 将你今天完成的所有任务标记为已完成（它为工程大脑提供多巴胺），并重新安排你没有完成的其他任务。

4. 加分项是当你的配偶、同事、朋友或家人问起"你今天过得怎么样？"时，为他们准备一个答案。找出你一天中他们能理解的积极的事情。

你现在又回到"一天之始"计划，规划你接下来的一天。你可以肯定的一点是：没有哪一天是完全一样的。这就是我们售前这个职业的美好之处。

案例研究：再投资的时代

斯蒂芬妮（Stefanie）是一个了不起的售前。她受到经理的高度重视，深受销售人员的喜爱，客户都喜欢找她帮忙，并且总是被邀请参加跨职能团队。她是一个想尽办法**坚决完成任务**的人，又是一个擅长协作的团队成员。然而，随着时间的推移，斯蒂芬妮的工作量逐渐增加，她的工作质量和人际关系都受到影响。斯蒂芬妮的经理给了她一个建议："可以说'不'"。她觉得自己得到了新的力量，就进行了时间管理和优先级排序的练习。她意识到，她不仅超负荷工作，而且在过去的四个月中，她没有花费任何时间进行学习和自我发展。她没有对自己进行投资。她坚决地削减了内部会议和"以防万一"的销售会议，每周都为自己留出时间。以前的斯蒂芬妮重新出现了。售前们讨厌说"不"。这是一种后天习得的技能。

总结

拥有一个时间管理系统，并尽可能积极主动地进行管理。当你来管控你的活动和时间安排时，你的控制力远远超过你让别人来管理你的时间。你当然需要对利益相关者的要求作出反应，但不是有求必应。我鼓励你回顾一下你的日程表历史记录，认真检查你的时间花在什么地方了，并进行归类（如客户、销售人员和一般活动）分析。关于时间管理的最后一句话是：不要害怕说"不"。只有说"不"[1]，你才能完成所有的"是"。

---

1 请阅读Claire Diaz-Ortiz更多的好建议，见https://clairediazortiz.com/ 50-ways-to-say-no/。

技能培养建议

对于新售前：

- 建立一个适用于你自己的时间管理框架和流程。
- 了解你的直接经理和你的销售伙伴的优先次序计划。
- 从请求者的角度来看待时间/资源需求。
- 练习有礼貌地说"不"。

对于有经验的售前或售前经理：

- 详细回顾你过去一个月时间的使用情况。寻找时间泄漏和中断的地方。
- 使用 DOG。
- 挤出"为我自己的时间"，做任何能使你成为更好的售前的事情，但肯定不是阅读电子邮件。
- 观察那些你认为有效和高效的人，向他们请教。

CHAPTER 33

本章目标

- 制定一个简单的机制来选择有意义的指标。
- 了解如何使用你的指标。
- 理解并避免指标的陷阱。

用指标管理自己

> 这些数字应该为它们自己说话，但它们并没有。
> ——莫莉·诺里斯·沃克（Molly Norris Walker）

每天，售前必须决定如何最好地分配他们的时间来实现他们的目标。用指标进行管理（managing by the metrics）是指确定那些有助于成功的关键活动，并指导员工优先考虑这些活动。然而，这不仅仅是一项管理者的任务，售前个人也必须使用指标来管理他们的时间、关系和职业。你可以使用指标来避免一些情绪化的决策，充分利用逻辑和事实进行决策。本章将介绍个人售前指标管理的基本理念，以及如何利用指标来发挥你的优势，最后对一些需要避免的陷阱做个提醒。

指标管理基础

当你开始考察和选择 KPI 指标时，你应该阅读本章，并了解个体的局限性。只有应用于你的控制范围内、你的影响力范围内的活动时才有帮助。例如，用与你合作最密切的销售人员是否达到他们的目标来衡量你的总体成功是在你的控制范围之内。你所在地区或国家层面的成功可能是你可以影响的，而达到全球销售目标对单个售前来说是一个太高的目标（除非是很小的公司）。

如果你的组织使用指标来作出明智的商业决策，把售前作为一项业务来经营，那么你已经在这个过程中有了一个良好的开端，你可以为你自己重新选择一些战略性的指标。相反，如果你的组织不使用指标，那么创建你自己的指标也会让你获得优势，会使你成为售前思想领袖。

我以**平衡计分卡**（Balanced Scorecard）[1]为基础建立了一套指标管理方法。平衡记分卡，由罗伯特·卡普兰（Robert Kaplan）和大卫·诺顿（David Norton）在20世纪90年代推广。它的核心是一个简单的工具，用于研究战略（在这里是指你的战略），并将其与关键绩效指标（KPI）或指标关联。然后，你可以将这些指标细分为四个类别（见图33.1）。

- **学习和成长**（Learning and Growth，L&G），衡量你的技能和能力。
- **内部流程**（Internal Process），包括你的任务和活动。
- **客户**（Customer），与你的关系强度和你的客户如何行动有关。
- **财务**（Finance），着眼于工作的货币价值方面。

图33.1 平衡计分卡

入门

对于每个类别，列出你认为可能有用的所有指标。牢记这条经典的建议："不能因为

---

1 Kaplan, R. S., D. P. Norton.《平衡计分卡：将战略转化为行动》(*The Balanced Scorecard: Translating Strategy into Action*). 纽约：哈佛商学院出版，1996.

你能测量某个指标就使用它。"你应该考虑多种指标结合，例如历史指标（"我们上个季度表现如何？"）、当前指标（"现在情况如何？"）和预测指标（"下个季度/年度情况将会怎么样？"）等。此外，还要考虑以下三个个人的、更感性的原则：

1. 请保持简单。越容易跟踪和衡量，你就越有可能去做。平衡指标的效用和计算时间。

2. 不要被吓倒。一些售前会避开那些难以实现或可能使他们不知所措的指标。相反，应该把这样的指标包括进来，因为它们是自我提高的重要一步。

3. 要实事求是。不是每个指标都能 100% 量化的。指标的价值与你的诚实和耐心程度成正比。

学习与成长类指标

学习与成长的指标与你的售前技能和能力以及你如何将这些技能和能力应用于你的工作和生活有关。用前售前运营总监史蒂夫·麦凯勒（Steve McKellar）的话来说："我怎么知道我有哪些优点，以及我如何才能变得更好？"

可以参考以下建议作为起点：

1. **技术/产品培训**。参加课程、研讨会或其他项目的次数或者花费的时间。你可以按来源划分，如内部和外部。

2. **商业技能/职业培训**。参加针对售前岗位或特定行业的课程、研讨会或其他项目的次数或者花费的时间。

3. **阅读**。你读过多少本书？

4. **播客**。你听过多少个/次的播客（不包括一般新闻）？

5. **内容创建**。你创建并与售前社区分享的原创内容。

6. **内容交付**。提供的培训/产品更新宣讲。从效用的角度来计算（例如，1 小时培训 10 个人就是 10 小时的培训）。

7. **睡眠**[1]。你每晚平均睡多少个小时？

8. **反馈/辅导**。你收到了多少反馈，提供了多少反馈？同样也适用于辅导。你也可以跟踪与你的经理进行一对一面谈的频率。

9. **饮食**。高质量午餐与快速零食或高脂肪快餐的比例。

---

[1] 睡眠水平会影响你的表现。这一点已经针对运动员进行了广泛的研究。见 https://journals.lww.com/acsm-csmr/fulltext/2017/11000/sleep_and_athletic_performance.11.aspx。

> **技巧提示：睡眠的指标**
>
> 在我人生中一个压力很大的时期，我发现"多睡一会儿"是一个无效的目标。所以我最终测量了我在晚上 10：15 之前躺在床上准备入睡的天数。

流程类指标

流程类指标考察的是你作为企业的一小部分是如何有效和高效地运作的。可以参考下面的一些指标：

1. RFP 胜率；
2. POC 胜率；
3. 演示或销售会议的数量（除了作为需求的衡量标准，单纯看数量很少有作用）；
4. 参加售后会议的时间百分比；
5. 演示准备和交付花费的时间；
6. 演示可复用的比例；
7. 单独参加客户会议（没有销售代表参加）的次数；
8. 客户会面（customer facing）的总体时间百分比；
9. 销售会议的总体质量，以 1-10 或 A-F 等级来衡量；
10. 项目机会在初始阶段的进展速度；
11. 技术胜率（technical win rate）；
12. 技术胜利到商务胜利的进展，如延迟天数或成功转化百分比；
13. 总体胜率。

客户类指标

客户类指标指的是你与所有直接和间接利益相关者关系的质量。直接利益相关者通常是客户、合作伙伴和销售人员，也可能是你的经理和你的同事。间接利益相关者是其他所有人：

1. 客户愿意做参考案例的数量；
2. 与合作伙伴的互动（可以是培训、会议、赋能）的数量；
3. 受信任的顾问 T-score（见第 19 章）；
4. 非技术性的临时客户互动（休闲午餐、茶/咖啡时间）；
5. 客户消费量/使用量变化；
6. NPS 得分；

7. 参加用户群论坛/会议的次数；
8. 销售人员满意度得分（很危险，因为很容易被操纵）；
9. 各种比赛。

财务类指标

财务类指标直接与职位的财务方面相联系。通常情况下，你会在这个领域有一个好的起点，因为销售运营部门可以以多种方式对销售预测和销售漏斗进行切分。你也可以在你的 CRM 系统中拥有你的视图和报告：

1. 生成的销售机会管道——产生的线索的货币金额；
2. 支出；
3. 增量销售，哪些机会你提升了项目金额或客户每月承诺消费量；
4. 销售收入与地域、行业、产品、销售人员交叉分析；
5. 售前的投入回报（Return on presales effort，ROPE）——如果你每周多工作两个小时，用在哪里产出最大？
6. 实现业绩目标和销售目标。

在每个领域中，我的建议是选择 2～3 个指标作为初始设置。然后，了解谁拥有这些数据（如果你没有），如何获取这些数据，并为指标设定一个好的目标或范围。例如，你可以测量客户沟通的时间百分比这个指标——你的日历和 CRM 条目中有这些数据。你可以设定一个月 50%～65% 的范围是合适的。如果这个指标持续超过 65%，你可能会精疲力尽；如果低于 50%，你的客户销售工作就不够努力。你的最后两个行动任务是：第一，了解你需要做什么来保持在范围内和目标上；第二，如果你超出了范围，应该采取什么行动。

利用指标最大化个人收益

当你进行指标生成和选择时，你会注意到有些指标同时属于几个类别。有些指标则是平衡工作和生活的桥梁，这些指标是供你个人使用的，所以你不需要与他人分享。然而，当你寻求优化你的日程表并采用时间管理和优先级排序技术时，它们可以为决策提供有益的洞察力。不幸的是，尽管我们看到了所有的技术进步，销售仍然是公司中最不注重数据的职位之一。每年，Salesforce 都会发布一份销售状况白皮书[1]。最新报告指出："57%

---

[1] 见https://c1.sfdcstatic.com/content/dam/web/en_us/www/documents/reports//sales/state-of-sales-3rd-ed.pdf。

的销售预计今年不能完成业绩任务，但数据驱动的销售团队比非数据驱动的销售团队要好很多。事实上，预计业绩达到或超过业绩目标的销售中，数据驱动型的销售是其他类型销售的1.6倍。只有33%的销售领导者利用数据分析作为他们管理销售工作的主要手段。"对数据的另一种看法是，如果你能从销售决策中剔除情感因素，特别是与时间和人员有关的因素，并使用数据，你就更有可能获得成功。

> **案例研究：修理匠来了**
>
> 瓦莱里（Valery）是公司里最有经验的售前之一。然而，他对目前的工作感觉厌倦和无聊，开始寻求一个挑战："我需要一个能够激励我学习新事物并重新激发我对这个职业的热情的指标。"我们问他是什么给他带来了快乐，让他早晨想起床。他笑着回答："咖啡，还有解决问题。我本质上是一个工程师，我喜欢在工作中和家里修理东西，为我的朋友、我的家人、我的客户，甚至为完全陌生的人。我是解决方案驱动型的人！"因此，瓦莱里决定跟踪他所解决的问题的数量。他把它们分为高脚杯、大杯、超大杯和全球杯。仅仅在最初的6～7周之后，瓦莱里就可以立即看到他所帮助的人数以及对他们工作的影响。对于一个工程师来说，不是每个指标都是显而易见的。

必须认识到，不是每个人都像你一样。你可能喜欢通过数据进行决策。然而，你的许多销售伙伴可能仍然偏爱感性的直觉方法，而你永远无法说服他们。这就是销售＋售前工程师搭档的魅力所在——每个人都能带来对方所不具备的力量。如果你想让别人听从你的大脑，你就需要听从他们的内心。

这里有恶龙（要避免的陷阱）

"这里有龙[1]"，据说这是18世纪甚至更早的时候，绘制地图的人在遥远的、未知的地图角落里使用的一句话，其目的是警告旅行者远离存在海怪的危险地区。每个人都知道这个故事。然而，进一步的研究表明：拉丁文 *hic sunt dracones*[2] 只在仅仅一个地球仪上出现。因此，它是一个关于神话生物的故事，也是单一数据点谬误的一个完美例子，是管理指标时需要避免的陷阱之一。

下面是一些其他典型的例子，说明依据数据开展工作的缺点。

---

[1] 译者注：在西方文化中，龙是一种邪恶的动物。

[2] 译者注：意思是"这里有龙"。

1. **古德哈特法则**（Goodhart's law）。当一个指标成为一个目标时，它就不再是一个好的指标。常被引用的经典例子是：如果你以人们生产的钉子的数量来衡量他们，你会得到数以千计的小钉子；如果你用钉子的重量来衡量时，你会得到又大又重的钉子。

2. **非预期后果**。如果你设定了65%的客户沟通的时间，而你本季度的主要客户坐飞机3个小时才能到，这是否会使你不愿意出差？你是否会在非工作时间出差？你是否会什么都不做？或者你是否会改变你本季度的计划？当你为某项活动设定目标时，为了达到目标，还可能发生什么？

3. **指标不提供建议**。指标是告诉你关于当前情况的一些数字，但它们并不告诉你应该做什么。这个比喻就像一个烟雾探测器一样。警报可能会响，但它不会告诉你如何逃离火灾。

4. **单一数据点**。当你的指标是基于单一或少量的数据点时，你可能不会得到有统计意义的结果。因为有些指标需要计算平均值，除非你能获得准确的历史数据。

5. **虚荣指标**。你会不会测量一些东西，只是因为它让你看起来很好或者自我感觉很好？

你还应该将你的指标与你个人品牌（它们显然应该支持该品牌）以及你的汇报链遵循的任何指标进行交叉对比。最后一组问题是要问问自己：你为什么要测量一些东西？预期的结果是什么？如果你达到了指标的目标，会有什么结果？这是"非预期后果法则"的一个大范围扩展。

> **技巧提示：复制和"窃取"一切（前文回顾）**
>
> 在你的公司里寻找那些使用指标来经营他们售前业务的人，并复制和利用他们的任何令人兴奋的指标。此外，他们可能已经有了历史记录，请他们把经验和成果分享给你，为你节省一些时间和精力。

总结

你不能根据电子表格或仪表盘中的指标来管理你的工作或你的整个人生。然而，指标可以为你提供一些方向，让你回答前文中史蒂夫（Steve）的问题："我怎么知道我有什么优点，我怎样才能变得更好？"无论你有两个月、几年还是几十年的售前经验，建立一套个人的指标体系，将帮助你成为一个更好的售前，并可能提高你周围人的工作效率。在绩效评估、团队评估和与高管的非正式沟通中，这些指标已经被证明是非常有价值的。它们的价值来自于强化你已经知道的东西，并为你了解未知的事物提供线索。

技能培养建议

对于新售前：

- 建立你的初始指标清单，要覆盖 4 个类别。
- 为每个指标设定一个目标或范围。
- 确定你在每个指标上达到目标和偏离目标时如何行动。
- 具体说明每个指标如何使你成为一个更好的售前？

对于有经验的售前或售前经理：

- 你选择的指标如何与你的经理和公司的指标保持一致？
- 考虑与朋友、家人和同行分享你的指标。
- 至少包括一个健康指标（睡眠、饮食、已经使用的假期时间）。
- 指标只是数字。你如何从中获得洞察力？

对于每个人：

- 在日历上留出时间，对照指标检查你的进展，以及你所选择的指标的持续有效性。

CHAPTER 34

本章目标

- 持续了解售前职业的发展。
- 如何持续发展你的售前职业生涯。

最后的话

没有真正的结局。它只是你停止讲故事的地方。

——保罗·科埃略（Paulo Coelho）

现在是成为一名销售工程师的好时候。在不容易被人注意的幕后存在了几十年之后，这个职业终于得到了一些尊重、支持和一些非常严肃的投资。尽管**销售工程**（sales engineering）还不是一个你可以在大学里主修的专业，但正在取得进展[1]。亚利桑那州立大学的詹妮弗·霍纳（Jennifer Horner）教授在2011年讲授的技术销售与市场营销课（SIE415）只是一个开始。现在全球各地的很多大学都有本科层次的售前社团。这些售前社团定期举办会议，甚至举办比赛，以帮助学生磨炼售前技能。因此，对于新一代的潜在售前来说，销售工程不再是你从来不知道的最好的工作。

---

[1] 佛罗里达大学提供销售工程的辅修课程（https://catalog.ufl.edu/UGRD/col-leges-schools/UGENG/SAE_UMN），德国的阿沙芬堡大学（Aschaffenburg）也有类似课程（https://www.th-ab.de/studieninteressierte/studienangebot/bachelor-studiengaenge/internationales-tech-nisches-vertriebsmanagement）。销售工程师学术协会现在有一个欧洲的在线名单（http://aase-eu.org/students/represented-universities）。

现在有几十家公司在开发和销售支持售前的工具。风险投资界正在向我们职业所处的细分市场倾注资金，无论是演示自动化、RFP 响应技术、POC 跟踪器、领导力仪表盘、CRM 插件，还是虚拟现实演示环境。这些活动意味着有很多积极的动力在推动这个行业的发展，而且它的变化比以往任何时候都快。

你能做些什么来提升你的技能并保持你的职业生涯发展呢？本书最后，我将提供一些建议，帮助你将这一切联系起来，并提出俗话所说的"大局观"。

展示你的激情

早在第 1 章中，我就指出：招聘经理将完美的求职候选人描述为具有积极态度的人，这就意味着具备适应能力。充满激情的人吸引和激励其他人。你的客户购买的是改善他们业务某些方面的机会（希望也是改善他们工作的机会）。如果你对你的产品、你的公司以及它们对当前项目的适用性充满热情，你就更有可能赢得项目。这种激情需要在你与客户的所有语言和非语言互动中闪耀。

找到那些让你兴奋的产品、客户和公司。用这种激情来照亮你的同事和你的客户。在你的人际关系中，用同样的激情和参与度来平衡。在工作之外追求你的梦想，会使你在工作时成为一个更令人兴奋的人。激情并不意味着将 100% 的时间投入到工作中，因为如果你允许这种情况发生，你将会筋疲力尽——而你的朋友和家人仍将不得不与你一起生活！

一个精力充沛的员工是有感染力的，因为你会使你的工作氛围让别人感到振奋。所以，要做一个"和（and）"的售前，而不是"但是"的售前（重读第 6 章"业务价值发现 1：痛苦和收益"），并尽最大努力使你周围人的感受变得更好一点。

寻找工作与生活的平衡

在销售环境中，保持你的工作和生活的平衡尤其复杂。你必须照顾好自己的内心。用一个技术化的类比，想象你是你自己的操作系统。如果你不进行升级，不给你的操作系统和应用程序打补丁，并忽视安全，你最终会崩溃或被黑客攻击。总是留一些时间给你的朋友、你的家人和你的宠物。

我建议你与你的好友、爱人分享你的职业和业务目标。这样你们就可以共同商定你们作出的任何牺牲和你们将为对方提供的支持。尽管你的朋友和家人可能对你的日常工作没有真正的了解，但他们仍然是一个分享你工作上的事情的很好的对象，并可以从他们那里获得人际关系的建议。

永远要正确看待你的职业生涯和最近这个季度。你在为你的经理工作，进而为你的公司工作，这是为了双方的共同利益。从长远来看，如果你对公司的贡献小于他们对你的贡献，你可能会被要求离开这家公司。如果你觉得你所增加的价值超出了预期的角色和职责，那就为自己争取了晋升或加薪的机会。

展示你的价值实现时间

如第 21 章所述，价值实现时间（Time To Value，TTV）对你的客户来说是一个重要的概念。对于你的领导团队来说，这也是一个必要的概念。如果你是一个新招聘的售前，你越快地参与销售机会，建立客户关系，并从有经验的售前那里分担工作，你提供的价值就越大。不要自己坐在办公桌后面，被动、消极地等待任务的到来，相反，要参与进来，寻找机会，并努力帮助其他人做得更好。

从最近的几次经济衰退中，我们看到卓越的售前在找工作方面从来没有问题。价值和业绩之间存在着直接的关系。要经常询问你是否为你的客户提供了独特的价值（记住这些必须是典型的客户、销售人员和合作伙伴）。随着售前工作的低端部分变得自动化，你的高端价值在于建立客户关系，设计复杂的解决方案，成为客户的代言人。

持续为你的客户提供服务，保持与销售人员的顺畅合作，你就会处于一个很好的状态，以达到你的目标并超越你的业绩目标。实现你的收入目标和帮助客户成功是成功售前的两个指标，永远不会过时。

建立关系

你应该不断扩大你在公司内外的人际网络。如果你表现得友好和专业，并对推进你周围人的目标感兴趣，你会发现，当你需要帮助时，一个人际支持网络会自然形成。销售工程是一项竞技运动，不同的是，你希望销售体系中的所有人都能获胜。在你周围有很多有才华的人，你将有机会从他们身上学到一些奇妙的技能。他们也会向你学习，即使这是你工作的第一周，因为你有一个全新的、不同的视角。一个看似天真的问题"告诉我，我们为什么要这样做？"，可能是一个强大的问题。

> **案例研究：我从星巴克学到的一课**
>
> 星巴克，这个无处不在的咖啡馆，不仅是世界上许多售前的临时会议场所，还有力地提醒着人们倾听客户的力量和品牌的力量。MTS 团队把宾夕法尼亚州纽敦的星巴克亲切地称为 MTS 北区办公室。几年前，我有机会观看了一次咖啡师的新员工培训课程。我以为这一天的大部分时间会用来教他们如何制作所提供的数百种咖啡饮料。相反，我看到的是一个关于客户沟通重要性的专门介绍。我主要的收获是：微笑，看着客户的眼睛并问候他们，如果客户对他们选择的饮料不确定，就与他们进行交流，并将他们的名字和饮料或其他一些视觉印象（如棒球帽）联系起来。这种以客户为中心的培训是为每小时 15 美元收入的员工做的。和你拿的工资比一比，你会认识到建立关系有多么重要。

挑战自己和他人

通过将你的技能与竞争对手进行比较，你才能够不断地提升自己。当你掌握了一套技能后，要寻找下一套技能来安装并嵌入到你的个人操作系统中。最好的售前，那些多年来一直处于该领域顶端的人，通过永不满足于目前的状态来实现这一崇高地位。他们避免自满，不断学习并挑战自己和他人。请记住"两只脚定律"："如果你在任何时候发现自己处于既学不到东西也没有贡献的局面，就用双脚把你带到别的地方去，到你可以学习或作出贡献的地方去。"

在 34 章和超过 20 万字之后，我的最后一条可能是最重要的建议：笑一笑，尽情享受吧！销售工程师是一个独特的、具有挑战性的职业，如果你选择了它，你就有幸得到了世界上最好的工作之一！

附录1：作者简介

John Care 是 Mastering Technical Sales 公司（MTS）的总经理。该公司通过结合专业技能提升、管理咨询、主旨演讲以及其他服务来满足全球各地销售工程师的需求。

在他的售前职业生涯中，John 在甲骨文、Sybase、Business Objects、Nortel、CA Technologies 和惠普建立了世界级的销售工程团队。他的职责包括从个人层面到管理 200 多人的售前副总裁。此外，他还拥有多种不同职业领域的经验，做过承担业务指标的销售，也做过高级 IT 主管/首席信息官，听销售人员和售前工程师向他推销他们的"解决方案"。

作为对 MTS 业务的补充，John 还在各种媒体上撰写文章，从 *InfoWorld* 杂志、*CIO* 杂志到《华尔街日报》。业界普遍认为是他在 1995 年创造了"发现第一定律"和最初的"演示犯罪档案"清单。除了这本书之外，他还在 2016 年 7 月出版了《被信赖的顾问销售工程师》(*The Trusted Advisor Sales Engineer*)，在 2020 年 4 月出版了《销售工程师经理手册》(*Mastering Technical Sales: The Sales Engineer Manager's Handbook*)。他现在正在写一本以销售工程师业余侦探为主角的谋杀悬疑小说。

John 在伦敦帝国学院获得化学工程科学（工程）学士学位。此外，他还在费城天普大学福克斯商学院的咨询委员会任职，为国际 MBA 和 EMBA 项目作出贡献。John 目前与他的妻子和各种宠物居住在佛罗里达州的朗勃特岛。

附录2：译者简介

赵成栋（CD）是 4S 专业售前法创始人、中国售前专业社区"售前青云荟"创始人和首席售前教练。他拥有清华大学 MBA 和北京航空航天大学计算机双硕士学位，对于计算机技术和企业管理都略懂。

CD 教练拥有 24+ 年售前和咨询的一线工作经验，曾经在 IBM、惠普、思科、BMC 等著名外企有过 18 年工作经历。他曾在 BMC 担任亚太区产品线售前社区主管、大中华区首席价值顾问，曾在思科咨询服务部担任云服务管理大中华区首席顾问等。此外他还在国内上市公司和民营企业担任过产品和售前部门主管、事业部总经理等职务。对于软件产品（SaaS 与 On-Premises 私有化部署）、咨询服务、系统集成、服务外包等业务形态，CD 教练积累了丰富的售前实战经验和售前管理经验。

CD 教练还担任 Udemy Business Program 认证售前讲师。Udemy 是全球领先的在线培训和职业教育平台，2021 年在纳斯达克挂牌上市。全球有 1.49 万家知名企业为员工订阅了 Udemy Business 的课程。在 Udemy ToC 的课程有 21 万多门之多，只有 14% 的优质课程和讲师能够脱颖而出，成功入驻 Udemy Business 项目。

赵成栋是 IT 数智化治理和管理领域的国内知名专家，曾经在该领域发表过 20 多篇论文和专业文章，参与过多项国家和行业标准制定，为多家国有大型银行、证券保险公司、中央部委、知名汽车主机厂等提供过专业咨询规划服务。

附录3：4S专业售前法简介